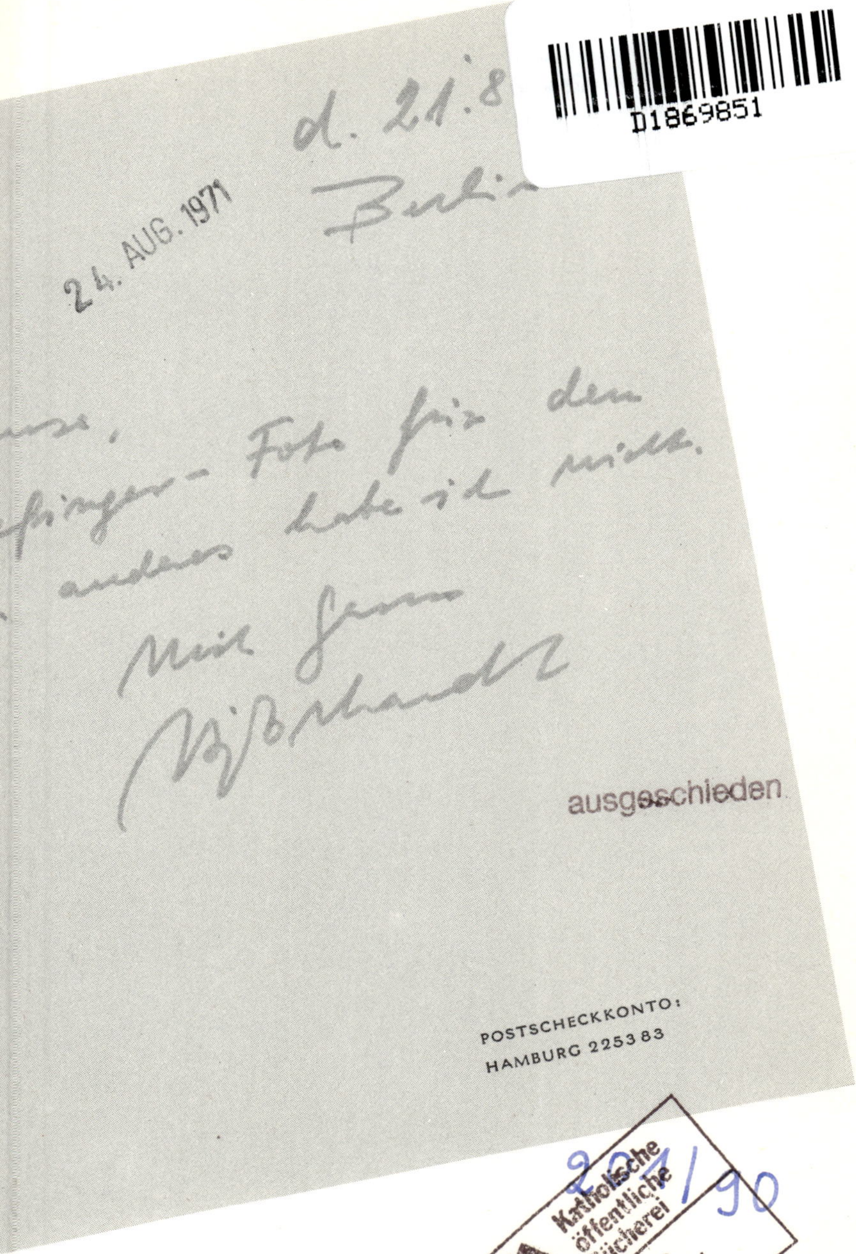
d. 21.8.
Berlin
Foto für den
anderes habe ich nicht.
Mit Gruß
POSTSCHECKKONTO:
HAMBURG 225383

Fackelträger

Rainer Berg/Norbert Klugmann

HEINZ ERHARDT, dieser Schelm!

Die Lebensgeschichte des großen Komikers

Fackel träger

»Soll er machen, was er will:
wenn wir nur nicht unter den Stühlen liegen!«
(Friedrich Luft)

CIP-Kurztitelaufnahme der Deutschen Bibliothek

Berg, Rainer:
Heinz Erhardt, dieser Schelm!:
d. Lebensgeschichte d. großen Komikers /
Rainer Berg; Norbert Klugmann. –
Hannover: Fackelträger, 1987
ISBN 3-7716-1481-3

NE: Klugmann, Norbert:

Umschlag: Wolfgang Schröder.
Layout: Eva Walitzek-Schmidtko
Gesamtherstellung: Mohndruck Graphische Betriebe GmbH, Gütersloh.
Printed in W.-Germany 1987
ISBN 3-7716-1481-3

Inhalt

PAUL CEZANNE
EDGAR DEGAS
ALBRECHT DÜRER
GOYA

Vorwort

Heinz Erhardt, sein Name ist Begriff. Er war der »Witwer mit fünf Töchtern«, er war »Willi Winzig« und er ist immer noch der unglaublich komische Dicke mit der Hornbrille und dem Wortsalat: »noch'n Gedicht«, Markenzeichen für brillianten Humor und treffsicheren Witz.

Seine Film-, Bühnen- und Bucherfolge haben bis heute eine millionenfache Anhängerschaft. Wer kennt ihn nicht, diesen Schelm? Und doch, weithin unbekannt ist immer noch die Geschichte seines Lebens. Bis heute kannten wir nur Ausschnitte. Über 40 Jahre, bald ein halbes Jahrhundert lang war er ein unvergleichlicher »Botschafter der guten Laune«, der immer ganz war, was er gab, und gab, was er war. So lachten Generationen über ihn, und sie lachen immer noch.

Leben und Werk des Humoristen mit dem »seelenvollen Zeigefinger« sind hier erstmalig umfassend dargestellt. Das Panorama seines Lebens ist möglich geworden durch die großzügige Mithilfe der Familie Erhardt, durch Heinz Erhardts eigene Tagebücher und durch die Mitwirkung einer großen Zahl seiner alten Freunde.

Ihnen allen danken wir besonders für die bunten Berichte, Erzählungen und Hintergründe, die dieses Buch erst möglich gemacht haben.

Peter Ahrweiler,
Reiner Brönneke,
Fritz Hellmann,
Trude Herr,
Harald Juhnke,
Albert Lichtenfeld,
Friedrich Luft,
Edgar Maschmann,
Undine v. Medvey,
Gunnar Möller,
Irms Pauli,
Dr. Gunther Phillip,
Marina Ried,
Jürgen Roland,
Senta Sommerfeld,
Camilla Spira,
Rolf Stiefel,
Georg Thomalla,
Ilse Werner,
Peter v. Zahn,
ganz besonders aber Gilda Erhardt und ihren Kindern.
Rainer Berg, Norbert Klugmann.

»Echt rigisch Kind« –
Kindheit und Jugend 1909 bis 1930

Er kam gleich zweimal zur Welt, sagt er, am 9. Februar nach russischer und am 20. nach hiesiger Zeitrechnung. Fest stand das Jahr, man schrieb 1909.

Der erste deutsche Motorflieger startete unter großem Jubel, Thomas Mann beendete seine KÖNIGLICHE HOHEIT, Richard Strauss seine ELEKTRA, Bakelit kam als erster Kunststoff auf den Markt, in deutschen Schulen wurde Zahnpflege eingeführt, Nordpol und Südpol wurden erstmals erwandert, in Kalifornien stand die erste Pumpanlage auf Solarbasis, Henry Ford entwickelte das erste Fließband-Massenauto, Krupp ein gigantisches 42cm-Geschütz, Emil Nolde malte sein ABENDMAHL, Henny Porten wurde erster deutscher Filmstar, in London gelang die erste Dauerwelle, im Schwarzwald installierte man den ersten Skilift, in Berlin startete zum ersten Mal ein Sechstagerennen – als in Riga Heinz Erhardt geboren wurde.

Von St. Petersburg wehte ein steifer, frostiger Nordost durchs Zarenreich herüber, brachte Eisregen und immer wieder Schnee.

»Das Thermometer zeigte 11 Grad minus und die Uhr 11 Uhr vormittags, als vor unserem Haus das Hauptwasserrohr platzte«, erzählt Erhardt. *»Im Nu war die Straße überschwemmt und im gleichen Nu gefroren. Die umliegenden Kinder kamen zuhauf, um auf ihren Schuhen schlittzulaufen. Ich selbst konnte mich an diesem fröhlichen Treiben nicht beteiligen, weil ich noch nicht geboren war. Dieses Ereignis fand erst gegen Abend statt, und da war die Eisbahn längst gestreut.«*

Seine Geburt, sagt er, fand im Saale statt, im »Kreissaal«, der wider Erwarten eckig war, weil ein Kreißsaal.

»Kaum hatten sich mir meine Eltern vorgestellt, fanden sie mich ›Nein, wie reizend‹. Dabei hatte ich kaum Haare auf dem Kopf, geschweige denn Zähne.«

Seine Geburt fand im Ausland statt, in der russischen Provinz Lettland, in der Provinzhauptstadt Riga, dem »Paris des Ostens«, in der baltendeutschen Minderheit weit hinter der Reichsgrenze. Wie weithin unbekannt die Ostseeprovinzen von jeher waren, wußte schon ein Reisender im 19. Jahrhundert:

»Während der Deutsche in Afrika sehr wohl Bescheid weiß, weiß er häufig von Liv-, Est- und Kurland nicht mehr, als daß diese Provinzen zum russischen Reich gehören, einst selbständige Kolonien des römischen deutschen Reiches bildeten und zum Teil von Deutschen bewohnt werden, die ein ziemlich dialektfreies Deutsch sprechen und, wenn man ihnen auf Reisen begegnet, erträgliche Gesellschafter abgeben«.

Die »kalte Heimat« des Knaben Heinz Erhardt war von warmherzigen und lebenslustigen Menschen bevölkert. Der »baltische Hang zum persönlichen Behagen und geselligen Lebensgenuß« war schon fast sprichwörtlich, wohl eine Erbschaft der deutschen Siedler, die mit den Ordensrittern im 13. Jahrhundert hierher gekommen waren, vielleicht »die alte Gewohnheit des Eroberers, eine dienende Bevölkerung unter sich zu haben«.

Die Deutschbalten bestimmten das kulturelle Leben in Riga, und im Geburtsjahr von »Rigas bestem Humoristen« wurde noch kräftig gebaut. Ganze Viertel von mehrstöckigen Mietshäusern entstanden nach dem Vorbild der prächtigen Bismarckstraße in Berlin-Charlottenburg.

Die kulturelle Bindung an Deutschland war durchaus keine Einbahnstraße, eine ganze Reihe klangvoller Namen stammte von jeher aus dem Baltikum. So ein Vierzeiler:

»Was wäre Goethe ohne Lenz(en)
und Bismarck ohne Keyserling.
Sie waren beide Exzellenzen,
was wohl nicht ohne Balten ging!«

Einer der bekanntesten Deutschbalten, Werner Bergengruen, schrieb einmal: »Die Balten sind mündliche Menschen . . .« Wo in unnachahmlicher Mundart wegfahren zu *wekfahrrn,* Eiweiß zu *Eijweijs* wurde, da kursierten Märchen und Histörchen, da liebte man Verse.

Schon Johann Gottfried Herder, 1764 als Lehrer an die Domschule zu Riga gekommen, hatte leidenschaftlich Lieder und Märchen der »Ostseeprovinzialen« gesammelt, gefunden, daß sie »ein sanftes Volk« waren, und den »äußeren Anstand der Rigenser« gerühmt, ihren »leichten und gefälligen Umgang«, die Wesensart, die auch Heinz Erhardt wohl zeitlebens behalten hat.

Seit frühster Kindheit, wo man froh lacht
verfolgt mich dieser Ausspruch magisch:
Man nehme ernst nur das, was froh macht,
das Ernste aber niemals tragisch!

Dabei begann sein Lebensweg verwirrend. Die Wege seiner Eltern gingen schon sehr bald auseinander, der Vater reiste als renommierter Kapellmeister durch deutsche Theaterstädte im Kaiserreich. Man trennte sich, der Junge wuchs zunächst bei den Großeltern mütterlicherseits auf, den gutgestellten Inhabern des großen Musikhauses Neldner.

Mit Großvater Paul Neldner

»Sie waren so gut zu mir, daß es schon wieder schlecht war! Wenn ich – Gott behüte! – nur einmal nieste, mußte ich für eine Woche ins Bett, und hustete ich gar, für zwei Wochen!«

Es wohnt ein Wind in Leningrad
der pustet kalt
wer da nicht einen Mantel hat
der hustet bald.

Der Junge verlebte die ersten Lebensjahre in einer großbürgerlichen Idylle.

»Auf der Terrasse saß Großmütterchen und häkelte oder strickte« – ein sanftes Einzelkind.

»Trotzdem erinnere ich mich eines Tages, an dem ich nicht im Bett lag. Es war herrlich warm, und ich tollte mit meiner Njanja – so hießen die dortigen Kindermädchen – im Garten herum.«

Der kleine Fips war als Kind
ganz anders als sonst Kinder sind.
Nie zog er einen Hund am Schwanz
und auch Insekten blieben ganz
er biß auch seine Amme nie
Wusch ihn mit einem Schwamme sie.

Er war noch keine acht Jahre alt, als für ihn eine lange Zeit der Unruhe, der Umzüge und Unsicherheiten begann.

»Es war im Herbst 1916, als mich meine Mutter raubte und nach Petrograd brachte, weil sie mich mit dem Stiefvater Numero 1 bekannt machen wollte. Ich war sieben Jahre alt. Durch die Vororte Petrograds puffte damals eine mit Dampf betriebene Straßenbahn, die die anliegenden Häuser reichlich mit übelriechendem Rauch versorgte. Die ausschließlich armen Leute dieser Gegend aber murrten nicht. Im Gegenteil. Sie hingen nicht nur an ihrer Dampfbahn, sondern auch rohe Heringe an die Fensterkreuze, um sie nach mehrmaliger Vorbeifahrt der Straßenbahn frisch geräuchert zu verzehren.«

Es wurde nur ein kurzes Intermezzo in St. Petersburg, die Revolution bahnte sich an, und auf den Knaben wartete die Schule – in Riga.

»Verzehrt vom Heimweh durfte ich bald zurückkehren, um dort in jenes Institut einzutreten, das sich damit beschäftigte, unschuldigen Kindern das Lesen und Rechnen beizubringen.«

Lange bevor er das lernte, hatten die Großeltern schon dafür gesorgt, daß ihr Sproß mit vier Jahren von der Pike auf das Klavierspielen lernte.

»Mein größter Erfolg war ›Die Schlacht bei Leipzig‹. Sie ging so: Ich setzte mich mit aller Kraft und dem Hinterteil auf die verschiedensten Stellen der Klaviatur, wodurch ich den Donner der Geschütze und die Einschläge der Granaten treffend demonstrierte!«

Sein liebstes Kinderspielzeug war die Holzeisenbahn, die er unermüdlich durchs ganze Haus schob. Also wollte er natürlich Lokomotivführer werden, als er dann zehn Jahre alt war.

In diesem Jahr 1919 sollte die Eisenbahn eine unerwartet ernste Rolle für ihn spielen. Sie brachte ihn wieder aus Riga heraus, nach Deutschland.

Der Weltkrieg kam im Baltikum nicht zur Ruhe. Das Land war voller Soldaten und blutiger Kämpfe, in Riga war ein Jahr zuvor die Freie Republik Lettland ausgerufen worden. In Rußland hatte die Oktoberrevolution aus dem nahe gelegenen St. Petersburg das nahe gelegene Leningrad gemacht.

Riga war unsicher geworden, die Letten kämpften um ihre Autonomie, während der Anteil ihrer deutschen Bevölkerung auf 16 Prozent schrumpfte.

»Mein Vater holte mich mit 10 Jahren nach Deutschland, wo er an ständig wechselnden Theatern arbeitete. Ich wechselte des öfteren Städte und Schulen, was nicht ohne Schwierigkeiten ging.«

Wenn Grit Berthold, die älteste Tochter der Erhardts, heute zurückschaut, weiß sie, daß ihr Vater keine sehr glückliche Kindheit hatte:

»Er wurde ziemlich herumgestoßen. Schon deswegen, weil sein Vater Kapellmeister war und selten am Ort. Und er war dreimal verheiratet. Mein Vater kam zu seiner zweiten Mutter nach Hannover und wurde von ihr sofort ins Internat gesteckt. Die Frau war neun Jahre älter als er, sie konnte mit ihm gar nichts anfangen, er war gerade elf.«

Die Umzüge durchs deutsche Land begannen 1919 in Osnabrück, dann ging es nach Hannover und in die Wennigser Mark am Deister. In Barsinghausen und am Realgymnasium am hannoverschen Georgsplatz ging der Erhardt-Sprößling zur Schule, während sein Vater am »Mellini«-Theater dirigierte.

In Sepplhosen nach St. Petersburg

Er selbst erinnerte sich später in seinem Tagebuch an ein Freiluftkonzert, das er als 13jähriger dirigierte:

»Die Kindersinfonie von Haydn (zum Besten der Ruhrkinder, d.h. das waren nicht *Kinder, die an derselben erkrankt waren, sondern Kinder, die an derselben wohnten und unter der französischen Besatzung 1922 litten. Das Konzert fand in der Wennigser Mark statt.«*

Der Rigenser Knabe wurde ein »halber Hannoveraner«, verlebte seine Flegeljahre im wirren Frühling von umkämpfter Republik und galoppierender Inflation, mitten in Deutschland. Schon mit seiner Dreisprachigkeit – Deutsch, Lettisch, Russisch – war er Außenseiter, nun legte er erste Neigungen zu humoriger Schauspielerei und Jux an den Tag:

»Ich ging als Gutsbesitzerin verkleidet zu einer Bäuerin, deren Tochter in Stellung war, angeblich bei mir. Die Frau fragte mich gutgläubig aus, bewirtete mich, und ich habe ihr meine Lügenmärchen aufgetischt – es war wohl eine Wette.«

Die Lage im Baltikum hatte sich 1924 beruhigt, Lettland war seit 1919 autonom, das gesellig-heitere Leben der Deutschbalten im »Paris des Ostens« ging weiter, wenn auch ihr Einfluß im Leben der Stadt ebenso deutlich schrumpfte wie ihre Anzahl.

Fünfzehnjährig wurde Heinz Erhardt zurückgepfiffen:

»Da geschah's dann, daß ich zum dritten und letzten Mal geraubt wurde – nun wieder einmal von Mütterchen. Mit zwie-, ja, mit einspältigen Gefühlen trat ich die Rückreise in meine Heimat an: sollte ich doch dort die Schule beenden. Riga war inzwischen, unter regster Anteilnahme der ganzen Welt, zur Hauptstadt Lettlands geworden, und um alles Deutsche rigoros auszumerzen, wurde als erstes Riga in Rīga umbenannt.«

Er wurde auf das Deutsche Gymnasium eingeschult, wo schon Herder seine baltischen Volkslieder gesammelt hatte. Die Großeltern Neldner hatten den Jungen jetzt wieder, und er war froh, daß er sie wiederhatte:

»Es waren die schönsten Jahre, wenn auch nicht immer einfach, weil wir als deutsche Minderheit nicht immer gut mit dem herrschenden Volk zusammenlebten.«

1921

Seit der lettischen Autonomie im Jahre 1919 häuften sich die Probleme für die Deutschbalten. Viele waren schon nach Westen gezogen, viele folgten Jahr für Jahr. Für den 15jährigen blieben *»wunderschöne Erinnerungen«,* Fahrten durchs Hügelland entlang der Düna bis zur Mündung an der Rigaer Bucht, Ausflüge im Troika-Gespann oder im Pferdeschlitten, eine Vorliebe für die baltische Küche, für »Rassolnik-Suppe« (Schweinenieren, Suppengrün, Graupen, Zwiebeln, saure Gurken, Kartoffeln, saure Sahne) – und für die klaren Schnäpschen der Balten, die einer ihrer volkstümlichen Dichter besungen hat:

Kann ich bei einem guten Schinken
mein Gläschen Doppelkümmel trinken,
so ist das schönste Gedicht von Petark
in meinen Augen – dummer Quark.

Die Mutter hatte Heinz wieder nach Riga geholt, damit er einen ordentlichen Schulabschluß machte. Doch sah es für ihn in der Schule wenig erfreulich aus. Über allen Schul- und Familienwechseln war die Lust am Lernen abhanden gekommen.

»Ich hatte so nach und nach drei Väter bekommen. Und ebenso viele Mütter. Diese Vielzahl an Eltern ist darauf zurückzuführen, daß sowohl mein Vater als auch meine Mutter jeweils dreimal den Bund fürs Leben schlossen. Man reichte mich ständig herum und manchmal reichte es mir!«

Seine erste Rigaer Lehrerin ist ihm in Erinnerung geblieben, denn sie hatte wilde rote Haare und hieß »Fräulein Daß – mit SZ«.

Bei aller Unlust gab es doch auch Lieblingsfächer: Singen, Turnen, Zeichnen und immer wieder die Pausen.

»Ich war ein Pausenschüler, ich konnte ohne Pause Pause machen.«

Was er schätzte selbst in Serien
das waren jedesmal die Ferien
die er von sich aus noch ergänzte
indem er gern die Schule schwänzte.

Mit den Mitschülern verband ihn nur wenig, an Schulfreunde erinnert er sich kaum, wohl aber, etwas beschämt, daran, daß er nie vorsagte – *»nicht weil ich nicht wollte, sondern weil ich nichts wußte. Bei mir konnten sie nichts erben. Ich war ein Einzelgänger, habe mich immer schwer angeschlossen, ich spann so'n bißchen und schwebte in höheren Sphären.«*

Dabei hat ihn schon regelmäßig eine freche Muse geküßt, denn er probierte sich im Verseschmieden und machte sich damit beim Lehrkörper gründlich unbeliebt:

»In den Schulpausen habe ich meine Lehrer angedichtet und die Zettel immer versehentlich liegenlassen. Das hat man mir übelgenommen.«

Einer der Lehrer erkannte das komödiantische Talent seines dichtenden Schülers. Der Mann war Theaternarr, organisierte Freilichtvorführungen des Deutschen Schauspiels im Sportverein Kaiserwald und leitete eine Laienspielgruppe. Im Haus des Frauenbundes gab es eine kleine Bühne, hier inszenierte der Lehrer mit Schülern und Theaterfreunden humorige Hans-Sachs-Schwänke. Hierzu lud er den jugendlichen Heinz Erhardt ein, und der kam.

Komische Einlagen, die aus der Rolle fielen, steckten ihm schon hier im Blut. So spielte der Brillenträger eine tragende Rolle, die ohne Brille gespielt werden sollte. Heinz Erhardt war versehentlich mit Hornbrille auf die Bühne gekommen. Der Regisseur raunte verzweifelt aus der selbstgebastelten Kulisse: »Brille weg!« Schließlich rief er ihn von der Bühne. Erhardt machte aus dem Stegreif eine Nummer daraus: Ohne jede Eile nahm er die unerwünschte Brille mit spitzen Fingern von der Nase, trug sie ebenso gespreizt und ohne Eile von der Bühne, gerade so, als wäre sie explosiv. Die Handlung lief zwar weiter, doch alles lachte nur über ihn.

»Ich trage sie auch nachts, damit ich besser sehe, was ich träume!«

Sehr sentimental und ernst, wie er selbst rückblickend meinte, las der junge Heinz Erhardt lieber Ganghofer als Karl May und wollte mit einem schwärmerischen Gemüt Pianist werden.

Musik lag nicht nur von Vaterseite in der Familie. »Großväterchen« Paul Neldner führte das erste Musikhaus am Platze, seit 1881 selbständig, einen Musikalienhandel samt internationaler Konzertdirektion sowie Musik- und Bühnenverlag. Das Musikhaus vertrieb musikalische und dramatische Werke in ganz Rußland, Paul Neldner selbst machte sich verdient ums Musikleben in Riga, Lettland und dem ganzen Baltikum.

So wurde der Junge gründlich an die Musik herangeführt – *»das einzige Gebiet, wo ich wirklich fleißig war.«*

Er machte die Bekanntschaft durchreisender Berühmtheiten seiner Zeit, darunter schließlich auch ein Caruso und Rubinstein, die auf ihren Gastspielreisen im Hause Neldner verkehrten.

Die Künstlerwelt hinterließ nachhaltige Eindrücke beim Junior.

»In meiner Jugend habe ich hauptsächlich komponiert. Heute denkt man: ›Mein Gott, was hast du da bloß verbrochen‹, aber damals war's mir sehr ernst damit.«

Der stille Traum war erwacht, selbst einmal Künstler zu werden. In der Schule tat er sich schon nicht mehr allein mit seinen ungeliebten Oden an die Lehrerschaft hervor. Allmorgendlich spielte er die Schulorgel zur Andacht in der Aula.

»Da wurden Choräle gesungen, und die Orgel spielte immer ich. Dabei gab mir der Pfarrer einmal einen Choral an, der im Gesangbuch mit zwei Melodien stand. Ich nahm prompt die falsche, die von der anderen Konfession, und kein Mensch sang mit.

Gelegentlich eines lettischen Staatsfeiertages, bei dem wir Deutschen resp. Baltendeutschen begeistert mitmachen mußten, improvisierte ich beim Einzug der Schüler in die Aula mit beiden Händen eine ernste Weise, während ich unten, mit dem Pedal, kunstvoll verwoben ›Ein Paradies am Meeresstrand‹ von Paul Abraham, dessen Operette ›Blume von Hawaii‹ (auf lettisch hieß sie ›Havajas puke‹) ich tags zuvor in der Lettischen Nationaloper gehört hatte, erklingen ließ. So sollte ich denn kurzerhand relegiert werden! Nur dank der Musikalität und des Humors meines Religionslehrers, der sich mit der ganzen Wucht seiner Persönlichkeit für mich einsetzte, durfte ich die Anstalt bis zum bitteren Ende auskosten.«

Großvater Neldner hatte seine Pläne mit dem Junior. Er sollte einmal sein Erbe antreten, das angesehene Musikhaus führen. Also wurde er langsam in die Geschäfte einbezogen.

»In Großvaters Geschäft hatten wir auch ein großes Harmonium, das wurde für Festlichkeiten ausgeliehen, und dann wurde ich immer mit ausgeliehen.«

Dann ging es in der Schule endgültig schief.

»Ich bin auch mal durchs Abitur gefallen. In der Schule war kein Fortkommen, also machte ich, daß ich fortkam.«

Prompt wurde der übermütige junge Mann wieder verschickt. Diesmal ins Berufsleben, nach Leipzig, wo schon »Großväterchen« selbst 1870 in der Musikalienlehre gewesen war. Hierher vermittelte er seinen Enkel als Volontär.

Doch der 17jährige hatte den Kopf auf andere Weise voll Musik. Er folgte seinem Traum, selbst einmal Künstler zu werden, ging ans Leipziger Konservatorium, ließ sich am Klavier und in Komposition ausbilden und machte so neben dem Musikalienhandel heimlich zur Hauptsache, was in »Großväterchens« Augen besser Nebensache geblieben wäre.

Nach zwei Jahren war das Volontariat abgeschlossen. Dieser Zeitpunkt bedeutete das Aus fürs Konservatorium, denn aus Riga kam kein Geld mehr.

Doch hatte das Leipziger Doppelleben als Musikstudent und Musikalienlehrling ganz neue Interessen geweckt, auch hier war er schon auf die Bühne gegangen:

»In Leipzig fängt das Dichten an. Ich begann als Diletant auf sog. bunten Abenden, unentgeltlich, nur um die Leute zu erheitern – ich versuchte es wenigstens. Aus der Zeit stammt schon das Gedicht vom Gewitter.«

Da plötzlich hört man ganz von ferne
ein leises Grollen. Mond und Sterne
verhüllen sich mit schwarzen, feuchten
Wolkenschleiern, Blitze leuchten.
Und's sind versammelt in dumpfer Stube
Urahne, Großmutter, Mutter und Bube.
Das Gewitter kommt näher mit Donnerschlag
und noch fünf Minuten bis Donnerstag!

P. NELDNER, RIGA,

Kunst- und Musikalien-Handlung.
(Musik-Sortiment — Verlag — Leih-Institut).

P. Neldner, Riga

Pianoforte- und Harmonium-Magazin.

Theater-Boulevard No. 2.

Die Firma P. NELDNER

beehrt sich, umstehend den neuen **Preiscourant 1901** ihres

Pianoforte- und Harmonium-Magazins

zu veröffentlichen, sowie bei Beginn des neuen Jahres und Schulsemesters auf ihr grosses

Musikalien-Leih-Institut

hinzuweisen, indem sie die **Abonnements-Bedingungen** desselben zur Kenntniss bringt. Die Rückseite dieses Prospects enthält einen Auszug der neuesten und beliebtesten Werke ihres

Musikalien-Verlags

sowie einen Hinweis auf die billigen Einzel- und Band-Ausgaben **„Rühle"** und sei gleichfalls freundlicher Beachtung der Musikfreunde empfohlen.

Druck von W. F. Häcker in Riga.

Zu solchen gelegentlichen Einlagen als unbezahlter Unterhalter kam ein Gesangsverein in Leipzig, dem er seine Stimme lieh und auch schon mal ein Liedchen – HERBST. Hier konnte er seine Künste auf die Probe stellen.

Der Kapellmeister sucht emsig
wo die Stimmgabel wohl steckt
in der hintern Hosentasche
hat er endlich sie entdeckt
und er führt zum Ohr die Gabel
und macht ›Aah‹ – das ist der Ton
den man nötig für den Einsatz
hat, doch horch, sie singen schon!

Zwei Jahre hatte der 18jährige Gelegenheit gehabt, auf eigene Faust das gesellschaftliche Leben in Leipzig, die deutsche Geselligkeit gründlich kennenzulernen.

Ein alter Rigenser hatte schon Jahrzehnte vorher markante Wesensunterschiede zur vielgerühmten »Leichtigkeit des gesellschaftlichen Lebens« im Baltikum gefunden:

»In Deutschland ist die Familie das Privateigentum des Einzelnen, bei uns ragt die Familie in die Öffentlichkeit hinaus, sie liegt aller Geselligkeit zugrunde und bildet den Hauptgegenstand allen Interesses. In einem livländischen Salon sitzen die Damen, wenn nicht getanzt wird, regelmäßig in einem Zimmer zusammen und machen Konversation, während die Männer im Nebenzimmer disputieren oder Karten spielen, unter allen Umständen aber rauchen.

Die familienhafte Ungezwungenheit unseres gesellschaftlichen Lebens gibt ihm ohne Zweifel einen eleganten Charakter, der gegen die geputzte, absichtliche Miene angenehm absticht, die in Deutschland häufig in Gesellschaften mitgebracht wird. Weil sich bei uns alles kennt, interessiert sich alles füreinander. Es gibt vielleicht nirgends so viele Lokalanekdoten wie bei uns.«

Was schert mich Hume, Rousseau und Kant
hab ich nur einen Topf mit Schmand

und sitz' ich an meinem Teetisch
so ist der Teekessel mein Fetisch!

Humorige Geschichtchen und Verse, wie der des Volksdichters Petersen, waren in der Rigaer Gesellschaft äußerst beliebt, spaßige Sprüche machten schnell die Runde –

»Ein echt rigisch Kind tut Gott nur loben,
weil er's baltische Meer so nah geschoben . . .«

Von hier ist der Weg nicht weit zu Heinz Erhardts humoriger BALLADE AUS ESTLAND:

Im alten Schloß zu Wesenstein
da soll es nachts ganz finster sein
warum's dort finster ist bei Nacht
das hat noch keiner rausgebracht . . .

1928 aus Leipzig zurück, war er inzwischen alt genug, am regen Caféhaus-Leben der Balten teilzunehmen.

»In Riga gab es zwei große Caféhäuser, das Café Schwarz und das Café Reiner. Damals ging der Spruch um: Bei Reiner ist der Kaffee schwarz, doch bei Schwarz ist er reiner. Diese beiden Cafés waren bevorzugte Treffpunkte der Deutschbalten. Ich erinnere mich noch lebhaft an meine ›Auftritte‹ im Café Schwarz. Dort mußte man nämlich eine Treppe hinaufgehen, und oben saßen dann alle. So schüchtern und linkisch wie ich damals war, wurde ich jedesmal rot wie eine Tomate.«

Neue Eindrücke und neue Lebensgefühle ließen neue Neigungen erwachen:

»Wegen meiner Vorliebe für Klassisches und eigene Kompositionen hatte ich lange für die leichte Muse nichts übrig. Mit 20, 21 hat das erst angefangen.«

Jetzt hatte auch er schnell seinen Lieblingsschlager – »WITH A SONG IN MY HEART« (von der Jack-Hilton-Kapelle gespielt),

»so zickig, daß man das heute gar nicht mehr ertragen kann, aber damals war's toll!«

Und es blieb wieder nicht beim Hinhören. Er begann selbst Schlager zu komponieren,

»ohne zu wissen, daß ich damit mal Geld verdienen müßte.«

Bis dahin war es noch ein weiter Weg.

»Mit 20 Jahren begann ich zu handeln – und zwar mit Noten und Klavieren. Das lag nahe – das großväterliche Geschäft, nur ein paar Minuten zu Fuß.« Hier verdiente er einen kleinen Unterhalt als Klavier- und Notenverkäufer, wie er es in Leipzig gelernt hatte.

»Lettland hieß damals Latvija. Unsere Währung war der Lat. Der Lat hatte einen offiziellen Kurswert von 50 Pfennigen, aber seine Kaufkraft lag weit höher. Mit 100 Lat im Monat konnte man schon ganz anständig leben. Doch soviel verdiente ich vorläufig noch nicht, denn mein Großvater hielt mich sehr kurz. Aber sobald ich ein paar Lat in der Tasche hatte, ging ich schnurstracks ins Café Schwarz, um wieder einmal von Herzen rot zu werden.«

»Großväterchen« Paul Neldner sah sehr wohl, daß sein Junior kaum Ambitionen zum Chef entwickelte. Statt sich um den Verkauf der Klaviere zu kümmern, spielte er lieber darauf, tüftelte an seinen Kompositionen und Liedern. Neldner drängte nicht, hielt den Junior zwar »nach guter baltischer Art« kurz, beauftragte aber seinen langjährigen Geschäftsführer Kehrer, das Erbe für den Enkel zu verwalten. Im Sommer 1929 starb Paul Neldner 77jährig. Kehrer blieb Geschäftsführer, doch ging das Erbe erst an Erhardts Mutter und ihren dritten Mann, Zastrow.

Das Interesse des 20jährigen Erhardt am Musikalienhandel wuchs nicht. Im Gegenteil, ein gebrochenes Verhältnis zum neuen Stiefvater führte ihn nur weiter vom Geschäft weg.

Von seinen ersten Leipziger Auftritten angespornt, war er schon ein Jahr vor »Großväterchens« Tod zum ersten Mal in Riga mit selbstgemachten *»humoristischen Liedern zur Laute«* aufgetreten, in der Zeitung erwähnt und mit einer kleinen Gage bezahlt worden.

Daraus wurde jetzt mehr.

»Ich hatte mir ein kleines Programm erarbeitet, mit dem ich tingelte. Das heißt, ich trat bei den verschiedenen Festveranstaltungen der Deutschbalten

Café REINER am Aspasia-Boulevard

auf. Da ich aber immer dasselbe Publikum hatte, mußte ich mein Repertoire ständig erweitern.«

Fett gedruckt fand sich sein Name bald in der »Rigaer Rundschau«, als sein Programm im »Verband der deutschen Angestellten« im Sängersaal des Rigaer Gewerbevereins angekündigt wurde.

Schnell und immer dichter folgten Auftritte mit dem »Humoristischen Allerlei«, auf Jubiläums- und Jahresfeiern, bei Gartenfesten. Der »Lettländische Verein zur Bekämpfung der Tuberkulose« kündigte ein »Kabarett-Programm mit dem Humoristen Heinz Erhardt« an. Die »Rigaer Rundschau« sah ihn schon bald als Nachwuchs großer Unterhaltungskünstler jener Jahre:

»Herr Heinz Erhardt wandelte erfolgreich in den Fußstapfen O'Montis und Ostens, wo er sein Feuerwerk humoristischen Allerleis sprühen ließ.«

Auch im Weihnachtsmärchen sah man humoristische Einlagen von ihm, man amüsierte sich bei seinen Couplets im »Rigaer Gewerbeverein«, wie im »Verein zum Schutz der Kinder vor Mißhandlung«.

1931 wurde der 22jährige im Kurhaus Bad Baldohn »zum Abschluß der Saison« schon als »der immer heitere Heinz Erhardt« angekündigt, und beim Maskenball in Tockum wußte man schon vorher:

»Heinz Erhardt wird durch humoristische Vorträge für die nötige Stimmung sorgen.« Der Lokalmatador der guten Laune war geboren; *»Rigas bester Humorist!«*

Asaru kūrmājā.

Sestdien, 27. augustā plkst. 8 vakarā

sezonas slēgšana

ar programmu

Piedalās iemīļotais Rīgas humorists **Erharda kgs**

DEJA publikā

pie lieliskas DŽESA KAPELES.

Beigas plkst. 2 rītā. Beigas plkst. 2 rītā.

Lūdz galdiņus pasūtīt iepriekš pie ekonoma.

Ieeja brīva. Direkcija.

Abschluss der Saison

im Assernschen Kurhaus

am Sonnabend den 27. August Anfang 8 Uhr Abends

Mit Programm

unter Beteiligung des beliebten Rigaschen Humoristen Herrn **Erhard.**

Tanz im Publikum.

bei einer ausgezeichneten Jazzkapelle.

Ende 2 Uhr Morgens.

Es wird gebeten Tische im voraus beim Oekonomen zu bestellen.

Eintritt frei. Die Direktion.

Apta spiestuve Rīgā, Parka ielā 1a.

Рижанамъ не нужно объяснять, кто такой Нельднеръ. Эта фамилія знакома всѣмъ: «...Билеты у Нельднера».

— «Пауль Нельднеръ. Представительство извѣстнѣйшихъ фабрикъ роялей и піанино. Нотное издательство. Концертная агентура. Театральное бюро».

Старый Пауль Нельднеръ, основатель фирмы,

двухъ съ половиною лѣтъ не дожилъ до 50-лѣтняго юбилея

созданнаго его руками дѣла.

Юбилей отпраздновали въ прошломъ году —уже безъ него.

Пауль Нельднеръ.

Гейнцъ Эргардтъ,
внукъ Пауля Нельднера,
молодой композиторъ.

Ankündigung des ersten musikalischen Lustspiels in der russischen Lokalpresse mit Heinz und »Großväterchen«

»Ob Käse oder Musik« –
Lehrjahre in Riga bis 1938

Zum Jahresbeginn 1932 öffneten sich dem jetzt 23jährigen Heinz Erhardt die Türen des Deutschen Schauspiels in Riga. Es begann mit einem Tanzabend im ernsten Fach. Neben der Musik von Ravel und Debussy hörte man auch drei Kompositionen *»unseres jungen, einheimischen Komponisten Heinz Erhardt.«*

Dann stand Lustspiel auf dem Programm.

»Von dem jungen talentvollen Komponisten stammen die musikalischen Untermalungen zu diesem Schwank, die ihm eigentlich erst den Gehalt, seine nette Lustigkeit geben. Schön erfundene, schmissige Einführung, eine Fülle melodischer Intermezzi und natürlich die Gipfelpunkte, die Schlager, die allgemein ausgezeichnet gefallen und zweifellos Zukunft haben.«

Als Laien-Schauspieler kannte man ihn bereits von der »Liebhaberbühne« im Haus des Frauenbundes. Jetzt debütierte er auch als Mime im Deutschen Schauspiel.

»Er ist in lustiger Maske der lustige Tunichtgut Birnstiel, der den tollen Einfall hat, wie man auf billige Weise zum teuren Mammon gelangt. Äußerst vergnüglich seine kuriosen Sprünge und Tänze und vor allem sein lustiges Mundwerk, das niemals stillstehen will.«

Am Premierenabend hatte er unvorhergesehene Rückenstütze. Sein Vater war zufällig in der Stadt, er ließ es sich nicht nehmen, an diesem Abend im Deutschen Schauspiel selbst zum Taktstock zu greifen. Ein gefundenes Fressen für die Lokalpresse:

»Es muß eine besondere Freude für Heinz Erhardt gewesen sein, daß sein erstes größeres Werkchen, das an die Öffentlichkeit gelangt, von keinem anderen als seinem Vater aus der Taufe gehoben wird. Gustav Erhardt, der sehr verdiente Kapellmeister, weilt augenblicklich in seiner Heimat, und er hat es sich nicht nehmen lassen, dem begabten Erstling seines Sohnes zum ersten Erfolg zu verhelfen.«

Dabei hatte es der Junior gar nicht mal leicht, mit seiner leichten Muse in den strengen Ohren des ernsten Kapellmeisters zu bestehen.

»Als ich so 20 Jahre alt war und meinem Vater begeistert die damaligen Hits vorspielte, sagte er: ›Junge, wie kann dir diese Musik gefallen, die ist doch entsetzlich!‹«

Der »selige Papa« dirigierte trotzdem am Premierenabend im Februar 1932, auch wenn noch ein Jahr vergehen sollte, bis

»sich die väterliche Autorität zu einer Anerkennung bekehren ließ«.

Der Sohn jedenfalls war mit seinem Debüt am Theater so erfolgreich, daß er im Herbst desselben Jahres schon wieder im Programm war. Das Deutsche Schauspiel gab jetzt neben Gerhart Hauptmanns (»Gerhart brachte es bis zum Hauptmann«) »Ratten« wieder ein Lustspiel in einer »sehr gelungenen musikalischen Bearbeitung« des jungen Rigensers Heinz Erhardt, der jetzt schon selbst als Dirigent mitwirkte.

»Es ist ein Lustspiel mit einer netten Musik von dem jungen, begabten Heinz Erhardt, der zu Beginn dieses Jahres sein Erstlingswerk mit Erfolg aus der Taufe hob. Auch hier zeigt er vor allem so reichlichen und gesunden Humor, daß seine Musik gewiß in beträchtlichem Maße zur Lustigkeit der Schauspieler und des Publikums beiträgt. Erhardt selbst steht am Pult, und es ist eine Freude zu sehen, wie selbständig er auch hier, an diesem noch ungewohnten Platze sich bewährt, wie verständnisvoll umsichtig er dem Orchester und den Bühnensängern und Tänzern befiehlt und wie ehrgeizig er nicht nur um den eigenen Erfolg kämpft. Es gibt nach jedem Aktschluß stürmischen Beifall. Mit allen Spielern wird auch Heinz Erhardt immer wieder gerufen.«

In der nächsten Saison war er wieder am Deutschen Schauspiel dabei, wieder bei einer »Verwechslungskomödie nach bewährten Mustern«, und wieder widmeten sich die Rezensenten von Rigaer Rundschau und Rigaer Post vor allem ihm:

»Man erinnert sich an seine ersten, allerdings noch anspruchsloseren Bühnensachen, die einen allgemeinen Beifall erregten. Und schon da wurde dem jungen Künstler von berufener Seite eine gute Entwicklung geweissagt.«

Wieder war die Kritik sich einig:

»Den eigentlichen Gehalt, sozusagen den Schmelz, hat erst Erhardt mit seiner Musik geschaffen.«

Der Kapellmeister Gustl Erhardt

Und noch einmal traten Vater und Sohn gemeinsam am Premierenabend auf.

»Der Vater des Komponisten, manchem Älteren in Riga wohlbekannt als Gustl Erhardt, der muntere Musiker, der vor langen Jahren ins Ausland ging und sich dort als Kapellmeister einen Namen von beachtlichem Klang erworben hat, wird nun die neue Operette seines Sohnes dirigieren. Ja, bekennt Heinz freimütig, bei den ersten größeren Kompositionen habe es Schwierigkeiten gegeben. Mit diesem Singspiel hat sich die väterliche Autorität zu einer Anerkennung bekehren lassen. Als ernsthafter Musiker ist er mit diesen Melodien, die durchweg volkstümlich gehalten sind, nun doch einverstanden.«

Hier stammte nicht nur die Musik aus der Feder des fleißigen Nachwuchskünstlers:

»Zum ersten Mal hat Herr Heinz Erhardt auch die Texte seiner Lieder vollkommen selbst verfaßt. Text und Lied oder Lied und Text, die Reihenfolge des Entstehens ist verschieden.«

Der 24jährige Lokalmatador in Sachen Humor hatte jetzt eine Textzeile verfaßt, die jedem Witzbold der Stadt schnell von den Lippen ging:

»Du bist dumm und ich bin dumm und wir sind dumm und ihr seid dumm.«

Die Zeitungen meinten dazu einhellig:

»Dieser lustige Refrain des Ausklangliedes des Erhardtschen Singspiels gilt für alle diejenigen, die versäumen, sich dieses lustige Spiel anzusehen!«

Vier Jahre waren seit »Großväterchens« Tod vergangen, Geschäftsführer Kehrer hatte einen schweren Stand gegen den neuen Inhaber Zastrow. Heinz Erhardt selbst stellte sich immer offener gegen die ehrgeizige Mutter und den windigen Stiefvater. Im Geschäft, immer noch mit einem Hungerlohn kurzgehalten, benutzte er die kostbaren Klaviere immer noch lieber selbst, als daß er sie verkaufte. In seinen Augen war es eben einerlei,

»ob man mit Käse oder mit Musik handelt, man kauft billig ein und verkauft teuer.«

Es gab den unvermeidlichen Krach.

»Ich ging von Riga nach Deutschland und versagte jämmerlich!«

Von seinen Erfolgen zu Hause beflügelt, hatte er sich ein schweres Vierteljahr lang auf eigene Faust ins brodelnde Berlin der frühen 30er Jahre gestürzt – mutig, aber glücklos. Er kehrte zurück.

»Ich rollte, es war 1933, im Speisewagen des Zuges Berlin-Riga wieder durch Litauen. Wir hatten vor kurzem bei Tilsit die Grenze passiert, ohne daß was Bemerkenswertes passiert wäre, als ein Herr mir gegenüber Platz nahm mit einer Miene, als sei gerade einer auf sie getreten und sie habe vergessen zu explodieren. Es verstrich einige Zeit, ich war schon beim Käse, ehe wir ins Gespräch kamen, und ich erfuhr, daß er Geflügelhändler sei. ›Glauben Sie mir‹, fuhr der Herr fort, ›ich hatte zweihundert englische Pfund bei mir, kurz vor der Grenze ging ich auf die Toilette und auf die kleine Rolle zu, die in diesem Raum eine so große Rolle spielt. Ich rollte sie fast völlig ab und dann wieder auf, eine Pfundnote nach der anderen fein säuberlich in sie hineinlegend – und damit auch die Devisenkontrolleure, wie ich glaubte.‹

›Wem sagen Sie das?‹ entgegnete ich errötend, denn auch mein Gewissen war unrein wie ein Kind vor dem Bad! Nun nahm mein Gegenüber den Daumen aus der Nase, dann einen Schluck aus dem Bierglas und wieder das Wort, ›Ich harrte in Ruhe der Dinge, beziehungsweise der Zöllner, die nun kommen würden. Sie kamen auch, sahen und gingen. Kaum hatte sie der Zug ausgespieen und sich wieder in Bewegung gesetzt, tat ich dasselbe, ich betrat wieder den stillen Raum. Sie können sich mein grenzenloses Entsetzen vorstellen, als ich feststellen mußte, daß mit dem Grenzwechsel auch ein Rollenwechsel stattgefunden hatte! Die reichsdeutsche Rolle mit meinen Pfunden und dem Aufdruck ›Garantiert 400 Blatt‹ war weg – dafür hing da eine litauische, die mich unbeschriftet und inhaltlos anstierte . . .‹«

Der Ausbruch nach Berlin war eine Pleite, Heinz Erhardt mußte in seine Heimat zurück, wohl ein Stück weit ernüchtert, aber keineswegs im Glauben an seine Talente erschüttert.

Es soll manchen Dichter geben
der muß dichten, um zu leben
ist das immer so? Mitnichten
manche leben, um zu dichten!

Dabei war sein Stand der Mutter und dem Stiefvater gegenüber nicht eben leichter geworden. Ihre Worte klangen ihm wohl im Ohr:

»Du wirst noch Schande über die ganze Familie bringen!«

Hinzu kam, daß sich die politischen Verhältnisse in Lettland mit dem Jahr 1934 drastisch verschlechterten. Bei einem Schulsportfest aller lettländischen Schulen kam es zu Tumulten und polizeilichen Festnahmen. Verhaftet wurden ausschließlich Deutschbalten, Letten blieben verschont. Wenig später enteignete das »Kabinett der nationalen Einheit« das deutsche Gymnasium in der Börsen-Commerz-Schule. Ein Jahr darauf wurde die Rigaer Domkirche aus baltendeutschen Händen in lettische überführt.

Die baltendeutsche Minderheit schrumpfte ständig weiter, bald gehörte nur noch jeder zehnte Rigenser dazu. Dennoch, das gesellige Leben ging weiter, und wo immer Baltendeutsche zusammenkamen, um zu feiern, da war Heinz Erhardt nicht weit.

»Für muntere Darbietungen ist gut vorgesorgt, zumal die Oberleitung Herr Heinz Erhardt freundlichst übernommen hat. Steigt man die Treppe hinauf, geht es am Gildenbaum vorbei in den mit Fahnen geschmückten festlichen Ballsaal, wo klingende Musik, wiegender Tanz und vielerlei Vergnügungen einen erwarten. Und hier geschieht es um elf Uhr, daß Herr Heinz Erhardt das Podium besteigt und eine entzückend launige Stunde hervorzaubert.«

Ob im Saal des Gewerbevereins, »zum Besten des deutschen Schülerferienwohnheims«, im Seepavillon »Majorenhof«, im »Alhambra« beim »Gesellschaftsabend des Verbandes der deutschen Angestellten«, ob im »Hotel de Rôme« zum Tanztee des »Rigaer Tierasyl« oder in der »Ressource« zum 5-Uhr-Tee des »Rigaer-Damen-Ruder-Vereins« – immer stand im Mittelpunkt des heiteren Bühnengeschehens »die Conférence des Herrn Heinz Erhardt«:

»Eine gute Conférence soll aus drei Teilen bestehen, wenn sie bestehen soll: nämlich aus dem ersten, dem zweiten und dem dritten Teil. Bei einer Konferenz ist es so ähnlich, nur ganz anders: Während bei einer Konferenz meistens nichts herauskommt, kommt nach einer Conférence immer etwas heraus – und zwar die oder der, den oder die man gerade conferiert hat!«

Er war jetzt Mitte Zwanzig und beruflich noch im Aufbruch zwischen Pflicht und Neigung, als halber Musikalienhändler und ganzer Unterhaltungskünstler. Und er war noch allein.

Hört Leute, was wir Euch verkünden
Fips will eine Familie gründen!
Drum wünscht und hofft er, daß in Bälde
sich eine Jungfrau bei ihm melde!

Zwischen Wunsch und Erfüllung standen immer noch allenthalben wachsame Eltern. Liebesanbahnungen jeder Art unterlagen strenger Kontrolle. Um so mehr noch in Riga, wo der Kreis der Kandidatinnen und Kandidaten weitgehend begrenzt, die baltendeutschen Familien untereinander allgemein bekannt und vertraut waren.

»In meiner Heimat war's ganz schlimm! Nie wäre es Dir möglich gewesen, allein mit einem Mädchen ins Café, Kino oder gar zum Tanzen zu gehen, ohne daß ihr tags drauf als verlobt galtet. Um nun heiratsfähige Töchter trotzdem an den vorsichtigen Mann zu bringen, wurdest Du als Junggeselle oft und gern von töchterhabenden Familien nach Hause eingeladen. Da es eine Menge solcher Familien in Riga gab, mußtest du fast täglich woanders hin. Junge Leute trafen sich sonst nur auf Bällen, Studentenbällen, Theaterbällen, Privatbällen – und immer unter Aufsicht!«

Der junge Heinz Erhardt ging eigene Wege. Natürlich nahm er pflichtgemäß an entsprechenden Eheanbahnungen teil, allein, in diesen Kreisen fand er nicht die Frau, mit der er seine Abenteuer zwischen Musikhaus und künstlerischen Talenten hätte teilen mögen. Er blieb der Einzelgänger, der er schon als Jugendlicher gewesen war. Also lief er seinem großen Glück praktisch aus heiterem Himmel vor die Füße. Er traf es im Fahrstuhl.

»Ich war ein harmloser Langweiler, mit Hemmungen bis über die Hutschnur. So verschlug's mir erst einmal die Sprache, als ich knapp fünfundzwanzigjährig im Frühjahr 1934 einen Fahrstuhl betrat und mich urplötzlich einer jungen Dame gegenüber sah, die ein Wagenrad von einem Hut auf dem hübschen Kopf balancierte. Dann aber faßte ich mich und fragte klugerweise: ›Wollen Sie auch nach oben?‹ Wir befanden uns parterre. Die junge Dame

meinte es jedoch gnädig mit mir. Sie lachte nicht Hohn, sondern sagte schlicht und ergreifend: ›Ja.‹ Woraufhin ich zuerst den vierten (für mich) und dann den fünften Knopf (für sie) betätigte. Im vierten Stock des Hauses befanden sich die Räume der berühmten Loge ›Schlaraffia‹, deren Mitglied ich werden wollte. Die Fahrstühle in Riga fuhren seinerzeit glücklicherweise sehr langsam. Das gab mir die Möglichkeit, ein paar Sätze mit der schönen Unbekannten zu wechseln. Als mich der Fahrstuhl im vierten Stock ausspie, wußte ich wenigstens so viel: Die junge Dame hieß Gilda Zanetti, war als Tochter des italienischen Konsuls in St.Petersburg aufgewachsen und lebte nun mit ihrer inzwischen verwitweten Mutter – einer Deutschen – sowie mit ihren drei Geschwistern im fünften Stock eben dieses Hauses.

Es konnte nicht ausbleiben, daß wir uns schon recht bald wiedertrafen. Riga war eine kleine Stadt und die Zahl der Deutschbalten so gering, daß man sich immer wieder begegnete.

Daß Gilda für mich die Richtige war, stand bei mir außer Zweifel, seit ich sie nach einem Konzertbesuch – ich erhielt ja durch unser Geschäft immer Freikarten – zum erstenmal ins Alhambra geführt hatte. Auch so ein Treffpunkt der Deutschbalten. Hier fand das Nachtleben statt. Hier wurde für damalige Verhältnisse ein ganz toller Hot geboten, und wer konnte, schwofte. Ich konnte leider nicht. Aber es gehörte zum guten Ton. Infolgedessen mühte auch ich mich auf allen Bällen redlich ab, womit ich meinen Partnerinnen allerdings keine Dienste erwies. Die reizende Gilda Zanetti war nun die erste, die überhaupt nicht schimpfte, wenn ich mehr auf ihren als auf meinen Füßen stand.«

Mit der Fahrstuhlfahrt im Frühjahr 1934 begann ein gemeinsamer Lebensweg über fast 46 Jahre. Der suchende, vielseitige Sonderling hatte in der Konsultochter Gilda Zanetti die Frau fürs Leben gefunden. Sie war in St.Petersburg aufgewachsen, ihre Familie stammte aus Italien, das Sprachgewirr war anfänglich nahezu perfekt. Grit Berthold erinnert sich:

»Meine Mutter und meine Großmutter haben zu Hause fast ausschließlich russisch miteinander gesprochen. Mein Vater sprach ein schlechtes russisch, er sprach gut lettisch, das konnte nun meine Mutter wieder nicht so gut . . .«

Am Ende wurde die Familiensprache Deutsch, und Gilda Erhardt-Zanetti hat zeitlebens ihre russisch-lettische Mundart bewahrt, den unnachahmlichen Klang des baltischen Deutsch, den Heinz Erhardt in seiner BALTISCHEN AUFFORDERUNG festgehalten hat:

Schatzchen komm mit mir auf Wiese
Sonnchen strahlt und Blume sprießt
übern Arm nimm Schirm und Mantel
falls der Fall kommt, daß es gießt!
Unter uns wird Mantel liegen
unterm Schirm da werden wir
keiner kann dann nichts was hören
was ich sag – und was du mir.

Er nannte sie beim Spitznamen »Zippchen«, nach dem russischen Wort für Küken, (sprich etwa: Ziplonok).

»Rund ein Jahr nach unserer Begegnung, am 5. Januar 1935, haben Gilda und ich dann geheiratet. Ich weiß nicht, woher ich damals den Mut zur Familiengründung nahm, denn wir waren nach wie vor alles andere als auf Rosen gebettet.

Wir gehörten zu den wenigen Ehepaaren, die ihre Hochzeitsreise wegen Kälte vorzeitig abbrechen mußten. Gleich am Hochzeitstag noch fuhren wir in die Flitterwochen, von Riga aufs Land. Das Haus konnte nicht geheizt werden, und so bekamen Gilda und ich kalte Füße. Nicht weil wir geheiratet hatten, sondern weil es da so lausig kalt war!«

Trotz einer leichten Gehaltsaufbesserung im Musikaliengeschäft war bei dem jungen Paar »Schmalhans Küchenmeister«.

Die Freude am Piano- und Notenhandel hielt sich unverändert arg in Grenzen, und die künstlerischen Wege sollten sich erst noch klären.

»Damals wußte ich noch nicht, ob ich Dichter oder Musiker werden sollte – ich habe beides nicht erreicht.«

Gilda Erhardt-Zanetti arbeitete also weiter in ihrem Beruf als Sprechstundenhilfe bei einem Zahnarzt. Sie tat es noch ein Jahr lang, dann meldete sich Nachwuchs. Im Juni 1936 wurde die erste Tochter geboren. Grit Berthold über die Startschwierigkeiten des elterlichen Familienlebens:

»In Riga ging es meinen Eltern finanziell sehr, sehr schlecht. Sie wußten manchmal nicht, wovon sie mir die Milch kaufen sollten. Mein Vater verdiente nur ein paar Mark im Musikgeschäft, und seine Auftritte waren ja in dem Sinne noch nicht öffentlich. Es waren Gesellschaften, im Grunde für eine gute Mahlzeit als Gage, Vereins- und Familienfeste. Wir wohnten bei meiner Großmutter Zanetti, aber ihr ging es finanziell auch nicht sonderlich gut, weil mein Großvater sehr früh gestorben war. Sie hatte eine der riesigen Wohnungen in der Stadt, von der sie einzelne Zimmer untervermietete. Sie lebte praktisch nur von den Vermietungen. Und jetzt hatten wir drei auch noch Zuflucht bei ihr gesucht. Aber sie war eine patente und lebenskluge Frau, sie hat dann später immer mit uns gelebt.«

Die Familie hatte nun zumindest eine sichere Unterkunft in einem der großbürgerlichen Wohnhäuser an der Elisabethstaße, die der

5. Januar 1935

Berliner Bismarckstraße von baltendeutschen Architekten prächtig nachempfunden war.

Ein Stockwerk tiefer residierte die Künstlerloge der Schlaraffen, die das eigentliche Ziel der Fahrstuhlfahrt vom Frühjahr 1934 gewesen war. Inzwischen war Heinz Erhardt hier ordentliches Mitglied geworden.

Im Winter 1936/37 konnte er noch einmal für das Deutsche Schauspiel in Riga arbeiten, als Komponist. Noch einmal schuf er musikalische Untermalungen und Gesangsstücke für ein Lustspiel. Diesmal basierte die Inszenierung auf einer Novelle des Romantikers Joseph von Eichendorff, was dem jungen Komponisten besondere Achtung im lokalen Feuilleton einbrachte:

»Einer wunderschönen, aber durchaus nicht leichten Aufgabe hat sich kürzlich der junge, einheimische Komponist Heinz Erhardt unterzogen, indem er es übernahm, eine Begleitmusik zu Eichendorffs Märchenspiel ›Die Freier‹ zu schaffen. Für Erhardt, der sich bisher nur in alerten Tanz-Einlagen versucht hat, war das Ziel hier besonders weit gesteckt. Denn zwischen dem Tanz-Rhythmus moderner Schlager und der poesie-verklärten Lyrik Eichendorffscher Märchenstimmung klafft eine gewaltige Kluft. Erhardt eignet eine hübsche, melodische Erfindungsgabe, und auch ein guter Sinn für musikalische Stimmungsmalerei spricht aus seinen kompositorischen Versuchen. Mit solchen Gaben läßt sich Erfreuliches schaffen!«

Erfreuliches schaffen, das wollte er im wahrsten Wortsinn. Doch zu allem Mut und guten Glauben war mit der Familiengründung auch die Notwendigkeit gekommen, der Zwang zum Geldverdienen.

»Viele betreten ja die Bretter, die die Welt bedeuten – und merken nicht, daß sie auf dem Holzweg sind.«

Seine Zuversicht, als Künstler den richtigen Weg zu gehen, verdankt er nicht zuletzt dem ständigen Zuspruch seiner Frau. Gilda Erhardt war überzeugt, daß er sein berufliches Glück nur in Deutschland machen würde. Also fuhr er nach Danzig, um sich beim dortigen Rundfunk vorzustellen.

»Aufs Geratewohl machte ich mich auf den Weg. Im Köfferchen meinen

Schlafanzug und meinen Grips. Und ich setzte mich an einen Flügel, der genauso herumstand wie ich ...«

Der Vorstoß ins »Ausland« gelang wieder nicht im erhofften Ausmaß. Zwar kam es zu einer Rundfunkaufnahme, doch mehr hatte Danzig »Rigas bestem Humoristen« nicht zu bieten.

Trotz herber Enttäuschung wies jetzt Gilda Erhardt den Weg: Nur der Sprung nach Berlin würde seine Karriere voranbringen.

Zur Weihnachtszeit trat Heinz Erhardt noch einmal in Riga als humoriger Unterhalter – BÄCKER ZUCKERSCHAUM – vors Kinderpublikum, danach hatte der deutsche Bürgerverein ihn noch einmal ganz für sich.

»Die Kapelle Pietsch spielte einen schwungvollen Walzer, und im Augenblick war die ganze Tanzfläche bis zur letzten Möglichkeit von tanzenden Paaren dicht besetzt. Dann begann das bunte und überaus heitere Programm des Abends, das sich bis nach Mitternacht hinzog. Herr Heinz Erhardt war schuld daran, daß die Anwesenden bei seinen drolligen Vorführungen infolge andauernden Lachens einfach ohne Puste blieben. Der musikalische Einakter, in dem es fürchterliche Raubritter und schöne Burgfrauen gab, die durch ihr komisches Gebaren die Wände des Saales vor Lachsalven erzittern ließen, stammten gleichfalls von Heinz Erhardt.«

Mit dem Jahr 1938 kam sein endgültiger Aufbruch. Die Zeichen standen günstig, die Reisekasse war gedeckt, denn der Danziger Funkhauschef übertrug ihm überraschend eine Kuriermission nach Berlin. Der Tag des Abschieds von der Familie war gekommen.

1938

»Das Fräulein Mabel« –
Erfolg in Deutschland

»Gilda habe ich es zu verdanken, daß ich es schließlich wagte, unsere Zelte in Riga abzubrechen und nach Berlin überzusiedeln.«

Am 25. Mai 1938 saß Heinz Erhardt in Berlin, in »Sperlichs Künstleragentur« an der Joachimstaler Straße.

Ein zähes Warten, Vertröstungen, Ausflüchte, dann wollte Agent Sperlich den jungen Mann mit der Hornbrille hinauskomplimentieren.

Im letzten Augenblick brachte der noch mal sein Anliegen über die Lippen, im Vorzimmer war es unerhört verklungen: *»Ich singe Chansons und begleite mich selbst am Flügel!«*

Plötzlich und unerwartet war Sperlich äußerst interessiert: Peter Igelhoff, einer der erfolgreichsten Kabarettisten seiner Zeit, war am Kehlkopf erkrankt. Es bestand aber ein Vertrag mit Breslaus exklusivstem Haus, der »Kaiserkrone«. Sperlich drohten Vertragsstrafen, also schickte er Heinz Erhardt als Ersatz nach Breslau, ohne ihn recht angehört zu haben.

Der fand sich plötzlich in der Eisenbahn wieder, auf dem Wege nach Schlesien, auf dem Wege zum großen Erfolg.

Der langersehnte Durchbruch begann mit einer Schlappe: Das Breslauer Publikum war in die »Kaiserkrone« gekommen, um Peter Igelhoff zu sehen – Protestschreie, Pfiffe, Buhrufe übertönten schon die Ansage des unbekannten Lückenbüßers.

Die Enttäuschung traf ihn so tief, daß er am nächsten Abend den undankbaren Auftritt fast verschlafen hätte. Knapp fünf Minuten vorher fand man ihn schnarchend, rüttelte ihn wach und trieb ihn auf die Bühne. Plötzlich kam eines zum anderen. Tochter Grit:

»Die Masche mit dem traurigen Gesicht entstand in Breslau. Da war er ja mit seinen Chansons furchtbar abgestunken, hatte kaum Applaus, niemand interessierte sich für ihn. Das hat ihn bald um den Verstand gebracht. Nun mußte er aber am nächsten Abend wieder auftreten. Er dachte ›Nun ist so-

wieso egal‹, ist verschlafen und mit dem entsprechenden Gesicht auf die Bühne gegangen. Die Leute haben geschrien vor Lachen. Darauf hat er nachher aufgebaut.«

Am Ende tobte und pfiff das Publikum vor Begeisterung, und die »Kaiserkrone« engagierte ihn gleich drei Monate für »fürstliche« 12 Reichsmark pro Tag.

Ein Schlager schlug jetzt ein: FRÄULEIN MABEL.

Alle Frauen, die
mit tausend Reizen ausgestattet
durch das Weichbild unsrer Stadt lustwandeln, die
habe ich nicht lieb, denn
die sind nicht mein Typ, ich
brauche etwas andres fürs Gemüt. Zum Beispiel:
Fräulein Mabel, die
durch wenig Schönheit ausgezeichnet
still und unbemerkt durchs Leben schreitet, ist
mir nicht einerlei, und
weil sie mir stets treu, drum
widme ich ihr dieses schöne Lied!

Unglück und Zufall hatten ihm ein erstes unverwechselbares Markenzeichen gegeben: das typische Heinz-Erhardt-Gesicht, halb Hilflosigkeit, halb schelmischer Übermut. So konnte er seinen typischen Wortwitz »verkaufen«:

»Es waren charmante Sachen, aber ich brachte sie ganz trocken, fast böse. Da lachten die Leute.«

Ein erster Erfolg in der Fremde war geglückt. Erhardt schrieb seinem Vater aus Breslau:

»Lieber Papa! Ich hatte die Wochen in Berlin so viele Aufregungen und war mit dem Geld so knapp, daß ich nicht einmal meiner Familie schrieb. Ich sitze also jetzt in Breslau und verdiene meine 15 Mark täglich in der ›Kaiserkrone‹. Vielleicht warst du mal drin, als du hier warst? Das Programm ist ausgezeichnet, die Attraktion aber bin ich! Obwohl ich auf den Plakaten und in den Programmen am kleinsten gedruckt bin. Daß ich gefalle, kannst du

Fräulein Mabel*

Text u. Musik: Heinz Erhardt
Klav. Satz: Bruno Schlösser

* Sprich Mèbel und alle folgenden Reime mit è!

schon daraus ersehen: Gestern wurde ich zum hiesigen Rundfunk bestellt. Hoffentlich wird mir das weiterhelfen, denn ab 16. sitze ich wieder auf dem Trockenen.«

Der »Reichssender Breslau« half. Am 15. August 1938 sang und ulkte der unbekannte »Ersatz-Igelhoff« über den Äther –

»ein geistvoller Humorist mit unglaublicher Zungenfertigkeit, der sich zu eigenen, lustigen Schlagern am Flügel selbst begleitet«.

Die heimatliche Rigaer Rundschau verfolgte den Glückssucher auf Schritt und Tritt:

»Wie wir von einem Breslau-Fahrer hören, war Heinz Erhardt Sonnabend im Breslauer Rundfunk zu hören. Seine Stimme klang weich, angenehm und sehr deutlich. Nicht ein Wort ging verloren.«

Es blieb nicht bei diesem einen Auftritt im Breslauer Sender. Innerhalb weniger Wochen wurde Heinz Erhardt in der Stadt ein Begriff:

»Was an hochstehender, artistischer Leistung die Programmfolge in der ›Kaiserkrone‹ den Kleinkunstfreunden zu bieten hat, was durch sie an Stimmung und Humor auf den Betrachter übertragen wird, durch Heinz Erhardt, den Dichter-Komponisten am Flügel werden sie zusammenfassend in ungemein flüssigem Vortrag erst recht sichtbar gemacht. Der noch junge Künstler ist durch seine verschiedenen Vorträge im Reichssender Breslau den Schlesiern kein Unbekannter mehr. Was aber der Funk nicht zu vermitteln weiß, sind die köstliche Mimik und die witzigen Gesten, die gewissermaßen als das Salz in der Suppe seiner Vortragskunst anzusehen sind. Die unmittelbar zu erleben allein schon ein köstlicher Gewinn für all diejenigen Menschen ist, die einmal nach des Tages Arbeit aus vollem Herzen lachen wollen.«

Berlin lockte immer noch, und schon bald war Erhardt wieder da, immer noch ohne Familie.

»Berlin war für mich anfangs durch kühle Agenten-Mienen, nutzlose Ferngespräche, wundgeschriebene Offerten-Finger und die tägliche 40-Pfennig-Erbsensuppe bei Aschinger gekennzeichnet.

Das ging so, bis ich am 9. Oktober bei Willi Schaeffers, dem Direktor des ›Kabaretts der Komiker‹, anrief und ihn fragte, ob ich ihn nicht sprechen könne. ›Weshalb?‹ fragte er. ›Engagement!‹ flüsterte ich zurück. ›Freitag halb

»Heinz Erhardt und ein Flügel . . .«

zwölf‹, sagte er. Dann stand ich am Freitag mit sehr vielen anderen jungen Leuten vor einer Prüfungskommission und sang ›Reg dich nicht auf, mein Freund‹.«

Willy Schaeffers war ein »Altmeister der Kleinkunst«, seit 1910 Schauspieler, Conférencier, Kabarettist und schließlich vor allem Förderer für den Nachwuchs der leichten Muse. Schaeffers repräsentierte fast fünf Jahrzehnte lang den gebildeten Plauderer auf deutschen Kabarettbühnen. Kurzhalsig und schmerbäuchig, trug er seine todsicheren Pointen mit gequetschter Stimme vor, ohne eine Miene zu verziehen.

Als er 1938 das »Kabarett der Komiker« übernahm, widmete er sich mit viel Schwung und sicherem Blick dem Nachwuchs. Durch seine Obhut ist schließlich eine ganze Generation prominenter Unterhaltungskünstler gegangen. Lale Andersen, Dolly Haas und Brigitte Mira gehören ebenso dazu wie Peter Frankenfeld, Günter Neumann, Georg Thomalla und – Heinz Erhardt.

»Dann entdeckte mich Willy Schaeffers. Das heißt, ich bin hingegangen, sonst hätte er mich bestimmt nicht entdeckt.«

Im Oktober 1938 sang er einer strengen Prüfungskommission sein REG DICH NICHT AUF, MEIN FREUND vor und konnte plötzlich von einem Tag auf den anderen unter zehn Gastspielangeboten wählen:

»Heinz Erhardt, ein Wunder im Tempo!«

»Heinz Erhardt und ein Flügel!«

Ein halbes Jahr war es gerade her, daß er aus Riga weggegangen war, jetzt hatte er einen zweimonatigen Vertrag bei Willy Schaeffers in der Tasche. Endlich häuften sich die Auftritte.

»Hach, war ich aufgeregt damals. Zum ersten Mal in meinem Leben trat ich in einem illustren Hause auf: die Scala in Berlin. 3000 Menschen saßen mir zu Füßen und blickten zu mir hoch auf die Bühne. Dort saß ich ganz allein im Frack am Flügel. Leider hatte ich keine, sonst wäre ich fortgeflogen. Alles konnte mich sehen im Schein des Werferlichts, ich aber durfte niemanden sehen. Ich starrte nur in das Loch des finsteren Publikumsraumes, für diese Finsternis sollte ich muntere Chansons singen und spielen. Ich sang, ich spielte, da drang sie ein in mein Hirn, die Finsternis. Sie verschlang mich aber nicht,

Willi Schaeffers (1884–1962)

was sie doch sonst in gnädigen Fällen zu tun hat. Nein, ich mußte immer noch für alle sichtbar dasitzen und wußte nicht weiter. Ich blieb einfach stecken. Die Musiker im Orchesterraum standen auf und dachten, mir sei was passiert. Die standen auf, also stand ich auch auf, ohne nachzudenken. Ich hatte ja meinen Faden verloren. Faden verloren, Faden verloren, das muß mir im Kopf herumgegangen sein, heute weiß ich es nicht mehr genau. Ich weiß nur noch, daß ich mich bückte, und einen gar nicht vorhandenen Faden von den Bühnenbrettern aufhob. ›Verzeihung, ich hatte meinen Faden verloren‹, sagte ich, hielt das imaginäre Ding mit spitzen Fingern hoch und steckte es in die Brusttasche meines Fracks. Das finstere Loch des Publikumsraums wurde da plötzlich sehr lebendig. Es applaudierte und lachte. Um zum nächsten überzuleiten, sagte ich ganz trocken: ›Noch'n Gedicht.‹ Das war ohne jeden Sinn und ohne Pointe. Aber die Leute lachten.«

Die Rigaer Rundschau – nun schon seit zehn Jahren sein treuer Wegbegleiter – verfolgte den Aufstieg des Lokalmatadors in der Fremde mit so gespanntem Interesse, daß jeder Hinweis auf sein Weiterkommen dankbar aufgegriffen wurde.

Da genügte schon ein beliebiges Programmheft, ein Foto darin, das auf unerfindlichen Wegen nach Riga gefunden hatte:

»Ja, er ist es tatsächlich! Heinz Erhardt, uns allen wohlbekannt als Dichter, Komponist, Schauspieler, Vortragskünstler und Conférencier in einer Person. Wie das Bild verrät, hat Heinz Erhardt im Auslande sportlich gesprochen einen guten Start gehabt. Das obige Foto ist im Dresdner Kabarett Vaterland geknipst, wo Erhardt zusammen mit Hilde von Stolz einen Sketch spielt. Sein nächster Weg führt nach Leipzig und Magdeburg, worauf er zu einem kurzen Abstecher nach Riga kommt, Mitte Dezember.«

Er kam zum Weihnachtsfest 1938 wieder zu seiner Familie nach Riga. Fast ein Jahr lang war er weggewesen.

»Heute mit dem Berliner Zuge trifft ein allseits beliebter Sohn unserer Heimatstadt, der bekannte Vortragskünstler Heinz Erhardt wieder in Riga ein, um hier seinen Urlaub zu verleben. Heinz Erhardt, der in Deutschland eine Reihe von schönen Erfolgen zu verzeichnen hatte und dessen Engagements für Deutschland bereits für Jahre hinaus gesichert sind, tritt am Zweiten Weihnachtsfeiertag im Rahmen des großen bunten Abends im Rigaer Deutschen

Hilde v. Stolz, Sketchpartnerin in Dresden 1938

Bürgerverein mit seinen humorgeladenen musikalischen Vorträgen vor seine alten Freunde.«

Rigaer Rundschau und Rigaer Post hofften »auf ein baldiges Wiedersehen«.

Doch im August 1939 bahnten Hitler und Stalin das Ende der deutschen Minderheit in Lettland an. Vertraglich wurde hinter dem Rücken der Betroffenen beschlossen, die Baltendeutschen aus dem Baltikum auszusiedeln, damit das Land der Sowjetunion zugeschlagen werden konnte. Nazi-Deutschland erkaufte sich die sowjetische Zustimmung zum Überfall auf Polen. Lettland wurde wieder russische Provinz, jetzt Sowjetrepublik. Nach dem 4. November 1939 – der deutsche Überfall auf Polen lag zwei Monate zurück – sollten über 90000 Menschen ausgeschifft und in Pommern angesiedelt werden.

Heinz Erhardt war nicht mehr in Lettland, sein Terminkalender wurde voller, er reiste schon von Erfolg zu Erfolg:

»Der lustige Dichter-Komponist am Flügel. Das singende Schnell-Sprech-Phänomen und überall der große Erfolg. Letzte Engagements: Deutschland-

Der »Ersatz-Igelhoff«

Erste Autogrammkarte

sender, Reichssender Breslau, ›Vaterland‹ Dresden, ›Eden‹ Leipzig, ›Eden‹ Nürnberg, ›Kabarett der Komiker‹ Berlin, Januar und Februar 1939 La Jana Tournee. Permanente Adresse: Sekretariat E. Brust, Berlin W. 30.«

Im Kollegenkreis, 1939

Nach dem letzten Weihnachtsfest zu Hause in Riga war Gilda Erhardt mit ihrem Mann nach Berlin gefahren, um eine Wohnung für die Familie zu suchen. Tochter Grit blieb bis zum November bei der Großmutter zurück:

»Ich bin erst mit der Umsiedlung mit meiner Großmutter von Riga nach Berlin nachgezogen. Wir haben alles zurückgelassen.«

In Berlin hatte Heinz Erhardt zur Untermiete gewohnt, bis sich endlich eine Wohnung für die Familie fand: Joachim-Friedrich-Straße 6, am Kurfürstendamm im Berliner Westen.

Soweit ernährten die ersten Erfolge des jungen Vaters die Familie, wenn auch größere Sprünge noch nicht drin waren:

Mit Gilda in Berlin

»Als meine Frau und ich auf dem Kurfürstendamm sehnsüchtig vor einem blinkenden Auto standen, fragte ich wehmütig: ›Wenn wir den hätten, was würde uns da noch fehlen?‹ Meine Frau meinte messerscharf: ›Das Benzin‹.«

Die Schwiegermutter, die in Riga fürs Zuhause gesorgt hatte, gehörte jetzt und für viele Jahre zur Familie. Komplizierter war es mit Großvater Gustl Erhardt, dem Kapellmeister. Grit Berthold erinnert sich:

»Er muß ein sehr schwieriger Charakter gewesen sein, das weiß ich von den Erzählungen meiner Mutter. Sie hätte ihn in Berlin einmal fast aus der Wohnung geworfen, weil er nur eine Schnauze zog. Er hatte ein permanent mürrisches Gesicht, das ist meine eindringlichste Erinnerung an ihn. Und das hatte mein Vater nun überhaupt nicht.«

Das Jahr 1939 hatte noch im Frieden begonnen, mit neuen Chancen für Heinz Erhardt. Er gehörte zum Tournee-Programm der Tänzerin mit dem klangvollen Namen La Jana – »ein Weltereignis«.

Im Laufe der Tournee wurde einer der begleitenden Künstler von den Pressestimmen immer mehr in den Vordergrund geholt:

»Der Mann am Flügel, der alles selbst dichtet, komponiert, singt und begleitet, der fabelhafte Schnellsprecher und Schauspieler mit den köstlichen Blödeleien am Klavier.«

So las man in Köln am 30. Januar 1939:

»Aus dem Stil musikalischer Anmut, einer eigenen Studie würdig, fällt Heinz Erhardt, der Dichter-Komponist am Flügel. Blühender Blödsinn im Frack, dämlich-grotesk, von pointer Stupidität, eine palmströmsche Existenz! Seine naive Manier, Gedichte zu zersingen, Relativsätze durchzuleiern, Buchstaben und Verben nach großen Pausen nachzuschleppen, zu schüttelreimen und mit blinkendem Gebiß aus dem bizarren Gehege seiner Verszeilen hervorzublecken, ist von überwältigender Groteskwirkung!«

»Jajaja, die Worte fallen mir leicht aus dem Gehege meiner Zähne. Und das ist besser, als wenn das Gehege meiner Zähne mir ins Wort fallen würde.«

Eines nach dem anderen entdeckten die Kabaretts der deutschen Provinz-Hauptstädte im »La Jana-Programm« die Originalität des

Neuen: *»Held des Abends war fraglos Heinz Erhardt. Es würde sich dringend empfehlen, diesen musikalisch-dichterischen Wundermann einmal auf längere Zeit zu binden.«*

Vor dem Sommer 1939 hatte es im Nazi-Reich auch schon Fernsehen gegeben. Jetzt fiel es den verschärften Kriegsvorbereitungen zum Opfer. In Berlin hatte der »Fernsehsender Paul Nippkow« täglich ein mehrstündiges Programm gesendet.

Besonders beliebt waren die Live-Shows – »unmittelbare Sendung« – unter Überschriften wie »Buntes Allerlei«, »Herein, Herein!«, »Fernsehkabarett« oder »Nachwuchs startbereit!«. Neben Lale Andersen und anderen Schaeffers-Entdeckungen hatte auch Heinz Erhardt beim »Fernsehsender Nippkow« vor dem Kriege einen ersten, kurzen, anonymen Auftritt.

Doch das Fernsehen wurde eingestellt, der Krieg begonnen.

Für Heinz Erhardt hatte das Jahr so gut angefangen wie kaum eines zuvor. Die vielbeachtete La Jana-Tournee brachte ihm nicht nur Popularität, sie bot auch Gelegenheit, die eigene Masche, das typische Markenzeichen weiter zu entwickeln.

Aus dem letzten Weihnachtsbesuch in Riga kommend, hetzte er im Januar 1939 in Mannheim direkt von der hölzernen Eisenbahnbank ins Programm, nach mehr als zwanzigstündiger Fahrt. Beste Vorbedingung für einen folgenschweren Zufall:

»Ich kam mit einer Stunde Verspätung. Im Nibelungensaal war ich mit der ›La Jana-Schau‹ engagiert. Ich kam an, müde, unrasiert und zu spät. Erkältet war ich auch noch. In Mannheim rein in den Frack und rauf auf die Bühne. Und wie ich in den Zuschauerraum schaue, sitzen da doch glatt viertausend Menschen. Vor soviel Leuten hatte ich noch nie getingelt. Ich war damals wirklich schüchtern, blöde, wütend und vertrottelt. Aber die Masche stand: Wie ich sie am nächsten Tag rasiert und ausgeruht wiederholen wollte, ging es nicht mehr. Und ich brauchte lange Zeit, um diese Rolle einzustudieren.«

Während die Familie noch halb in Riga war, wo Tochter Grit und Großmutter Zanetti auf Bescheid aus Berlin warteten, reiste der Vater mit der »La Jana-Schau« von Erfolg zu Erfolg.

»Heinz Erhardt, unlängst kam er mit La Jana in den Kaiserhof und bewies

den Gästen, mit welcher Leuchtstärke ein Trabant oft seinen Fixstern zu überstrahlen vermag! Die sture Vertrottelung, mit der er in der Partitur der deutschen Grammatik umherhackt, die groteske Hartnäckigkeit, mit der er seine unglaublich naiven Reime zwischen Notenköpfe gezwängt hat, die mimische Unterstreichung seiner Hingabe an den Geist des blühenden Blödsinns machen seine brillianten Albernheiten am Flügel zum begeisternden kabarettistischen Erlebnis. Die Lieder vom Muselmann und Muselweib und vom Fräulein Mabel sind unvergleichliche Biestereien!«

In München kam es zu einer denkwürdig-komischen Begegnung. Er gastierte mit dem Kabarett der Komiker im »Volkstheater im Sonnenhof«:

»Nach der Vorstellung kam ein unscheinbarer Man auf die Bühne und klopfte mir auf die Schulter: ›Wenn's mal was brauchen, kommen's zu mir! Ich hab ein Aquarium, das sich dreht, um den Fischen das Schwimmen abzunehmen!‹ Es war Karl Valentin.«

In Hamburg, seiner späteren Heimat, war er noch weithin unbekannt, stand im März 1940 im Kabarett »Gondel« auf der Bühne, *»schlank wie ein eben konfirmierter Jüngling und verzapfte sein berühmt gewordenes Fräulein Mabel«.*

Kennen Sie schon das Fräulein Mabel?
Würden Sie sie sehn, würd's ihnen abel!
Beine hat sie dünn wie Säbel –
meine süße, kleine Freundin, Fräulein Mabel . . .
Sie bewohnt gleich nebenan'ne mabel-
ierte kleine Wohnung unterm Gabel –
meine süße, kleine Freundin, Fräulein Mabel.

Noch trug er an seinem Breslauer Ruf:

»Als Ersatz-Igelhoff verulkte Heinz Erhardt vom Kabarett der Komiker sich und seinesgleichen am Klavier.«

Doch die Presse begann langsam, ein eigenes Image für ihn zu suchen. So hieß es in der »Westfälischen Zeitung« anläßlich eines Gastspiels im »Kyffhäuser« in Bad Pyrmont im August 1941:

Die »gertenschlanke« Tänzerin: La Jana

»Seine Vorträge, geistlos mit höchstem Geist, sind nur möglich aus höchster intellektueller Überlegenheit, die die Persiflage des eigenen Ich erlaubt.«

Wochen vorher hatte die »Salzburger Landeszeitung« Einordnungsversuche unternommen:

»Heinz Erhardt betritt das Podium, und der Saal wackelt vor Lachen. Aber er verzieht keine Miene und nimmt sich selbst sehr ernst, denn er dichtet selbst, komponiert selbst, singt selbst und begleitet sich selbst. Wenn er in seiner köstlich-komischen Art sein ›Nashorn‹ vorträgt, dann glaubt man fast, einen wirklichen Christian Morgenstern vor sich zu haben!«

Die »Deister-Weser-Zeitung« aus dem Landstrich nahe Hannover, wo Erhardt eine kurze Zeit seiner Kindheit gelebt hatte, räumte ihm jetzt schon eine eigenständige, hervorragende Rolle in der Unterhaltungskunst ein:

»Die Besonderheit seines Könnens erhellt sich schon daraus, daß es ganz unmöglich ist, ihn auf einen geläufigen Begriff festzulegen. Man sagt, daß sich in seinen Darbietungen Morgensternsche, Igelhoffsche und Rühmannsche Elemente mischen, aber ganz abgesehen davon, daß ein Vergleich schon immer eine gewisse Negierung enthält, können auch diese drei, aus so verschiedenen Bezirken des Humors kommenden Namen keine Vorstellung von der eigenwüchsigen Begabung Erhardts vermitteln. Man muß ihn sehen und hören, um einen Begriff von diesem tollen Jungen zu bekommen, der aus nichts etwas macht unter jeglichem Verzicht auf Logik. Darin liegt das Geheimnis seiner Kunst.«

Kostproben dieser Kunst, »aus nichts etwas zu machen«, waren inzwischen auch im Rundfunk verbreitet: überall da, wo die Städte, die Erhardt auf seiner Tourneereise besuchte, ihren »Reichssender« hatten. So sprach und spielte er zu Beginn der vierziger Jahre mit dem Conférencier Rudi Rauer über den Reichssender Köln FROHEN NACHMITTAG ZUSAMMEN. Erhardt fiel als tölpelhafter Störenfried dem galanten Rauer ständig ins Wort, er riß die Conférence spielend an sich – »unter jeglichem Verzicht auf Logik.«

R: Sehen Sie . . . der, die . . .

E: Der Radfahrer. Am Montag fährt er voller Lust mit kühnem Schwung und stolzer Brust . . .

R: Schweigen ist Gold, Reden ist Silber – so sagt schon der alte . . .

E: Radfahrer. Am Dienstag fährt er voller Lust mit kühnem Schwung und stolzer Brust.

R: Wenn wir jetzt in unserem Programm fortfahren wollen, so ist es Zeit, daß wir . . .

E: Noch'n Radfahrer. Am Mittwoch fährt er voller Lust, mit kühnem Schwung und stolzer Brust.

R: Moment, Herr Erhardt, sagen Sie mal, was machen Sie eigentlich hier?

E: Ich dichte.

R: Sagen Sie, sollten Sie . . .

E: Der Radfahrer.

R: Sollten Sie nicht lieber Wasserhähne dichten – das bringt mehr ein?

E: Ja, das stinkt – äh – das stimmt.

R: Ich meine trotzdem, wenn Sie so einfach hier mir nichts dir nichts herauskommen, so haben Sie die Pflicht, das Publikum wenigstens hier zu begrüßen.

E: Was?

R: Sie müssen das Publikum zunächst mal begrüßen!

E: Aaah-ja.

R: Hee, Herr Erhardt, Herr Erhardt! Wo gehen Sie denn hin?! (brüllendes Gelächter) Herr Erhardt, kommen Sie wieder herauf! Kommen Sie auf die Bühne, was soll denn das, was fällt Ihnen denn ein?

E: Was?

R: Sie können doch nicht jedem einzeln hier die Hand geben!

E: Nein, äh, hinten auf den billigen Plätzen geb ich zweien gleichzeitig die Hand – Traratrara, die Pest ist da! – Aus dem Pestillion von Lonjumjan (Lacher) Ich bin ein alter Bläser, ich habe auf der Saupone geblasen!

R: Bitte?

E: Ääh, Pausonau – sau-sauna – Posauna – auf der Saupau-sausau – (Lautsalat) . . .

R: Sagen Sie mal, auf einer richtigen Posaune?

E: Ja, das ist so'n langes Ding aus Blech, das hat man vergoldet, damit das Blech nicht abnutzt.

R: Na, sagen Sie mal, in welchem Orchester haben Sie denn geblasen?

E: Im Mandolinenorchester.

R: Na, hören Sie mal, da braucht man doch keinen Posaunisten!

E: Ja, deshalb bin ich ja auch arbeitslos, Herr Rauhbein, Herr Rauhhaar, Herr Rauherr, äh Rauer!

R: Lieber Herr Erhardt, das ist ja – kurz oder lang sind ja relative Begriffe, wissen Sie, die Welt steckt voller Rätsel.

E: Oui, oui Madame. Ja, ja, das ist äh – ich habe ein schönes Rätsel für Sie da – das werden Sie nie im Leben raten!

R: Aber, aber, Herr Erhardt – jedes Rätsel, das Sie mir aufgeben, werde ich raten – geben Sie's auf!

E: Geben Sie's auf, das raten Sie nicht, bestimmt nicht!

R: Hören Sie mal, das ist ja lächerlich.

E: Ja, ja, das sagen Sie.

R: Jedes Rätsel! Ich wette um hundert Mark.

E: Also ich setze zehn Mark dagegen, daß Sie's nicht lösen werden.

R: Das ist ja lächerlich. Ich setze hundert Mark.

E: Also ob Sie's setzen oder stellen – ich setze zehn Mark dagegen – Sie lösen's nicht!

R: Gut.

E: Also gut.

R: Geben Sie auf!

E: Geben Sie auf, ja!

R: Los!

E: Achsoja – also was ist das – Doppelpunkt: Es hat einen roten Schnabel, gelbe Flügel, grünen Schwanz, fliegt in der Luft, macht Pffz-pffz und hat zehn Zentner Kartoffeln auf dem Puckel?

R: Moment! Einen Moment – also ich – es hat einen gelben Schnabel?

E: Ja.

R: Ist blau?

E: Ja.

R: Hat grüne Beine?

E: Ja.

R: Macht Pss Psss?

E: Nein – Pffz Pffz!

R: Aah, Pffz und äh – zehn Zentner Kartoffeln –?
E: Ja, Bratkartoffen.
R: Bra- Bratkartoffeln? Bratkartoffeln auf dem Rücken?
E: Ja, verrückte Bratkartoffeln.
R: Hier haben Sie die hundert Mark, ich weiß es nicht.
E: Und hier haben Sie die zehn Mark, ich weiß es auch nicht!

Der Durchbruch war geschafft, »Rigas bester Humorist« hatte »im Westen« Erfolg. Sein Aufstieg vom »Trabanten« der La Jana zum Fixstern am Himmel der Unterhaltungskunst schien gesichert.

»Frieden, aber wo?« – Kriegsjahre bis 1945

Das zweite Kriegsjahr, 1940, war angebrochen, als Gilda und Heinz Erhardt ihr zweites Kind erwarteten. Die ganze Familie fuhr von Berlin nach Hohensalza bei Posen im besetzten Polen. Hier lebte gutsituierte Verwandtschaft der Zanettis. Eine Tante besaß ein Gut, eine andere eine Drogerie in der Stadt. Hier, in sicheren Verhältnissen, wollte Gilda Erhardt ihr zweites Kind zur Welt bringen. Hier wurde 1940 die zweite Tochter Verena geboren.

Der glückliche Vater hatte seine Verpflichtungen am »Kabarett der Komiker« in Berlin. Die Familie reiste zwischen Hohensalza und der Joachim-Friedrich-Straße hin und her, solange Sommer war und der Vater nicht auf Gastspielreise unterwegs.

Der Krieg erschütterte inzwischen ganz Europa. Deutschland selbst blieb von Kampfhandlungen noch verschont. Doch der Krieg holte auch den »lustigen Dichter am Flügel« ein, 32jährig wurde er eingezogen.

»Am 16. November 1941 zog ich aus, denn man zog mich ein! Eigentlich sollte ich schon im September einrücken, aber es gelang mir, wieder auszurükken – und das kam so: Als der Gestellungsbefehl mit der ersten Post eintraf, ging ich unbehenden Fußes zum zuständigen Wehrbezirkskommando in Berlin-Halensee. Man fragte mich, ob ich Tiere möge. ›Natürlich‹, sagte ich ›hauptsächlich Katzen und Hunde!‹ Und wie es mit Pferden sei? ›Aber sicher‹, antwortete ich unsicher, denn mit Pferden hatte ich bislang nichts zu tun gehabt. ›Gut, dann also bespannte Artillerie in Küstrin!‹ An einem herrlichen Septembertag morgens um fünf nahm ich Abschied von Weib und Kind, dann mein Pappköfferchen, darauf mich zusammen und schlich mannhaft zur S-Bahn. Je näher der befohlene Versammlungsplatz heranrückte, desto mehr Väter, Mütter, Schwestern, Brüder, Bräute und Ehefrauen stiegen in Begleitung ihrer einrückenden Helden zu. Wir mußten richtig zusammenrücken!

Mit dem Pappkarton in der Hand und mehreren Klößen im Hals betrat ich betreten den bewußten Platz, und schon wurde ich von einem Wald- und Wie-

senwebel – es kann aber auch ein Feldwebel gewesen sein – angeschrien, wo ich denn hin wolle. Erst zuckte ich am ganzen Körper zusammen, dann bloß mit der Schulter und zeigte ihm die Einladung, die mit den Worten begann: Sie haben sich usw. usw. ›Der große Haufen da rechts!‹ brüllte der Webel, und ich wankte davon.

Da ich von Zuhause aus recht schüchtern bin, stellte ich mich ganz bescheiden ans äußerste Ende des ›Haufens‹ und wartete. Plötzlich stand wie aus dem Boden gestampft ein Leutnant vor uns und befahl: ›Abzählen!‹

Das klappte eigentlich schon ganz nett, bloß die Nummer dreizehn war abergläubisch und rief: ›Zwölf A!‹

Ich war der Dreiundsiebzigste und wie gesagt, der letzte. Kaum hatte ich meine Zahl heraus, als der Leutnant rief: ›Die letzten drei wegtreten! Ich brauche nur Siebzig!‹ Nie werde ich den traurigen Blick der Nummer Dreizehn vergessen – hatte ihm doch der dumme Aberglaube nichts geholfen . . .

Wie ich nach Hause kam, weiß ich nicht mehr, ich weiß nur, daß ich zum ersten Mal in meinem Leben einen Handstand machte, der sogar auf Anhieb gelang und daß meine Frau mich lange ansah – erst ent-, dann be-geistert!

Am gleichen Abend stand ich wieder strahlend auf der Bühne des ›Kabaretts der Komiker‹ und hatte zehn Hervorrufe – was mich nicht weiter verwunderte, ist doch zehn die Quersumme von dreiundsiebzig . . .

Aber schon im Oktober kam der nächste Gestellungsbefehl – diesmal mit der zweiten Post.

Und wieder begab ich mich zum Wehrbezirkskommando. Mit dem festen Vorsatz, Pferde, ja auch Hunde und Katzen völlig abzulehnen, betrat ich es.

›Treiben Sie Sport‹, lautete diesmal die Frage. Schlau wie ich nun mal bin, antwortete ich: ›Nein, überhaupt nicht!‹ Können Sie radfahren?‹ Nun, das war meine große Leidenschaft, also sagte ich ›Jawoll‹.

›Schön, dann kommen Sie zu den Radfahrern nach Brandenburg!‹ Mir war auch nicht viel wohler als das erste Mal . . .

Wieder war es fünf Uhr morgens, als Pappi mit der Pappschachtel loszukkelte. Diesmal nahm ich die U-Bahn.

Ein riesiger Kasernenhof verschluckte mich, und wieder umzingelten mich wehklagend fremde Angehörige, aber – und das war mir ebenso fremd – kein Dienstgrad schrie mich an! – Im Gegenteil!

Der Rekrut, 1941

Man fragte mich freundlich, wohin es mich zöge, worauf ich den bekannten Schein vorwies.

›Nach links bitte, da, wo der kleine Haufen steht!‹ Aha, dachte ich beim Anblick der paar Radfahrer, es scheint doch nicht so viele davon zu geben, wie allgemein behauptet wird . . .

Ich gesellte mich also zu ihnen.

Plötzlich steuerte ein Offizier auf uns zu und musterte uns leutseligen Auges. Als sein Auge – ich glaube, es war das rechte, auf mir zu ruhen geruhte, stutzte er und trat auf mich zu: ›Sind Sie nicht der Klavierhumorist, über den ich noch gestern im Kabarett der Komiker so herzlich gelacht habe?‹ – ›Jawohl!‹ erwiderte ich, so gut es mir die Klöße im Halse gestatteten. ›Machen Sie, daß Sie wegkommen!‹ flüsterte er mir zu, drehte sich um und ging.

Und ich auch. Was heißt ich ging? Ich rannte und rannte – selbst ein Radfahrer hätte Mühe gehabt, mich einzuholen . . .

Ausgerechnet am 11.11. mußte ich wieder zum Wehrbezirkskommando. ›Diesmal aber‹, sprach ich zu mir, ›bist du nicht so dumm! Weder kannst du radfahren, noch bist du tierlieb, kurz, du kannst und bist gar nichts!‹

So gerüstet betrat ich die mir schon liebgewordenen Räume. Der Wehrbezirkskommandant begrüßte mich, als seien wir Freunde: ›Na, mein Lieber, hat es das letzte Mal wieder nicht geklappt?‹ – ›Nein, leider.‹ – ›Nun, man hört ja so allerhand von Ihnen! Kabarett der Komiker und so! Was machen Sie da eigentlich?‹ – ›Ich singe Chansons und begleite mich selbst am Klavier.‹ – ›So, Sie können Klavier spielen? Das ist ja großartig! Das Musikkorps der Kriegsmarine in Stralsund sucht einen Klavierspieler. Für was sie den brauchen, weiß ich nicht! Die werden doch nicht, wenn sie durch die Stadt marschieren, ein Klavier vornewegschieben? Ha-ha-ha – Hätten Sie Lust?! – Na und ob!

So kam ich als Nichtschwimmer und Brillenträger zur Marine . . . Dortselbst schlug ich die große Trommel, immer auf eins und drei, Bumm – Bumm. Gelegentlich eines Konzertes spielten wir ein Charakterstück, betitelt ›Auf hoher See‹. Ich hatte 187 Takte Pause, und dann kam von mir ein Bumms, der sehr wichtig war, weil der Dirigent damit erfuhr, auf welcher Position er sich befand. Leider kam mein Bumms zu spät. Daher geriet der Dirigent aus dem Takt und der Klangkörper zum Lachen . . .«

Das Lachen sollte immer schwerer fallen, der Krieg fand nun auch in Deutschland statt.

Gilda Erhardt blieb mit ihren beiden Töchtern immer länger in Hohensalza, seit ihr Mann in Stralsund stationiert war. Die Schule rief sie noch einmal nach Berlin zurück. Trotzdem reiste sie schon bald wieder ab. Sie war erneut schwanger und auf Berlin fielen die ersten Bomben. Grit Berthold erinnert sich:

»Ich bin noch in Berlin eingeschult worden, aber nur sehr kurz zur Schule gegangen. Wir sind ausgebombt worden. Aber als die Bombe reinknallte, waren wir Gott sei Dank nicht da. Wir waren in Hohensalza.«

Im Februar 1943 wurde Sohn Gero geboren, gerade als der glückliche Vater aus Stralsund anreiste, um seinen eigenen Geburtstag bei der Familie zu feiern. Seine Aufenthalte in Stralsund wurden immer kürzer, er war inzwischen zur Truppenbetreuung abkommandiert. Unter dem Kommando der Wehrmacht reiste er mit namhaften Kollegen vom »Kabarett der Komiker«. Georg Thomalla erinnert sich:

»Er trat im Vorprogramm unserer Revue auf mit einer unnachahmlichen Nummer. Er saß am Klavier, redete, spielte, brachte Gedichte, brillierte am Flügel – die Leute haben gebrüllt vor Lachen.«

Im stillen, hinter der oft improvisierten Bühne, hinterließen die Schrecken des Krieges und die Trennung von der Familie ihre Spuren. Die »Stimmungskanone« machte sich Gedanken, wenn die Arbeit auf der Bühne getan war.

Gedanken an der Ostsee

Wie wär die Welt so wunderbar
umspült vom blauen Meer
wenn diese Welt, wie's einstmals war
ganz ohne Menschen wär.
Dann gäb's kein Hoffen, kein Verzicht
kein Hassen und kein Morden –
dann wär bestimmt auch dies Gedicht
nicht hingeschrieben worden.

Im Unterhaltungsprogramm der Marine wurde Heinz Erhardt von Einheit zu Einheit geschickt, die Ostseeküste entlang, der Front immer näher. So kam es zu einem kurzen und letzten Wiedersehen mit Riga.

Die Stadt war seit zwei Jahren von deutschen Truppen besetzt, inzwischen rückte die Frontlinie nach Westen zurück. Das nahe gelegene Leningrad hatten sowjetische Truppen bereits zurückerobert. Riga selbst war bisher vom Kriegsgeschehen verschont geblieben. Jetzt war die Stadt voller deutscher Soldaten. Die Schauspielerin Marina Ried erinnert sich:

»Wir waren auf Tournee, mein damaliger Mann Rudolf Platte und ich, mit dem Musical ›Bezauberndes Fräulein‹. Das Stück ging 1943 nach Riga.

Es war eine bezaubernde Stadt, ein ›Klein-Paris‹ des Ostens. Wir wohnten in dem ganz altmodischen, aber herrlichen Hotel du Rôme und hatten gegenüber das Theater, das nicht nur Schauspiel, sondern auch große Oper spielte.

Für unsere Vorstellungen suchten wir noch einen Pianisten. Man gab uns die Adresse des ersten Musikhauses am Platze, es war das Musikhaus Neldner. Durch Zufall war gerade der Enkelsohn des Firmengründers im Hause. Er saß am Klavier, und es gab eigentlich nichts, was er nicht spielen konnte. Wir waren begeistert.

Doch leider mußte er absagen, er war als Marinesoldat in der Stadt. Wir luden ihn abends in die Vorstellung ein und anschließend – wie sollte es auf dem Baltikum anders sein – wurde eine große Sause veranstaltet.

In derselben Nacht wurde von den Russen schon die Düna-Brücke gesprengt, und wir mußten Hals über Kopf aus Riga fliehen.«

Heinz Erhardt wurde von Stralsund nach Kiel versetzt. Wo er auftrat, ließ er sein Publikum für Augenblicke die Schrecken des »totalen« Krieges vergessen, der jetzt immer spürbarer nach Deutschland zurückkam.

»Seine Gedichte und Vorträge am Klavier sind ein einziges Bukett wirksamster Heilkräutlein, zumal Lachen ohne geringste Plattheit ja besonders gesund ist.«

Bald hatte die Ostfront Polen erreicht.

Gilda Erhardt brachte im Mai 1944 ihr jüngstes Kind, Tochter Ma-

Der Marinesoldat

Der Alleinunterhalter

rita, zur Welt. Sie wartete auf eine eigene Wohnung in Hohensalza. Als Weihnachten vor der Tür stand, setzten die großen Flüchtlingsströme nach Westen ein, die sowjetische Offensive auf das besetzte Polen wurde erwartet.

Heinz Erhardt wurde der Weihnachtsurlaub gestrichen. Er war inzwischen in Kiel auf eine Schreibstube der Marineverwaltung versetzt worden.

Weihnachten 1944
(als ich keinen Urlaub bekam)

Die Berge, die Meere, den Geist und das Leben
hat Gott zum Geschenk uns gemacht
doch uns auch den Frieden, den Frieden zu geben
das hat er nicht fertiggebracht.
Wir tasten und irren, vergehen und werden
wir kämpfen mal so und mal so
vielleicht gibt's doch richtigen Frieden auf Erden
vielleicht gerade jetzt – aber wo!?

Am 12. Januar 1945 begann der Rückzug der deutschen Truppen aus Polen. Vor der bröckelnden Frontlinie flüchteten endlose, elende Flüchtlingstrecks nach Westen. In Hohensalza, nahe der deutschen Grenze, hatte Gilda Erhardt endlich eine eigene Wohnung für sich, die vier Kinder und die Großmutter bekommen. Sie mußte sie aufgeben, um den letzten Zug Richtung Berlin zu nehmen und sich in den Strom der Flüchtlinge einzureihen.

Grit Berthold, damals achtjährig, erinnert sich:

»Wir sind nach Berlin geflüchtet und hausten in der halben Wohnung, die stehengeblieben war. Wegen der Luftangriffe mußten wir aber wieder raus aus Berlin. Mit dem Zug kamen wir in ein Flüchtlingslager nach Plön in Holstein. Es war eine Schule. Von da aus wurden wir nach ein paar Tagen verteilt. Möglicherweise hatte meine Mutter die Behörden gedrängt, in die Nähe von Kiel zu kommen, wo mein Vater ja bei der Wehrbetreuung arbeitete. Wir

kamen auf das Gut Rantzau bei Preetz. Das Gut war vollgestopft mit Flüchtlingen, der Schweinestall wurde ausgebaut, da etablierten wir uns.«

Als der Winter 1944 zu Ende ging, wurde die deutsche Niederlage und damit das Ende des Krieges immer gewisser. Die Familie Erhardt war zusammengeblieben, zwischen Gut Rantzau und Kiel lag ein Fußmarsch von knapp 12 Kilometern. Gilda Erhardt ging den Weg zur Stadt, zur Tirpitzmole, um ihren Mann zu sehen und die glückliche Nachricht von der Ankunft der Familie zu bringen.

Heinz Erhardt war als Hilfskraft einer Ausrüstungseinheit eingesetzt. Hier gingen auch U-Boot-Fahrer durch, die noch mit dem letzten Aufgebot auf Todeskurs in die Nordsee geschickt wurden. Einer von ihnen erinnert sich heute an den »einmalig komischen Kauz«. Nach dem Krieg sollte er ihm überraschend wiederbegegnen, im Radio. So witzelte nur einer, die »Urtype« von der Schreibstube an der Tirpitzmole.

Statt Unterhaltungsprogramm inszenierte die Wehrbetreuung jetzt, im Frühjahr 1945, Sketche zur Vorbereitung auf die Gefangenschaft: »Verhalten bei Gefangennahme«.

Heinz Erhardt spielte einen Engländer, sein Text lautete: »Go on!«

Dann ging er selbst in Gefangenschaft bei den englischen Truppen, die Kiel erreichten.

Ein knappes halbes Jahr später war er frei. Er ging zu Fuß den Weg, den seine Frau vor ihm gegangen war, von Kiel nach Preetz, um seine Familie auf dem Gut Rantzau zu suchen.

Grit Berthold erinnert sich:

»Eines Tages kam ich aus der Schule und sah auf dem Platz vor dem Schloß einen Mann, der auf einem Koffer saß. Ich ahnte, daß es mein Vater war. Aber ich hatte ihn monatelang nicht gesehen. Er wußte ja nicht, in welchem Stall wir wohnten. Er wartete, bis jemand von der Familie auftauchte.«

»Wir hatten nichts zu rauchen« – Neubeginn in der neuen Heimat nach 1945

Heinz Erhardt war von Kiel zu Fuß gekommen. Er hatte auch etwas mitgebracht: Kleiderläuse. Die resolute Großmutter steckte die Uniform sofort in den Waschbottich. Danach waren zwar die Kleiderläuse verschwunden. Dafür war die Uniform zu klein: eingelaufen.

Der Krieg war verloren, ein Land lag am Boden, die Infrastruktur war weitgehend zerstört.

Am 29. April 1945 waren die letzten Bomben auf Hamburg gefallen. Den deutschen Oberbefehl über die Stadt hatte Generalmajor Wolz, dessen Befehlsstand sich in einem Bunker an der Rothenbaumchaussee befand. Am 3. Mai kapitulierte Hamburg vor den anrückenden englischen Truppen. Um 18 Uhr am gleichen Tag rückte die 7. britische Panzerdivision in die Stadt ein. Der Bürgermeistersaal des Rathauses war Schauplatz der offiziellen Übergabe der Stadt an den englischen Brigadegeneral Spurling. Hamburg hatte 1,1 Millionen Einwohner, 600000 weniger als 1939. Von über einer halben Million Wohnungen waren ganze 20 Prozent unbeschädigt. Der Hafen lag zu 75 Prozent in Trümmern.

Zu den Gebäuden, die die schweren Luftangriffe unversehrt überstanden hatten, gehörte das Funkhaus an der Rothenbaumchaussee im Stadtteil Rotherbaum. Kein anderes deutsches Funkhaus hatte den Krieg ähnlich unversehrt überstanden. Am 4. Mai beendeten britische Offiziere um 10 Uhr vormittags die Geschichte des Nazi-Rundfunks in Norddeutschland. Die neuen Herren waren die Kontrolloffiziere Lieven, Findley und Herbert. Erster Chef wurde Prince Lieven, ein Engländer baltischer Abstammung. Die anderen Offiziere waren Techniker. Sie machten sich sofort an die Arbeit und versuchten mit Hilfe von deutschen Fachleuten, die Sendeanlagen wieder in Betrieb zu nehmen. Die abrückenden alten Herren des Rundfunksenders hatten mitgenommen, was nicht niet- und nagelfest war.

Um 19 Uhr des gleichen Tages erklang über Rundfunk die englische Nationalhymne, gefolgt von der Ansage: »This is Radio Hamburg, a station of the Allied Military Government.«

Wegen des guten technischen und baulichen Zustands des Hamburger Funkhauses wurde Hamburg zum Sitz der zentralen Rundfunkorganisation der gesamten britischen Besatzungszone ernannt. In diesem Gebiet lebte mehr als die Hälfte aller westdeutschen Rundfunkteilnehmer. Pech für Köln, daß das dortige Funkhaus zerstört und auch der Sender Langenberg gesprengt war. So fiel Hamburg zwangsläufig die Rolle der dominierenden Stadt zu. Im September 1945 wurde das alte Radio Hamburg in »Nordwestdeutscher Rundfunk« (NWDR) umbenannt. Chief Controller und erster Generaldirektor des NWDR wurde Hugh Carleton Greene. Er amtierte von Oktober 1946 bis 1948. Im Zweiten Weltkrieg war Greene Leiter der deutschen Abteilung der BBC gewesen.

Im Dezember 1945 hoben die Engländer das allgemeine Tanzverbot auf. In fünf Lokalen auf der Reeperbahn drängelten sich die Menschen. Im gleichen Monat hob sich an Ida Ehres Privattheater, den Kammerspielen, zum ersten Mal der Vorhang. Die Staatsoper begann kurz darauf mit dem Spielbetrieb. Nach und nach zog der Kulturbetrieb auch in andere Theater ein.

Zwischen Juli und November 1946 bildete die britische Militärregierung die Bundesländer Nordrhein-Westfalen, Niedersachsen und Schleswig-Holstein sowie den Stadtstaat Hamburg. Nordrhein-Westfalen wurde sofort rundfunkpolitisch aktiv und forderte eine eigene Rundfunkanstalt mit Sitz in Köln. Begründung: Der 30 Prozent-Anteil des Kölner Senders am Programm des NWDR stünde in keinem Verhältnis zur Größe des Bundeslandes mit 12 Millionen Einwohnern. Greene hielt das für unnötig, er strebte nach BBC-Vorbild die Bildung von zwei Programmen an: eines mit dem Schwerpunkt auf Unterhaltung und ein zweites für die anspruchsvolleren kulturellen Belange. Alte Rivalitäten zwischen Rheinländern und Westfalen auf der einen, niederdeutschen Traditionen auf der anderen Seite prallten aufeinander.

Während Juristen und Politiker stritten, während das besiegte und besetzte Deutschland zwischen 1945 und 1949 mühsam zu neuer Staatlichkeit fand, strahlten die Rundfunksender munter Programm aus. Zu den Autoren und Sprechern eigener Texte gehörte Heinz Erhardt.

Erhardt saß nicht lange untätig auf dem Gut in Schleswig-Holstein. Ein Telegramm setzte ihn im Sommer 1945 in Marsch:

»Heinz Erhardt bitte sofort nach Hamburg kommen. Für eine wichtige Inszenierung.«

Der Absender bürgte für Seriosität: Grethe Weiser. Es geht die Mär, daß Heinz Erhardt die 100 Kilometer zu Fuß hinter sich brachte.

Keine Mär, sondern trostlose Realität war, was er in Hamburg vorfand:

Nein, wir hatten nichts zu rauchen.
Was da rauchte, waren Trümmer.
Und dann rauchten wir Machorka,
und der Hunger wurde schlimmer.

Aus der wichtigen Inszenierung wurde nichts, aber es kam zu einer wichtigen Begegnung. Erhardt traf Will Meyen, der einen Ruf als Conferencier hatte und Erhardt mit Verantwortlichen des NWDR zusammenbrachte. Das Ergebnis war die Rundfunk-Sendereihe »So was Dummes«, in der Erhardt und Meyen nebeneinander am Mikrophon alberten und schnell eine große Hörerschar versammelten.

Der Hörfunk war für die Menschen in der zweiten Hälfte der vierziger Jahre der Hauptquell öffentlicher Unterhaltung. Damals gab es in Deutschland noch kein Fernsehen (Beginn: 1952), die Kinos waren zerstört, die Presse befand sich im Neuaufbau. So wurde der Hörfunk zur unmittelbarsten Verbindung mit der großen weiten Welt der Politik – und das begehrteste Medium zur Befriedigung des Bedürfnisses nach Unterhaltung. Wo alles um einen herum in Trümmer lag, wo individuelle Trauer und materielle Not zu bewältigen waren (bei vielen auch die anstrengende Arbeit des Verdrängens von Schuld und Versagen), wandten sich die Menschen begierig denjenigen Zeitgenossen zu, die »den Alltag vertrieben«.

Wascht nur in Unschuld eure Hände
und greift, kraft eigenen Ermessens,
zum güt'gen Handtuch des Vergessens ...
Doch hilft das Waschen nicht und Reiben:
Die Flecke bleiben.

Während Familie Erhardt weiter auf dem Gut in Schleswig-Holstein lebte, weil im zerstörten Hamburg kein Wohnraum zur Verfügung stand, schrieb Heinz Erhardt bald auch noch Texte für eine zweite Hörfunkreihe, für die GLOSSE DER WOCHE.

Jedes Wort, das nach 1945 über den Sender ging, durchlief die britischen Zensurbehörden. Die Engländer waren von Erhardts Humor angetan.

»Sie sind der einzige Deutsche, über den wir lachen können, ohne daß wir ein Wort verstehen.«

Wo sie aus sprachlichen Gründen nicht folgen konnten, überzeugte die Körpersprache des Mannes am Mikrophon.

Die Kontakte entwickelten sich für Erhardt zum Guten, als er durch Vermittlung der Engländer in Hamburg eine Wohnung zugewiesen bekam.

Im Winter 1946/47 – dem berüchtigten frostklirrenden Steckrübenwinter – zog Familie Erhardt mit vier Kindern und der Großmutter auf einem zugigen Planwagen in der Hansestadt ein. Ihr Ziel war der noble westliche Elb-Vorort Blankenese und dort der womöglich noch noblere Hirschpark. Die munteren Erhardts zogen mit einer anderen vierköpfigen Familie in ein hochherrschaftliches Haus, in dem ein kinderloses Ehepaar lebte. Erhardt-Tochter Grit erinnert sich daran, daß dieses Ehepaar einen unglücklichen Eindruck machte und offensichtlich mit der großen Zahl der unerwünschten Untermieter überfordert war:

Hamburg am 8. 4. 1945

Das Funkhaus am Rothenbaum

»Das muß für die schrecklich gewesen sein. Die Wohnungszwangswirtschaft preßte viele Menschen gegen ihren Willen zusammen.«

Für Erhardts war dies eine zwiespältige Zeit. Einerseits waren sie glücklich, nach vielen Monaten endlich wieder die Verfügungsgewalt über einen zufriedenstellenden, vor Kälte geschützten Wohnraum zu besitzen. Andererseits begann ein zermürbender Kleinkrieg mit dem Hauseigentümer.

Heinz Erhardt nahm diese Streitereien zum Anlaß für einen Beitrag in seiner Glosse der Woche. Es ging darin um einen Hausbesitzer namens Strüwer, der ein unleidlicher Zeitgenosse sei. Strüwer könne keine Kinder leiden, habe einen Sonnenstich und sehe nur von weitem wie ein Mensch aus, während er sich bei näherem Hinschauen als Tier erweise. Starker Tobak – Heinz Erhardt erhielt mehrere hundert Briefe, in denen ihm Zuhörer für seine offenen Worte dankten und ähnliche Erlebnisse schilderten. Ein einziger Brief war nicht so nett, er enthielt die gerichtliche Anklage von Erhardts Mitbewohner wider Willen in Blankenese. Der Mann fühlte sich beleidigt, beklagte die Ähnlichkeit der Namen – und hatte völlig recht, denn natürlich hatte ihn sich Erhardt zum Vorbild genommen.

Der Tag der Gerichtsverhandlung sah Heinz Erhardt auf der Anklagebank. Unter den Zuschauern befanden sich zahlreiche Kollegen vom Sender, darunter auch Peter von Zahn, seinerzeit Leiter der Abteilung »Wort«. Erhardt benutzte das Tribunal als Tribüne:

»Herr Struwe braucht den Namen Strüwer nicht auf sich zu beziehen. Ich hab' doch den Namen nur gesteigert: Struwe, Strüwer, am strüwesten. Stellen Sie sich mal vor, ich hätte das mit dem Namen Mai gemacht. Dann wäre da Mai, Maier, am meisten draus geworden – und jeder Hauswirt mit dem Namen Mai könnte mich verklagen.«

Gut gebrüllt, Löwe! 5000 Reichsmark Strafe. Erhardt ging in die nächste Instanz. Ergebnis: 1000 Mark Strafe, ersatzweise 14 Tage Haft. Besondere Zumutung für Erhardt: Er wurde zusätzlich verurteilt, einen Widerruf zu senden.

Erneut siegte List über Paragraphen. Erhardt erfand einen Hausbesitzer, der seinen Untermieter unterwürfig, fast hündisch behan-

Der Trizonesier

delte. Die Wahrheit war dies gewiß nicht, doch justitiabel war es auch nicht. Dieser Prozeß gab dem ohnehin gespannten Verhältnis im Haus in Blankenese den Rest.

Dabei hatten Erhardts wie alle Familien genug andere Sorgen. Es fehlte an lebensnotwendigen Gütern, der Schwarzmarkt-Handel stand in voller Blüte. Doch man mußte auch der Typ für diese schweren Zeiten sein. Ehefrau Gilda erinnert sich:

»Es war nicht leicht, die vier Kinder durchzukriegen. Heinz war ja total unfähig, irgend etwas auf dem Schwarzen Markt zu besorgen. Er konnte das einfach nicht tun.«

Von Blankenese bis zum Funkhaus in der Rothenbaumchaussee sind es fast zwanzig Kilometer. Erhardt pflegte mit der Straßenbahnlinie 18 zum Dammtor-Bahnhof am Anfang der Rothenbaumchaussee zu fahren. An einem Tag im Frühsommer 1948 hörte er in der Bahn ein Gespräch von zwei Männern mit an. Der eine erzählte, daß er mit seiner Familie nach Amerika auswandern wolle. »Ich habe ein kleines Haus in Wellingsbüttel, ich möchte das gerne vermieten. Am liebsten an einen Künstler.«

Plötzlich tippte dem Mann jemand auf die Schulter. Er drehte sich um, blickte ins Gesicht von Heinz Erhardt:

»Hier bin ich.«

Erhardt machte in Windeseile einen Besichtigungstermin ab. Der Hausbesitzer war mit der Tochter des Malers Lovis Corinth verheiratet. Corinth hatte das Haus im nordöstlichen Hamburger Vorort Wellingsbüttel in den dreißiger Jahren für seine Tochter gebaut.

Im Juli 1948 zog Familie Erhardt bei brütender Hitze in das Haus ein. Grit:

»Wir sind immer bei extremen Wetterlagen umgezogen.« Bis 1952 wohnte man zur Miete, dann kauften Erhardts das Haus. Tochter Grit erinnert sich:

»Wellingsbüttel war damals noch ein richtiges Dorf, wenngleich die S-Bahn schon bis zu uns heraus fuhr. Wenn wir früher von unserem Haus zum Bahnhof gingen, dauerte es eine Viertelstunde. Wir sind einmal quer über die Grundstücke gegangen. Heute ist das alles bebaut. Als wir 1959 in unser

Heimat ab 1948: Haus im Hamburger Stadtteil Wellingsbüttel

Haus zogen, in dem wir seitdem leben – eine Querstraße vom Elternhaus entfernt –, war es hier draußen noch so einsam, daß wir jedesmal ans Fenster gingen, wenn wir draußen ein Auto gehört haben. Der ruhige Charakter ist erhalten geblieben, wenn sich sonst auch viel verändert hat. Wenn wir heute zum Einkaufen zum Bahnhof fahren, sagen wir immer noch: ›Ich fahre runter ins Dorf.‹«

In dieser Zeit beschränkte sich Erhardts Rundfunk-Arbeit nicht nur auf den NWDR. 1947 wirkte er in der Südwestfunk-Reihe Hörerlieblinge mit, im Bayerischen Rundfunk trat er im Kabarett am Wochenend auf.

Von seinen Reisen durch »Trizonesien« zurück in Hamburg, war einer seiner ersten Wege der zum Funkhaus in der Rothenbaumchaussee.

Einer dieser »Da-bin-ich-wieder«-Auftritte im NWDR ging als Unterhaltsames Gespräch mit Gert Plasberg im Dezember 1947 über den Sender:

E: *Guten Tag!*

P: *Bitte?*

E: *Guten Tag!*

P: *Nanu, den Tonfall kenn ich doch – und wenn ich Sie so anschaue, also jedesmal, wenn . . . ich muß vor einiger Zeit mit Ihnen schon mal . . . wissen Sie, es ist bei mir so, wenn ich Sie so ansehe . . .*

E: *Ja?*

P: *Ich komm nicht drauf, nur – Sie – da kann ich nicht so richtig, da hab ich immer so'ne merkwürdige Sprache, ich weiß nicht, so was Nervöses . . .*

E: *Achso – jaja!*

P: *Irgendwie durch Sie!*

E: *Ja nun, äh, ich weiß nun nicht, woran das liegen mag, ich bin nur ganz harmlos hier in dieses, in diesen Raum hereingeströmt, nicht wahr, und freue mich, daß ich Sie wiedersehe, und sag Ihnen guten Tag.*

P: *Ja, aber Sie machen mich unbedingt nervös.*

E: *Ja – ich werde auch gleich wieder gehen.*

P: *Wenn ich mich erinnere – Sie haben doch damals was anderes gesagt – als Sie's letzte Mal hier vor'm Echo-Mikrophon saßen . . .*

»So was Dummes«

E: Ja, das war ja auch im Frühling – da sagte ich auf Wiedersehen!
P: (lacht) Warum lach ich eigentlich?
E: (lacht) Ja, warum lach ich eigentlich?
P: Nein, ich!
E: Achso, Sie – man kommt ganz durcheinander, wenn man monatelang auf Reisen war, und eine Stadt jagte dieselbe . . .!
P: Ahja.
E: Man reist ja so schön jetzt wieder – und nun war ich in mehreren Städten, ich war in der amerikanischen Zone, und ich war in der französischen Zone und bin jetzt in die gemäßigte Zone zurückgekehrt.
P: Und wie wurde das allgemein ertragen?
E: Ach, das Publikum hat mich ertragen.
P: Ja – aber Sie selbst?
E: Ich auch, ich trug es.
P: Darf ich daraus schließen, Sie sind jetzt gewissermaßen also sozusagen wieder hier?
E: Ja, Sie haben's erraten, ich bin wieder hier in Hamburg.
P: Sehen Sie, das hab ich mir gleich gedacht.
E: Jaja, ich bin wieder heimgekehrt.
P: Darf ich fragen, womit können wir dienen, was wollten Sie, wie?
E: Ja nun, ich wollte von Ihnen eigentlich gar nichts, ich bin nur glücklich, daß ich wieder – ich wollte eben nur – guten Tag sagen, Herr äh . . .
P: Ja, sagten Sie nicht schon, daß Sie wieder hier sind?
E: Ja, das ändert ja nichts an der Sache.
P: Das hätten Sie aber doch gleich sagen können.
E: Ja, das hätte ich allerdings können – Guten Tag!

Für das Jahr '48 hatte Heinz Erhardt einen Plan in der Tasche, der den Rahmen seiner bisherigen Hörfunk-Sendungen sprengen sollte: Texte und Musik(en) für eine groteske Oper.

Peter von Zahn erinnert sich:

»Kurz nach dem Kriege hatte ich am Radio was zu sagen, wenn ich auch nicht das letzte Wort hatte. Das hatten die britischen Kontroll-Offiziere. Zusammen mit ihnen hörte ich manchmal die Bunten Abende ab.

Immer wenn eine neue Nummer von Heinz Erhardt begann, ging mein Atem etwas schneller. Würde man den Hintersinn merken und Einspruch erheben? Oder schlimmer noch, würde man ihn nicht merken? Glücklicherweise verfügten die Briten über Humor. Sie lachten wie wir.

Mit welcher Virtuosität H.E. die Maske des Biedermanns trug! Vielleicht war er ja wirklich einer. Ich kann es nicht beurteilen. Man frage seinen Sohn Gero. Gero ist ein schöner, altdeutscher Name. Ich glaube, H.E. hatte altdeutsch-romantische Anwandlungen.

Eines Tages zeigte er mir mit der Bitte um Vertraulichkeit ein Manuskript, dem man ansah, daß er es lange in der Tasche getragen hatte. Es war ein Ritterdrama. Hinter einem Schwall von Anachronismen verbarg es die Sehnsucht nach den Zeiten des Studenten-Ulks.

Es war ihm wohl recht, daß ich die Vertraulichkeit beiseite ließ. Wir produzierten den Klamauk im Großen Sendesaal als Hörspiel. Ich habe keine blasse Ahnung, wie es ausging, nur eine lebendige Erinnerung an die Probleme, die wir mit dem Schwert-Geklirr bei einem Zweikampf hatten. Säbel durften wir unter der britischen Besatzung nicht führen. Faschingsschwerter klangen nicht echt.

Wir versuchten es mit Tranchiermessern, Kamingerät, Fahrradspeichen und Stabantennen, Radkappen und Hufeisen. Vergeblich. H.E. war nicht zufrieden. Schließlich requirierte er aus der Kantine Topfdeckel und Schöpflöffel. Das wars. Die Szene kam akustisch den Duellen in Lawrence Oliviers Film ›Heinrich IV.‹ gleich. Der Gesamteindruck war Shakespeare-Verschnitt, durch Heinz Erhardts Diktion gefiltert.

Ich wette, der Alles-Vernichter Rundfunk hat auch dieses Band gelöscht.«

Diese Wette hätte der legendäre Hörfunk- und Fernsehmann Peter von Zahn gewonnen. Denn warum bestimmte Abteilungen in den Rundfunk-Sendern »Archiv« oder »Schallarchiv« heißen, ist bisweilen nicht recht einzusehen. Die allermeisten Zeugnisse von Heinz Erhardts Hörfunk-Arbeit wurden gelöscht, ein für alle Mal vernichtet. Was erhalten blieb, ist fast alles auf Schallplatten erhältlich. So auch das »Ritterdrama«, das Peter von Zahn erwähnt. Am 10. Februar 1948 hatte im NWDR Heinz Erhardts ZEHN-PFENNIG-OPER Premiere.

»Ich nannte sie so, weil sie keine drei Groschen wert ist.«

Brief von Heinz Erhardt an Radio Bremen, Abteilung Unterhaltung: *»Sehr geehrter Herr Schröder,*

eben erhalte ich Ihr Schreiben vom 16.4., meine ›Oper‹ betreffend und freue mich aufrichtig, daß Radio Bremen sie senden will (ausgestrahlt 3.6.1948, die Verf.). *Die Uraufführung am 10.2. im NWDR hatte seinerzeit viel Staub aufgewirbelt. Das lag in erster Linie daran, daß die Oper damals im Rahmen der ›Abendgesellschaft‹ erschien und ohne den Hörer irgendwie darauf vorzubereiten in den Äther gefunkt wurde. Das Resultat dieser Unvorsichtigkeit war, daß die Oper ernst genommen wurde. So wollte zum Beispiel die Bayrische Staatsoper München das Aufführungsrecht von mir erwerben. Und ganz seriöse Musiker beglückwünschten mich zu diesem meinem musikalischen Wurf. Fast einstimmig wurde mir geschrieben, daß es schade gewesen sei, den Text, der, gemessen an der wunderschönen Musik, gewiß ebenso wertvoll sein müsse, so schlecht verstanden zu haben. Um weiteren Mißverständnissen vorzubeugen, wäre es vielleicht gut, vor der Sendung den Hörern einige Erläuterungen zu geben, die etwa folgendes sagen: Es handelt sich hier um eine Opern-Parodie, respektive um eine Kabarett-Oper. Zu dem albernen Text habe ich eine ernste Musik geschrieben, wodurch sehr komische Wirkungen erzielt werden. Der Text und die Musik sind von A bis Z mein geistiges Eigentum. Einige Anklänge von Verdi, Pucchini und Wagner sind von mir bewußt hineingearbeitet worden, um das Parodistische zu betonen.«*

Parodie und Experiment führte Erhardt etwa um diese Zeit auch in einem für ihn völlig neuen Medium vor, dem Film.

Allenthalben fehlte in deutschen Nachkriegsstudios das (Film)material, Lampen, Linsen, Leberwurst – es wurde meisterlich improvisiert. Dabei kam etwas ganz Neues heraus: eine Kurzfilm-Serie, die – die Not zur Tugend machend – experimentieren durfte. Erstmals wurden in Deutschland filmische Real-Spielszenen mit Trickfilmzeichnungen gemischt:

»In dem ersten Kurzfilm dieser Serie hat der NWDR-Komiker Heinz Erhardt seine große Stunde. Er erweckt darin das Fräulein Mabel aus seinem Couplét zum Leben. Als gezeichnetes Pin-Up-Girl steigt es mit plastischen Formen aus dem Rahmen und singt mit seinem Funk-Propagandisten ein Du-

Kurzfilm von 1947: Erhardt und Partnerin Mabel

ett. Es beginnt so: ›Mabel, Sie fielen etwas aus dem Rahmen, Sie sind entrahmt, wenn man so sagen darf.‹ Wenn unberufene Augen das tête-à-tête stören, steckt Erhardt seine Mabel einfach in die Brieftasche.« (Der Spiegel, 1947)

Der singende »NWDR-Komiker« besaß einen Arbeitspaß, der ihn als »Kabarettist« auswies. Er begnügte sich nicht mit Auftritten vor dem Hörfunk-Mikrophon, er kehrte auch wieder dahin zurück, wo alles angefangen hatte, auf die Bühne. Als Alleinunterhalter am Flügel sah man ihn im Hamburger »Trichter« und in großen Unterhaltungsprogrammen, überall dort, wo im Hamburger Umland Kabarett-Häuser heilgeblieben waren und wohin ein »Trizonesier« überhaupt mit britischer Erlaubnis reisen durfte.

In Hamburg unternahm Erhardt jetzt auch erste Schritte als Theater-Schauspieler. Zwischen 1946 und 1948 ulkte er schon in drei Stücken: FRAUEN HABEN DAS GERNE, VERZEIH, DASS ICH DICH LIEBE und HURRA, EIN JUNGE!

Erhardt und das Theater – ein Interpret und eine Kunstform hatten sich gefunden. Erhardts Komik lebte von der Spontaneität. Er konnte, was nicht allen Komikern gegeben ist: sekundenschnell auf Einwürfe aus dem Publikum eingehen, Assoziationen bilden, sie zu langen Ketten verbinden und auf diese Weise in einen ungemütlich-kalten Theaterraum in harten Nachkriegsjahren eine Ahnung von Commedia dell'arte hineinbringen. Stegreiftheater, das die Zuschauer hinriß – leider auch die Mitspieler. Eine Erhardt-Kollegin aus dem Schwank VERZEIH, DASS ICH DICH LIEBE sprach stellvertretend für alle:

»Wir haben sieben bis acht Wochen gebraucht, um überhaupt nur einigermaßen ernst zu bleiben . . .«

Schließlich sind Schauspieler während der Vorstellung auf das Stichwort des Kollegen im Bühnen-Dialog angewiesen. Wenn dieses Stichwort nicht kam, weil Kollege Erhardt sich soeben auf einem Blödel-Rundflug durchs All des Nonsens befand, waren auch die Kollegen zu spontanem Spiel herausgefordert. So was kann entsetzlich schiefgehen – oder in die Hose:

Nr. 1064 Max Wolff, Hamburg - 2073 2000/April 46 Kl. A

PASS

Dem/der Angestellten des Nordwestdeutschen Rundfunks, Sender Hamburg,

Herrn/Frau/Frl. Heinz Erhardt.

ist es gestattet, das Sendegebäude des Nordwestdeutschen Rundfunks, Hamburg, zu betreten.

Hamburg, den 3. Jan. 1947

Broadcasting Control Unit (Hamburg)

Unterschrift des Paßinhabers

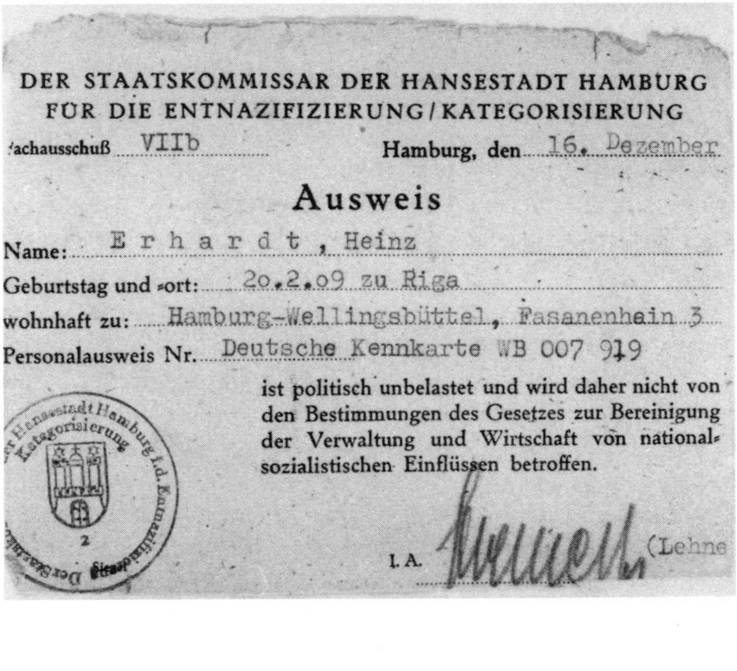

DER STAATSKOMMISSAR DER HANSESTADT HAMBURG
FÜR DIE ENTNAZIFIZIERUNG/KATEGORISIERUNG

Fachausschuß VIIb Hamburg, den 16. Dezember

Ausweis

Name: Erhardt, Heinz

Geburtstag und -ort: 20.2.09 zu Riga

wohnhaft zu: Hamburg-Wellingsbüttel, Fasanenhain 3

Personalausweis Nr. Deutsche Kennkarte WB 007 919

ist politisch unbelastet und wird daher nicht von den Bestimmungen des Gesetzes zur Bereinigung der Verwaltung und Wirtschaft von nationalsozialistischen Einflüssen betroffen.

I. A. (Lehne

»Während der Vorstellung mußten die Anwesenden die Taschentücher zükken. Und es gab sogar einige Besucherinnen, die es nicht mehr aushalten konnten und dem Ausgang zustreben mußten.« (Hannoversche Presse, 1949).

Erhardts Theater-Premiere nach dem Krieg fand 1946 im Hamburger Stadtteil Eppendorf statt. Das »Neue Theater« in der Aula einer Schule in der Curschmannstraße sah ihn als Stieglitz in FRAUEN HABEN DAS GERNE, einem musikalischen Schwank der Lustspiel-Klassiker Arnold & Bach. Zu den Vorstellungen mußten die Besucher Kohlen mitbringen, sonst wäre kein Spielbetrieb möglich gewesen. Nachdem das Stück abgespielt war, tat Erhardt einen Schwur, dessen Inhalt einen zum bedingungslosen Anhänger des Meineids werden lassen könnte:

»Sollte ich noch einmal das Angebot erhalten, in einem Theaterstück mitzuwirken, bin ich fest entschlossen, dies Angebot nur dann anzunehmen, wenn es sich um eine stumme Rolle handelt.«

Wie er nur auf diesen Schwur kam?

»Schließlich bekam er hier einmal vor der Währungsreform als Honorar bei einer Kinoeinweihung ein Pfund Butter und eine Buttercremetorte, die ihm um ein Haar die Hamburger Polizei abgenommen hätte, wenn er damals nicht schon vom Funk und Theater her bekannt gewesen wäre«, wußte die Braunschweiger Zeitung zu berichten.

Die Buttercremetorten müssen sich gehäuft haben. Heinz Erhardt gab mit dem eigenen Leibe Auskunft über den Verlauf des Wirtschaftswunders in der jungen Bundesrepublik. 1949 wog er um 160 Pfund. 1951 waren es bereits 180. Um 1954 übersprang er die Zwei-Zentner-Marke.

»Für seine Familie hat Heinz Erhardt wenig Zeit. ›Viel zu wenig‹, finden die Kinder, die stolz neben dem Radioapparat stehen, wenn der heißgeliebte Vati Sendung hat. Frau Erhardt hat zum Entsetzen ihres Mannes eine Unmenge Porträts von ihm in der Wohnung verteilt, damit die Kinder, wenn sie ihn zu selten sehen, nicht allmählich Onkel zu ihm sagen.«

Schon Ende der vierziger Jahre begann also die Praxis der »Home stories« genannten Presse-Porträts, in denen über die Stars ausgesuchte Nichtigkeiten berichtet werden. Damals war über die aushäusige Umtriebigkeit von Familienvater Erhardt folgende Anekdote im Umlauf:

»Neulich sagte Frau Erhardt, die charmante Frau des Mannes mit der intellektuellen Hornbrille, empört in den Garten zeigend: ›Nun schau her, der ganze Garten ist wieder voll von Kindern‹, woraufhin ihr Göttergatte hinauslugte und seelenruhig antwortete: ›Aber Zippchen, es sind doch alles unsere eigenen.‹«

Bereits in den vierziger Jahren spielte Erhardt häufig auswärts, auf Tournee.

»Die vier Sprößlinge des Komikers antworten jedem Besucher auf die Frage, wo ihr Vater sei: ›Vati ist auf Reisen und macht Dummheiten.‹«

Die älteste Tochter Grit kam eines Tages weinend aus der Schule nach Hause. Ihr Verhältnis zum Vater hatte einen herben Schlag erlitten, den Grund trug sie in Gestalt einer Zeitungsseite bei sich. Auf einem Bild war Heinz Erhardt mit der Kabarett-Kollegin Gisela Schlüter abgebildet. Klassenkameraden von Grit hatten ihr das Bild in die Hand gedrückt und gelästert:

»Du hast vielleicht einen komischen Papi. Der treibt sich in Köln mit fremden Frauen rum.«

Erhardt trat bevorzugt in Nord- und Westdeutschland auf, wo er durch seine jahrelange NWDR-Hörfunkarbeit bestens bekannt war. Manchem wurde es schon zu viel mit der Erhardterei:

»Und bitte ich Sie höflich, aber mit großem Nachdruck, den Schauspieler Heinz Erhardt nicht mehr so oft an Ihrem Sender zu beschäftigen, weil er die Schüler verdirbt. In meiner Schule ist eine wahre Erhardt-Seuche ausgebrochen. Die Jungen sprechen alle in seinem Tonfall und geben freche Antworten.«

Soweit der Hilfeschrei eines Schuldirektors aus Kiel an den Rundfunk. In anderen Briefen an ihn selbst wechselt die Stimmung munter zwischen Für und Gegen. Aus der täglichen Post:

»Wir haben Tränen gelacht. Wann hören wir Sie wieder?«

»Ohne Heinz Erhardt könnte man den Rundfunk wenigstens als halbkünstlerisches Institut bezeichnen.«

»Wann kommen Sie endlich auch zu uns nach Süddeutschland?«
»Wenn Sie das mit Kunst bezeichnen, was Sie da von sich geben . . .«

Erhardt ließ Kriegsblinden wieder lächeln
*Nun war er zum dritten Mal in Gladbeck. Jovial und treuherzig aus seinen verschmitzten Äuglein blinzelnd: Heinz Erhardt. Ihn näher zu beschreiben, ist vollständig überflüssig, man stellt ihn sich schon vom Rundfunk her irgendwie vor, eben wie Heinz Erhardt . . . Und gern erinnert er sich seines ersten Auftretens mit ›*VERZEIH, DASS ICH DICH LIEBE*‹, das war kurz vor der Währungsreform. Zwei Jahre später kam er wieder mit ›*ZEBEL, DEN ERNESTS UND DREI PEHEIROS*‹. Die Kumpels von Moltke werden sich noch erinnern, als er so plötzlich in der Grube auftauchte und die geistreiche Frage stellte: ›Warum müht Ihr Euch denn so schrecklich ab, oben könnt Ihr die Kohle doch viel billiger kaufen‹ . . . Der NWDR ›erhardtet‹ im Augenblick nicht, und so betätigt sich Heinz inzwischen als Volkswagenfahrer in Sportausführung. Seit dem 1. Januar ist er von Hamburg, wo er mit seiner Familie wohnt, unterwegs. Es geht in den nächsten Tagen nach Bayern. Aber nicht zum Skilaufen. ›Da bin ich nicht für‹, meint er, ›ich spiele nur Fußball.‹ Im Sommer fährt er nach Italien mit seiner Familie, zu Verwandten. Für die Reise spart er schon jetzt. Und zwischendurch werden Sendungen geschrieben, wird für fünf Minuten Mikrophon eigens nach Köln gefahren. Dazu Filme, Vervollständigung eigener Werke und anderes mehr. ›Das alles kostet viele schlaflose Nächte‹, seufzt er.*

Wie beliebt dieser ›Wilhelm Busch unserer Tage‹ ist, beweisen Hunderte von Briefen, die er täglich bekommt. ›Seit die Mädchen wissen, daß ich verheiratet bin, schreiben sie nur noch selten . . .‹ Besonders gefreut hat sich Erhardt über den Brief einer Kriegsblinden-Frau, die ihren Mann, als er Heinz zuhörte, zum ersten Mal seit fünf Jahren wieder lächeln sah.« (Gladbecker Tageblatt, 1951)

»Triumph der guten Laune« –
Bunte Abende am laufenden Band

Heute ist nur noch den älteren Jahrgängen ein Begriff, was in den 40er und 50er Jahren Inbegriff großer Unterhaltung war: die »bunten Nachmittage« und »bunten Abende«, Gala-Potpourries mit den Stars der Zeit. Seit den »goldenen zwanziger Jahren« hatte es sie gegeben, die Nazi-Propagandisten hatten sie genutzt, und nach dem Zusammenbruch des NS-Regimes 1945 ging es im Rahmen der Möglichkeiten »bunt« weiter.

Ilse Werner wurde zur Premiere von Käutners »Große Freiheit Nr. 7« in einer britischen Militärmaschine nach Hamburg eingeflogen. Hier begann eine lange Freundschaft:

»Meine erste Begegnung mit Heinz Erhardt war unmittelbar nach Kriegsende, im Jahre 1945 in Hamburg. Das Theater am Besenbinderhof war gerade als Varieté-Bühne aufgemacht, geleitet von Hans Hasslach, dem früheren Gastspieldirektor von La Jana. Gleich nach dem Kriege fing er sich alle Prominenz zusammen, die es nach Hamburg verschlagen hatte, und veranstaltete große bunte Programme – bunte Nachmittage fürs deutsche Publikum, bunte Abende für die Briten.

Von denen wurde ich zur Uraufführung von ›Große Freiheit Nr. 7‹ in einer Militärmaschine zwischen Postsäcken zusammen mit Hans Söhnker aus Berlin eingeflogen. Hasslach kam zur Premiere. Ich hatte ja vorher schon gepfiffen und gesungen, so sagte er: Mensch, Ilse, warum bleibst du nicht in Hamburg?

Ich blieb und hatte in seinem Palladium einige Nummern mit einem Quintett, ›Blue Five‹, geleitet von Heinz Woezel, der das Lied schrieb, das später Titelsong meiner LP wurde: ›Gepfiffen klingt's so‹.

Eines Vormittags bei den Proben im Saal sah ich einen Menschen mit Hornbrille auf der Bühne, sehr dünn, sehr scheu, er probierte, setzte sich ans Klavier, und ich sagte: ›Was ist denn das, der ist ja so privat, ist der Laie?‹ – Das war er beileibe nicht, er war unbeschreiblich, spielte entzückend, und wir waren wochenlang zusammen im Programm. Von seiner verblüffenden Pri-

vatheit, Direktheit, Natürlichkeit habe ich für meine eigene Arbeit mit Publikum viel gelernt.

In den ausgehenden 40er Jahren gingen wir von Programm zu Programm, überall dahin, wo die Sender waren oder neu entstanden. Unter wirksamen Slogans wie ›30 Kanonen von Funk, Film und Bühne!‹ zogen wir mit den großen Gastspieldirektoren wie Hofner oder Hoffmeister durchs Land. So haben die Leute in den bunten Unterhaltungsprogrammen ihre Lieblinge gesehen.

Heinz gestand mir gleich in den ersten Wochen im Hamburger ›Palladium‹, wie sehr er für die großen Ufa-Stars geschwärmt hatte und noch schwärmte – ›daß ich einmal mit Ihnen auf einer Bühne stehen würde.‹ Immer wieder wollte er mehr wissen: ›Erzähl doch mal, wie war's denn bei der Ufa, habt Ihr Autos gehabt, was war mit den Garderoben . . .?‹

So begann eine wunderbare Freundschaft nicht nur zwischen uns beiden, auch zu seiner Frau Gilda, die damals schon – wo's ging – dabei war, strickte, guckte und mit uns lachte.

Ich ging für ein paar Jahre in die USA, war aber in den späteren 50er Jahren wieder in Deutschland.

Besonders gern denke ich an den Tag zurück, als wir uns wiedertrafen. Es war in Mannheim. Heinz und ich waren anläßlich der Jubiläumsfeier einer großen Zeitung in der Rhein-Main-Halle engagiert.

›Weißt du noch, was du 1945 im Palladium gesungen hast?‹ fragte ich ihn. ›Bring mir zuliebe heute abend etwas aus deinem damaligen Repertoire, es wäre eine schöne Erinnerung!‹ Er winkte ab: ›Ach was, ist doch ein alter Hut – ich kann das auch gar nicht mehr.‹

Sprachs, drehte sich auf dem Absatz um und ging in seine Garderobe. Ich hatte ihn noch nie so brummig gesehen.

Dann bei seinem Auftritt am Abend, setzte er sich ans ›Geflügel‹, wie er immer so schön sagte, und kündigte an: ›Meine Damen und Herren, auf Wunsch einer einzelnen Dame singe ich heute etwas aus meiner Mottenkiste.‹ Und dann spielte er sein ganzes Programm von damals.

Unvergeßlich sind auch seine Einlagen als Conférencier. Wo er Kolleginnen und Kollegen ansagte, tat er's mit seinen unverwechselbaren Wortspielereien: ›Ich möchte Ihnen zwei Künstlerinnen ansagen, Lonny Ober – nee, äh, Kellner – und – Vura de Lecca – äh – Vera de Lucca! Mensch . . .‹

Er schöpfte seine humoristischen Einfälle aus Beobachtungen, aus Alltäglichkeiten, denn er war ungewöhnlich interessiert und immer aufmerksam – seine Phantasie schien immer zu arbeiten.

Er hat ja nie Witze erzählt, nacherzählt. Was er auf der Bühne brachte, war immer ureigene Schöpfung. Dabei ist er nie über irgendwen hergezogen, nie hat er Böses über Kollegen gesagt oder aus Gerüchten Kapital geschlagen. Seine ureigene Art war immer liebenswert und geradeheraus, so war er zuweilen wie ein großes Kind. Und gearbeitet hat er wie ein Pferd – von 365 Tagen im Jahr sicherlich mehr als 360!

So trafen wir uns über zwanzig Jahre immer da, wo wir zusammen im gleichen Programm waren, auf Galas oder Tournee. Und wenn ich gerade in Hamburg war, er in der ›Kleinen Komödie‹ spielte, dann habe ich ihn da besucht. Man hat ihn privat ja gar nicht treffen können. Er hatte gar keine Zeit.«

Seit dem Ende der 40er Jahre fuhr Heinz Erhardt beruflich dreispännig: Er arbeitete für den Hörfunk, er spielte Theater, und er wurde zu einer Zugnummer der »Bunten Abende« landauf, landab:

TRIUMPH DER GUTEN LAUNE (1948) *»ein Meister-Abend froher Unterhaltung«* – mit Heinz Erhardt, Rudi Schuricke, Lale Andersen, Friedel Hensch und den Cypris.

ABEND DES LACHENS (1951) – *»Mit Heinz Erhardt, dem populärsten Humoristen des deutschen Rundfunks.«* – *»In allen Städten überfüllte Säle und stürmische Heiterkeit.«*

SCHLAGER- UND HUMORPARADE (1952) mit Heinz Erhardt, Vico Torriani, Helmut Zacharias, Lale Andersen, der »kleinen Cornelia mit ihrem Vater Gerhard Froboess« –

»Zeitweise einmalige Monotonie der Stimme und eine unschuldsvolle (manchmal an Namensvetter Rühmann erinnernde) Mimik . . .« – »Ein neuer Grock ohne Maske.«

FERIENFREUDE FÜR DIE DAHEIMGEBLIEBENEN (1952) – mit Heinz Erhardt, Lale Andersen, Bully Buhlan, Vico Torriani, Gerhard Wendland, Helmut Zacharias.

PHILIPS-STARKASTEN ›LASS DIE SORGEN SORGEN SEIN‹ (1953) – mit Heinz Erhardt, Chris Howland (1. Bühnenauftritt), Willy Hagara,

„Auf geht's mit Tanz, Musik, Gesang und Fröhlichkeit!"

Eine Schlager- und Humor-Parade!

Heinz Erhardt · Vico Torriani · Lale Andersen · Undine von Medvey · Sherrier
Heinz Neubrand mit seinen Instrumental-Solisten: Peter Cuske und Werner Kurz

V O R T R A G S F O L G E

1. **Musikalischer Auftakt**
2. **Heinz Neubrand**
mit seinen Instrumental-Solisten
spielt, was Euch und uns gefällt.
3. **Heinz Erhardt**
sondiert die Lage und läßt gleich zum Anfang – hoffentlich – auch den skeptischsten Besucher heitere Miene zum heiteren Spiel machen.
4. **Undine von Medvey**
charmante Lieder zum Akkordeon und virtuose Akkordeonmusik
5. **Vico Torriani singt:**
seine schönsten Lieder, u. a.:
Addio Donna Grazia, Spanisches Abenteuer, Santa Fé, Domino, Heimatlied u. a.

- P A U S E -

6. **Musikalischer Auftakt:**
Heinz Neubrand – begleitet von seinen Instrumental-Solisten – spielt einen „Samba-Coctail"
7. **Heinz Erhardt**
sondiert schon wieder die Lage
8. **Lale Andersen**
singt von Meer und Matrosen, Sternen und Laternen
9. **Sherrier**
Tanzparodien
10. **Heinz Erhardt**
„Noch'n Gedicht und andere Ungereimtheiten"
11. **Das Finale vereinigt noch einmal alle Mitwirkenden!**

Programm-Änderung vorbehalten!

Eine Heinz Hoffmeister Tournee

Tourneeleitung: Heinz Hoffmeister, Gastspiel- und Konzertdirektion GmbH., Mannheim, N 7, 8 — Telefon 43253 / 43254
Müller-Druck, Ilvesheim bei Mannheim

Willy Berking. – Tournee von drei Monaten Laufdauer, knapp 90 Städte.

Du und ich – die große Parade mit ihrem neuen Programm (1953) – erstes öffentliches Preisraten. Heinz Erhardt wird parodiert von Werner Zey.

Triumph der guten Laune – 9 Trümpfe in einem Programm – mit Heinz Erhardt als Ansager und Humorist, Bruce Low u.a.

Schminke und Mikrophon – Grosser bunter Abend – mit Heinz Erhardt, Bruni Löbel, Angèle Durand, Michael Jary.

»Als Heinz Erhardt nicht nur die Gelegenheit, sondern auch das Wort ergriff, um dieses ans Publikum zu richten, da verblaßte alles andere vor der

Sonne seines Humors. Ja, Sonne ist durchaus der rechte Ausdruck, denn hierin scheint mir eine der Urkräfte von der unwahrscheinlichen Wirkung dieses Mannes zu liegen. Er bietet sich selbst aus einem ganz und gar durchsonnten Gemüt heraus.

Und wo selbst er die lachende Hintergründigkeit der Dinge nicht mehr in das Barock seines Sprachgebäudes zu kleiden vermag, da spricht die Unnachahmlichkeit seiner hilflosen Geste das letzte aus. Wo in der Welt noch einmal, so frage ich, gibt es einen so seelenvoll aufs Klavier gesetzten Zeigefinger? Wir alle haben Heinz Erhardt oft, sehr oft, am Rundfunk gehört. Aber jetzt erst, da er aus der zweidimensionalen Fläche der technisierten Akustik auch für uns in den lebendigen Raum der Erscheinungen trat, jetzt erst lernten wir ihn ganz kennen und – lieben. Dank sei ihm für seinen Besuch.«

Vielerorts wurde Erhardt durch die bunten Programme jetzt erst oder jetzt neu entdeckt. Man kannte seine Stimme und seinen Witz aus dem Radio, nun sah man ihn leibhaftig.

»Ich werde mir ein Radio kaufen!« jubelte ein Journalist in Westfalen, als er seinen begeisterten Bericht vom ersten Erhardt-Live-Auftritt im Städtchen schrieb.

Wo immer der »Tausendsassa« jetzt auftrat, blitzten die Fotolampen, um den Mann aufs Bild zu bannen, der so einmalig lachen machte. In Hamburg, so witzelte Erhardt,

»brauche ich beim Fotografieren schon gar nicht mehr anwesend zu sein, weil man mich da schon auswendig kennt.«

Abend des Lachens

»Rund und schier, fast ein bißchen zur Fülle und zum Schwerfälligen neigend, so stellte sich Heinz Erhardt gestern abend einem ausverkauften Hause in der Tonhalle vor. Bei vielen mag dieses Bild zunächst nicht mit der Vorstellung übereingestimmt haben, die sie sich aufgrund seiner zahlreichen Rundfunk-Darbietungen von dem Künstler gemacht hatten. Doch das Bild blieb dann ohne Ränder und Überstände, als er sich linkisch und schüchtern an den Flügel anlehnte und seine Gedichte aufzusagen begann . . . Was er auf dem Flügel spielte oder vielmehr mit virtuoser Geläufigkeit herunterhaute, nahm man weniger zur Kenntnis, aber wie er spielte, das verriet einen großen Schalk, ei-

nen begnadeten Könner aus dem Bezirke echten, würzigen Humors. Daß er überhaupt noch spielte, weitete sein Ansehen beträchtlich. Gab es doch immer noch Zweifler, die meinten, daß er sich in der Abgeschiedenheit des Senderaums eines Begleiters bediente. Nein, dieser Heinz Erhardt erwies sich als ein eigener, der seinen humorigen Erkenntnissen eine aus ihm selbst gereifte Form gibt. Worte und Gesten fließen bei ihm zu einem schlackenreinen Guß ineinander.«

Viel Lob für einen Auftritt, der nicht länger als eine Viertelstunde dauerte.

Eine Viertelstunde ist aber ein Vielfaches der Zeitdauer, die Heinz Erhardts erster Auftritt im Kino ausmachte. Das Werk hieß GESUCHT WIRD MAJORA, wurde 1949 produziert und erlangte Ruhm durch die Tatsache, daß es der erste Kinofilm war, der nach dem Krieg in Nordrhein-Westfalen produziert wurde. Erhardts Kurzauftritt in der »Bar Vineta« war noch ganz Kabarett-Couplet:

»Das spiegelnde Interieur, das bestens angezogene Publikum und manch zärtliches Stücklein des Orchesters wirken zwar mondän, aber harmlos. Und auch die entzückende Tanzeinlage nimmt voll und ganz für sich ein. Auf dem vornehm-schwarzen Konzertflügel öffnet sich plötzlich eine geheimnisvoll schimmernde Muschel, Luftballons quellen aus ihr hervor wie riesige Perlen der Südsee, und dann entsteigt eine Fee – Maja Tamara – der gigantischen Perlmuttschale und tanzt . . . Ihr folgen Camilla Horn und Heinz Erhardt mit einem schmissigen Foxtrottlied des allbekannten Werner Bochmann, der auch diesen Film musikalisch betreut. ›Stündlich, aber unverbindlich . . .‹ heißt es da, und Kurt Feltz war es, der sich den pikanten Text hatte einfallen lassen . . .«

GESUCHT WIRD MAJORA war ein Kriminalfilm mit Lotte Koch, Hermann Speelmanns und Camilla Horn in den Hauptrollen.

»Im frisch renovierten ›Europa-Palast‹ – mit 1800 Plätzen eines der größten deutschen Kinos – ging die Premiere vonstatten. Im Vorgefühl kommenden Glanzes als ›Filmstadt des Westens‹ ließ Düsseldorf vom Marx-Haus blau-goldene Fahnen über den Start des ersten in Düsseldorf gedrehten Nachkriegsfilms wehen. Lotte Koch machte im schweren Taftabendkleid die Honneurs. Das Publikum bemühte sich sehr, Majora zu suchen. Das Dickicht der Wirrnisse im Drehbuch machte es ihm schwer.« (Der Spiegel)

Es wäre vermessen, GESUCHT WIRD MAJORA als Beginn von Heinz Erhardts Film-Karriere zu bezeichnen. Auch der Fabrikant Meyer, den er in dem kurz danach gedrehten Spielfilm LIEBE AUF EIS (später MÄNNER UM ANGELIKA genannt) gibt, ist winzig (man merke sich diesen Namen gut!). Nach diesem Werk mit Margot Hielscher, Kurt Meisel, Friedrich Schönfelder und Hubert von Meyerinck folgten fünf Jahre, in denen deutsche Nachkriegsfilme ohne Heinz Erhardt produziert wurden.

Dem Unterhaltungsgeschäft, Kabarett und Revue-Leben der jungen Wirtschaftswunder-Republik blieb er immer noch erhalten. Auf der Bühne war er groß geworden, hier traf ihn auch Rolf Stiefel:

»Im Jahre 1951 war ich Ansager und Nachrichten-Sprecher beim NWDR KÖLN, in DÜSSELDORF wurde die erste Funk-Ausstellung eröffnet. Hier lernte ich H. E. kennen. Er kam per Flug aus Berlin und war erheblich verspätet. Die Schau hatte längst begonnen, als er hereinstürmte. Ich mußte ihn sofort ansagen und beinahe noch atemlos ging er auf die Bühne. Ich erinnere mich gut an die erste typische Erhardt-Pointe, die ich aus seinem Munde hörte: . . .« ich habe schon einen Rundgang durch die Ausstellung gemacht, ist ja toll, ganz international. Sogar die Russen haben ein Gerät ausgestellt, natürlich 'nen »EINKREISER«! (Anspielung auf die Berlin-Blockade, d. Verf.) *Das war aber auch das einzige Mal, daß er »politisch« wurde in all den Jahren, die ich dann mit ihn zusammen auftreten durfte. Auch privat sprach er niemals über Politik. Und, was man wirklich als Rarität bezeichnen muß: er sprach ebensowenig über Kollegen. Wurde in trauter Kollegen-Runde eifrig »gestrickt«, so hielt er sich zurück und auf evtl. Fragen sagte er stets: »habe keine Ahnung, kenne ich nicht, weiß ich nicht, kann ich nicht beurteilen«. Er war in jeder Hinsicht ein kluger Mann. Und da Künstler allgemein in dem Ruf stehen, exzentrisch, launisch und oft unberechenbar zu sein, muß ich betonen, daß er der ausgeglichenste Mensch war, den ich jemals traf. Immer gut gelaunt, aber nicht von jener leicht exaltierten Fröhlichkeit, zu der sich so viele Stars (besonders der leichten Muse) oft geradezu verpflichtet zu fühlen scheinen. Seine Fröhlichkeit war still, unaufdringlich – und er war immer offen für seine Gesprächspartner, überhaupt für seine Mitmenschen.*

In den 50er-Jahren habe ich manchen Monat mit ihm in den Varietés in Hamburg, Hannover und Köln arbeiten dürfen. Und da wir an jedem Tag 2 Vorstellungen hatten, konnte ich mit Erstaunen feststellen, daß er nicht, wie fast alle Humoristen, täglich das gleiche Repertoire hatte. Fast bei jedem Auftritt improvisierte er und brachte auf diese Weise immer wieder neues. Der Gradmesser für die Qualität eines Vortragskünstlers waren damals die Herren Orchester-Mitglieder, die natürlich schon »alles kannten«. Wenn diese Herren immer wieder aufs neue zum Lachen gebracht wurden, dann war das schon eine Glanzleistung. Und die vollbrachte H. E. täglich. Auch war er das, was wir einen »Tisch-Komiker« nennen. Das heißt, daß er nach der Schau, wenn man gemütlich beisammensaß, Pointen »abschoß«. Wortspiele zumeist, die aus Vorkommnissen ganz alltäglicher Art entstanden. Zum Beispiel: »bin heute so zerstreut . . . Ich ging vorhin in einen Antiquitätenladen und fragte: was gibts NEUES?«

Und dann seine ganz spezifischen Wortverdrehungen! Auf der Bühne, wie z. B. die Goethe-Glatze (Schiller Locke), der Sturm-Sack (Windbeutel) u. v. a.

Aber auch die Eigennamen von Kollegen und Mitarbeitern frisierte er um, wo immer es möglich war. Eine Sekretärin beim Kölner Funk nannte er beharrlich »Frl. Altenstein«. Sie hieß Neuenfels. Mit meinem Namen trieb er es besonders toll, das bot sich da auch an: aus Stiefel wurde zunächst Schnürschuh, Pantoffel, Lackschuh – PUMPS. Und eines Tages (in einem Varieté, ich glaube es war das Hamburger HAUS VATERLAND) machte er für mich eine regelrechte Conférence, er sagte mein Parodie-Solo an. Und zwar so » . . . es gibt diverse Stiefel: Kommißstiefel, Reitstiefel, Lackstiefel. Ich sage Ihnen nun einen besonderen Stiefel an: einen ZUG-Stiefel. Ja, denn er ist in unserem Programm eine ZUG-Nummer: Rolf Stiefel . . .« Apropos Parodie: Er sagte mir, daß er einige ERHARDT-Parodisten gehört habe. Aber alle, meinte er, würden seine Art eher veralbern, während ich die Sache mit Herz machte und darum möchte ich ihn doch auch bei gemeinsamen Auftritten parodieren. Ein schöneres Kompliment habe ich im Leben nicht bekommen. Anno 1962 dann traten wir als ERHARDT-DUO (sozusagen) im NDR-TV auf. Im Programm des HAUS VATERLAND machte ich die Conférence und auch u. a. meine Erhardt-Parodie. Er selbst war nicht in diesem Programm, aber das Fernsehen kam auf folgende Idee: Eines Tages saß H. E. im Parkett, gleich vor der Bühne und nach meiner Parodie sagte ich: bitte den Beifall direkt an die richtige Adresse zu richten. H. E. stand auf, kam auf die Bühne, gab mir die Hand und sagte: »Nee, wissense, wir beide sind heute wieder ein einziger SCHELM«. Dann ging er zum Flügel und brachte sein Chanson von der OASF.

Außer diesem gemeinsamen Auftritt habe ich nur einmal noch (allerdings einen ganzen Monat) mit H. E. in einem kurzen Sketch spielen dürfen. Besser gesagt, da ich ja kein Schauspieler bin, ich war der Geber einiger Stichworte.

Und da er ja ungern immer den gleichen Text abspulte, improvisierte er auch hier – was für mich nicht immer einfach war. Beispiel: Ich hatte zu sagen: »Aber, Herr Erhardt, nicht so nervös! Fassen Sie sich doch« und (anders als im Textbuch) kam seine Antwort: »Ja, gerne! Aber w o h i n denn?« An einer anderen Stelle: »Ich habe es begriffen, ich bin ja nicht b l ö d e!« Antwort: »Ja, ja, das sagen SIE!« Das konnte einen schon aus den Konzept bringen, aber es war halt köstlich.

Auch bei vielen Einzel-Veranstaltungen, die wir »Galas« nennen, trat ich mit H. E. auf und wir haben uns stets prächtig verstanden. Was ja (s. o.) bei ihm nicht schwer war. Allerdings fiel mir in diesen Jahren eines auf: Das sonst branchenübliche, oft durch nichts motivierte und auch oberflächliche DUZEN gab es bei ihm nicht. Auch hier war er eine wohltuende Ausnahme. Ich habe nie gehört, daß er jemanden duzte. Wenn er dann zu mir ROLF sagte, aber per Sie, war das für mich eine Auszeichnung.

Ende der fünfziger Jahre war er im Kölner KAISERHOF-Varieté engagiert (ich dito), aber er hatte nur für einen halben Monat unterschrieben, obwohl ein Monatsengagement die Regel in diesen Häusern war. Er sagte mir, daß er wohl eine »Option« für die zweite Monatshälfte habe, aber daß er aus Erfahrung wisse, wie wenig das Kölner Publikum mit seiner spezifischen Art anfangen könne. Es möge wohl mehr den »direkten« Humor, z. B. die karnevalistischen Büttenreden. Er sollte recht behalten, sein Erfolg war nicht überwältigend. Sagte er beim Auftritt sein berühmtes: »nu stehe ich hier COGNAC, ach nee! RUM!« so kam das kaum beim Publikum an. Das war wohl zu »indirekt«. Also absolvierte er nur 2 Wochen seines Vertrages. Auch in dieser Zeit habe ich ihn niemals übel gelaunt erlebt. Die Gleichmäßigkeit seines immer heiteren positiven Wesens war an sich schon unter Sterblichen eine Rarität, unter Show-Leuten aber um vieles mehr.«

Heinz Erhardt
Hamburg-Wellingsbüttel
Fasanenhain 9
Tel. 56 13 73
Sehr geehrte Herren,
mit grösstem Vergnügen erfülle ich Ihre Bitte
um meinen Namenszug; denn der Remscheider Abend wird auch mir unver=
gesslich bleiben! Ein so aufgeschlossenes Publikum hat man selten!
Es würde mich sehr interessieren, die betreffende Nummer Ihrer Haus=
zeitung zu lesen.
Mit vorzüglicher Hoc
Remscheid

»Is ja blöd, aber man muß lachen« – Heinz Erhardt als Theaterschauspieler

In diesen fünf Jahren legte Heinz Erhardt durch fortgesetzte Hörfunkarbeit, bunte Abende und neue Theatertourneen den Grundstock für eine Beliebtheit, die ihn ab 1955 zwangsläufig zum Film zurückführen sollte. Die zahlreichen Vorstellungen waren eine Ochsentour, und sie waren ja auch gerade in den Jahren der bitteren wirtschaftlichen Not keineswegs immer erfolgreich. So ist für 1948 eine Aufführung vor acht Zuschauern verbürgt. Erhardts Reaktion auf der Bühne:

»Ich warne Sie vor Mißfallenskundgebungen – heute sind wir nämlich in der Überzahl.«

Und es gab Aufführungen, bei denen er sich erlauben konnte zu sagen:

»Können Sie nicht schneller lachen? Wir wollen schließlich auch mal nach Hause.«

Das Lustspiel VERZEIH, DASS ICH DICH LIEBE hatte in Hamburg Ende 1951 zum zweitenmal Premiere, diesmal im Theater am Besenbinderhof. Es folgten 38 Vorstellungen in der Hansestadt und 50 auf der anschließenden Tournee.

STRAMMER JUNGE ANGEKOMMEN lautete der Titel des nächsten Schwanks mit Musik von Arnold & Bach, Regie: Peter Matthias. Heinz Erhardt spielte die Rolle des Fritz Pappenstiel. Das Stück ging auf eine Sommertournee und wurde rund 70mal gespielt.

LIEBER REICH – ABER GLÜCKLICH, wieder ein musikalisches Lustspiel von Arnold & Bach (Regie: Hans Herbst), erlebte seine Premiere am 19. Dezember 1953 im Theater am Besenbinderhof. Erhardt spielte die Rolle des Buchhalters Eduard Haselhuhn bis Mitte Januar 1954 vor insgesamt 35000 Besuchern. Dann ging das Stück auf Tournee und brachte es bis Mai 1954 auf 52 Städte. Presse-Kritik:

»Das Stück hieß: Heinz Erhardt.«

, … das hüpfende Komma … ,

Buchhalter

HASELHUHN

zieht die Bilanz:

Vom 19. Dez. 1953 bis 17. Jan. 1954
im THEATER AM BESENBINDERHOF

35000 Besucher

(Gastspiel kann wegen anderweitiger Aufführungsverpflichtungen nicht verlängert werden!)

Vom 18. Januar 1954 bis 12. Februar 1954
1. Gastspielreise durch die Bundesrepublik: Hannover — Braunschweig — Minden — Bielefeld — Osnabrück — Dortmund — Essen — Gelsenkirchen — Buer — Mülheim — Oberhausen — Bochum,
dann könnten wir die vielen Wünsche des Hamburger Publikums erfüllen und unser erfolgreiches Gastspiel ab 13. Februar 1954 in Hamburg wiederholen!

Also: THEATER AM BESENBINDERHOF

Ab Sonnbd., 13. Febr. 1954 für kurze Zeit tägl. 20 Uhr, sonnt. auch 16.30 Uhr
Auf vielfachen Wunsch — Wiederholung des Gastspiels

HEINZ ERHARDT

(Buchhalter Haselhuhn)

in dem musikalischen Lustspiel

Lieber reich – aber glücklich

von F. Arnold und E. Bach — Gesangstexte: Willi Kollo

Musik: Walter Kollo **Regie: Hans Herbst**
mit der erfolgreichen Hamburger Premieren-Besetzung
Es spielt das Orchester Walter Graf
Produktion: Robert Fürst, Hamburger Theater-Gastspiele

Kartenvorverkauf **ab Freitag, den 5. Februar,** an der Theaterkasse (24 29 43)
und den bekannten Vorverkaufsstellen

KLEOPATRA DIE ZWEITE – ein musikalisches Lustspiel von Feiler und Waniek – folgte 1955. Ort der Premiere war die Hamburger Privatbühne »Kleine Komödie« am Neuen Wall zwischen Jungfernstieg und Rathaus. Leiter dieser Bühne war damals und ist 1987 noch Peter Ahrweiler, der die KLEOPATRA auch inszenierte. Erhardt spielte die Hauptrolle: Artaxias, König der Schamarier. Mit dieser Komödie begann eine Zusammenarbeit von Ahrweiler und Erhardt, die bis 1971 dauern sollte und eine der schillerndsten Zusammenarbeiten war, die das deutsche Nachkriegs-Theater kennt. Ahrweiler schrieb im Programmheft zur KLEOPATRA:

»Mit einem Darsteller, wie Heinz Erhardt ihn verkörpert, mußte man einen Stoff finden, der diesem großartigen Komiker die Freude an der Improvisation ließ und ihn zu einer Zentralfigur machte, die dem Autor beim Schreiben auf keinen Fall vorschwebte. Würden die Autoren heute ihr Stück mit Erhardt sehen, würde der Titel höchstwahrscheinlich lauten: Artaxias, König der Schamarier!«

Peter Ahrweiler war damals schon ein knarrig-kauzig Theater-Besessener, der seine Privatbühne ohne staatliche Subventionen um alle materiellen Klippen herumschiffte. Seine Dauerfehde mit der offiziellen Kulturpolitik der Hansestadt ließ Ahrweiler im Programmheft zur KLEOPATRA fortfahren:

»Ich wäre überrascht, wenn nicht einige, sich allzu ernst nehmende Hamburger Kritiker, gegen diese Form des ›Theaters‹ mit wohlgezielten Seitenhieben Sturm laufen würden. Sie werden während der Vorstellung lachen und am Schreibtisch Bosheiten verfassen, weil sie es unwürdig fanden, daß man ›darüber‹ auch noch lachte. In dieser Beziehung weht in Hamburg eine eigenartige Luft, und unsere tierisch ernsten Kritikaster sollten endlich einsehen, daß Berlin für diese Art des Theaters ›die bessere Luft‹ und ›den besseren Luft‹ hat. Man sollte es sich abgewöhnen, in der ›Welt‹ mit einem veralteten ›Tank‹ auf Spatzen zu schießen. Wir bezeichnen uns nicht als Kulturinstitut, sondern als Privattheater, das von den Eintrittsgeldern der Besucher lebt. Da ich also ohne Subventionen Theater spiele, habe ich nichts zu lachen und meine Hauptsorge ist, daß wenigstens mein Publikum lacht, wenn es unser Theaterchen verläßt.

Nehmen Sie – liebes zahlendes Publikum – unsere kleine Geschichtsfälschung nicht so tierisch ernst, sondern versuchen Sie zu lachen, und sollten Sie einen einzelnen Herrn entdecken, dem seine Würde auch bei Erhardt noch im Gesicht geschrieben steht, so hat er eine Freikarte und ist todsicher von der Presse.«

Der seelenvolle Zeigefinger –
Erste Annäherung an Erhardts Komik

Theater- und Kritiker-Kenner Ahrweiler sprach auf polemische Weise ein Thema an, das bundesdeutsche Kritiker in der Tat so lange beschäftigte, wie Heinz Erhardt das Land mit seinen Tourneen und Filmen überzog. Was ist an dem Mann so komisch? Was ist das Geheimnis seines Erfolges? Lesen Sie ein Potpourri von Vermutungen, veröffentlicht zwischen 1950 und 1971.

»Erhardt ist kein Dichter. Er karikiert sich selbst in seinen Versen, und die Arme-Sünder-Miene, die er geistig und körperlich zur Schau trägt, verhüllt nur das naive Kindergesicht seines Humors. Dieser ›Poet‹ holt die geistreiche Pointe aus dem Spiegelbild der zur höchsten Potenz erhobenen Blödheit. Er ist ein Clown der Paradoxe und der komischen Überrumpelung. Er beginnt seine Attacken auf die Lachmuskeln mit einem linkischen Sermon von Binsenweisheiten, die sich plötzlich in seinem Munde zu witzigen Offenbarungen verändern. Erhardt ist ein Meister des Drum und Dran ...

Erhardt ist ein großes Kind unserer Zeit. Er möchte manchmal weinen, und darum reizt er zum Lachen. Er ist so vollständig aus geistigem Rand und Band, daß er zum Nachdenken anregt. Er bringt auch die präziseste Weisheit so außer Fasson, daß sie wie eine neue Sentenz wirkt. Wirkt! Und das ist seine Chance, denn er weiß seine witzigen Glossen mit der noch so nebensächlich erscheinenden Geste zu verkaufen. Er läßt das Publikum mitspielen und -raten, und darum verbreitet er die beglückende Atmosphäre einer Illusion der Heiterkeit um sich, die jeden gefangennimmt. Dieser Ulk ist beinahe schon philosophisch. Er löst sich in der bewußten Verballhornung so stark von der Banalität des Alltags, daß die Satire zum bitteren Ernst wird. Mit solchen auf die Kehrseite gelegten Dummheiten erzeugt er einen Rausch stimmungsfroher Laune, von dem man meistens erst sehr spät erwacht. Mit einem Endri-Kater.«

»Den Höhepunkt, auch deswegen weil er nun ganz über das Politische vorstieß ins noch Unsinnigere, bildete zweifellos Heinz Erhardt.«

»Heinz Erhardt beschreiben oder kritisieren zu wollen, wäre ein hoffnungsloses Beginnen. ›Wieviel Geist muß ein Mensch haben, um sich derartig blöd anstellen zu können‹, philosophierte nach dem Programm einer der Besucher. Und damit ist alles gesagt, was man über diesen unnachahmlichen Humoristen sagen kann.«

»Man lacht und lacht, um sich insgeheim zu fragen, ob hier der Unsinn nicht bereits jene Grenze überschritten hat, wo er wieder zur wüsten Weisheit wird. Rückt dieser Komiker, ohne daß er und sein dankbares Publikum sich darüber klar sind, nicht unmerklich in jene Zone, in der Ringelnatz und Morgenstern daheim waren? Ja, sollte man ihm nicht jetzt in Mölln zur Till-Eulenspiegel-Feier das Groß-Kreuz der Narren überreichen? Wahrscheinlich hätte er es verdient.«

»Dann kam das, worauf die vielen Kabarett-Besucher warteten: Heinz Erhardt. Er arbeitet im Miniaturbereich der Pointen, gibt sich als Tölpel und erschüttert durch seine sparsame Mimik jeden kritischen Ernst. Kleine Philosophien des Alltags, Wellenspritzer aus der Klassik werden bei ihm zu lärmenden Kaskaden des Erfolges. Ein merkwürdiger Kauz auf der Bühne, aber ein Künstler von hohen Graden.«

»Heinz Erhardt zog uns so schon beinahe das Zwerchfell über die Ohren. Man schüttet sich aus vor Lachen und merkt dabei, wie dieser treffliche Komiker in der Possenhaftigkeit seiner Mimik und Einfälle ebensoviel philosophisches Lächeln und – Romantik verbirgt. Das gewinnt ihm die Herzen.«

»Man spürt eben, daß ihm, Heinz Erhardt, neben viel Geist jenes nicht zu erwerbende Etwas von Gott geschenkt wurde, dessen Größe gerade für die Vertreter der heiteren Kunst unbedingte Voraussetzung ist, sobald sie ins Weite wirken wollen, ein warmes und mitfühlendes Herz.«

»Heinz Erhardt ist ein Naturtalent der gut gespielten Verlegenheit. Und wie er aus einem reinen Nichts, nämlich ob er von der einen oder anderen Seite seinen Auftritt hat, eine Komödie macht, das ist ein großer Genuß.«

»Allmählich wird es eine Bildungslücke, wenn man nicht wenigstens einmal Heinz Erhardt gesehen hat.«

»Erhardt stellt Worte um, deren Sinngehalt sich berühren und zugleich widersprechen, bringt Vergleiche, die sich gegenseitig auffressen, er schaut gleichsam in die Welt mit umgekehrtem Fernrohr hinein. Was da ursprünglich ganz groß erscheint, wird dann klein, nicht häßlich – aber niedlich.«

»Woher bezieht die Lokomotive Erhardt ihre Kraft? Er sagt es so: ›Sie ahnen nicht, wie glücklich es mich macht, Leute wenigstens einmal für eineinhalb Stunden lachen zu lassen. Ich glaube, Komiker und Clowns haben die schönste Aufgabe im Leben. Und wenn mich dann eine Sechsjährige auf der Straße anspricht und sagt ›Ich möchte, daß du mein Papi bist‹, dann könnte ich vor Glück dem Kind die Luft ausdrücken, daß ich nicht nur eine bestimmte Gruppe, eine bestimmte Generation anspreche, sondern alle. Die großen Familien, die mit Opa und mit den Kindern kommen und zusammenbleiben können, das finde ich so schön – ich kann gar nicht sagen, wie sehr!‹«

»Kennt ihn der durchschnittliche Hörer vom Radio, vom Fernsehen, vom Theater, weiß er, daß dieser Heinz Erhardt ein erschütternder Menschendarsteller sein kann und ein großer Tragiker würde, wenn seine Popularität, die ihn verkennt, und auf einen Sonder-Komiker-Typ festlegt, es zuließe. Alles aber, was er gibt, kommt aus einem erwärmenden, humanen Bereiche. Zeit ist es, diesen Mann endlich recht zu erkennen, was er sowohl an Zusätzlichem wie Eigentlichem noch geben könnte. Er ist nicht nur ein Lach-Industrieller!«

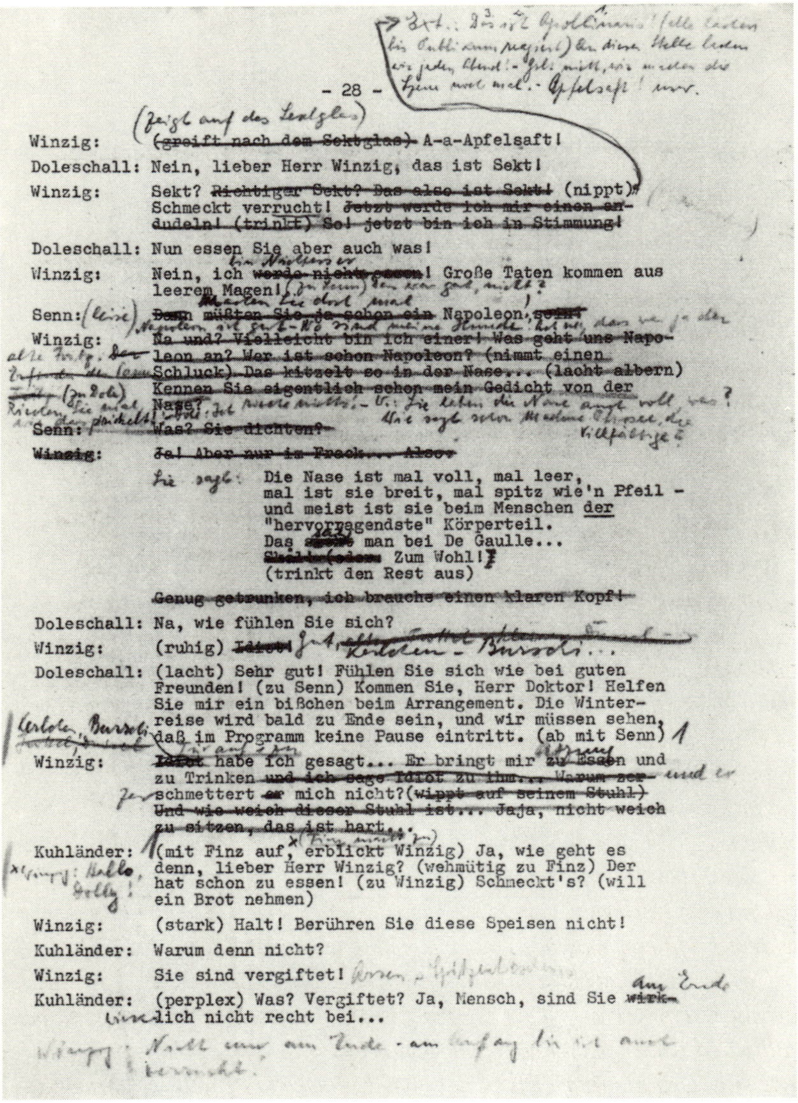

\- 28 -

Winzig: (greift nach dem Sektglas) A-a-Apfelsaft!

Doleschall: Nein, lieber Herr Winzig, das ist Sekt!

Winzig: Sekt? Richtiger Sekt? Das also ist Sekt! (nippt) Schmeckt verrucht! Jetzt werde ich mir einen andudeln! (trinkt) So! jetzt bin ich in Stimmung!

Doleschall: Nun essen Sie aber auch was!

Winzig: Nein, ich werde nicht essen! Große Taten kommen aus leerem Magen!

Senn: Dann müßten Sie ja schon ein Napoleon sein!

Winzig: Na und? Vielleicht bin ich einer! Was geht uns Napoleon an? Wer ist schon Napoleon? (nimmt einen Schluck) Das kitzelt so in der Nase... (lacht albern) Kennen Sie eigentlich schon mein Gedicht von der Nase?

Senn: Was? Sie dichten?

Winzig: Ja! Aber nur im Frack... Also:

Die Nase ist mal voll, mal leer,
mal ist sie breit, mal spitz wie'n Pfeil -
und meist ist sie beim Menschen der
"hervorragendste" Körperteil.
Das sieht man bei De Gaulle...
Skål! (oder: Zum Wohl!)
(trinkt den Rest aus)

Genug getrunken, ich brauche einen klaren Kopf!

Doleschall: Na, wie fühlen Sie sich?

Winzig: (ruhig) Idiot!

Doleschall: (lacht) Sehr gut! Fühlen Sie sich wie bei guten Freunden! (zu Senn) Kommen Sie, Herr Doktor! Helfen Sie mir ein bißchen beim Arrangement. Die Winterreise wird bald zu Ende sein, und wir müssen sehen, daß im Programm keine Pause eintritt. (ab mit Senn)

Winzig: Idiot habe ich gesagt... Er bringt mir zu Essen und zu Trinken und ich sage Idiot zu ihm... Warum zerschmettert er mich nicht? (wippt auf seinem Stuhl) Und wie weich dieser Stuhl ist... Jaja, nicht weich zu sitzen, das ist hart...

Kuhländer: (mit Finz auf, erblickt Winzig) Ja, wie geht es denn, lieber Herr Winzig? (wehmütig zu Finz) Der hat schon zu essen! (zu Winzig) Schmeckt's? (will ein Brot nehmen)

Winzig: (stark) Halt! Berühren Sie diese Speisen nicht!

Kuhländer: Warum denn nicht?

Winzig: Sie sind vergiftet!

Kuhländer: (perplex) Was? Vergiftet? Ja, Mensch, sind Sie wirklich nicht recht bei...

Handschriftliche Manuskriptbearbeitung

Gag im Atelier –
Erhardt über »die ernste Kunst des heiteren Lachens«

»›Ich bin voller Bewunderung für Chaplins Gags von Anno dunnemals. Ich freue mich besonders, wenn mein Film an die alte Stummfilm-Tradition anknüpft, weil doch sonst der lachträchtige Gag heutzutage nicht mehr so ernsthaft gepflegt wird wie einst. Man bedenke: In Stummfilm-Zeiten waren, wenn Chaplin, Buster Keaton oder Harold Lloyd ihre Späße trieben, im Atelier stets sogenannte Gag-men anwesend, und zwar jeweils mehrere. Sie waren ausschließlich dazu da, während der Aufnahmen Gags zu produzieren, Einfälle zu haben, die die Szene urkomisch bereicherten. Sie erfanden ihre grotesken Bild-Pointen nicht am Schreibtisch, sondern in der Unmittelbarkeit der lebendigen Praxis.‹

›Und wie steht es bei Ihnen, Herr Erhardt, mit der Improvisation?‹ wollte jemand aus dem Produktionsstab wissen.

›Wenn es der Produzent erlaubt, der Autor nichts dagegen hat und der Regisseur es gern sieht‹, gab Heinz Erhardt zur Antwort, ›ändere ich meinen Text oft um und ab. Ich schneidere mir die Sätze dann gewissermaßen auf den Leib. Manche meinen, daß meine Jonglierkünste mit der Sprache der Lebendigkeit eines Dialogs dienlich sind. Denn meine Stärke ist nicht in erster Linie das Optische, der bildliche Gag, sondern die Wortpointe. Meine Art ist es unter anderem, bestehende Redewendungen aus dem Alltag so zu verdrehen und neu zu kombinieren, daß daraus groteske Wirkungen entspringen. Ein Beispiel etwa: Wer den Schaden hat, spottet jeder Beschreibung. Oder: Lieber eine tote Erbtante mit viel Geld im Haus als eine Taube auf dem Dach.‹

›Und was geschieht‹, lautete die letzte Frage an Heinz Erhardt, ›wenn nun mehrere profilierte Komiker in einem Film zusammen spielen?‹

›Das ist eine Katastrophe. Ich denke da an den Film ›KAUF DIR EINEN BUNTEN LUFTBALLON‹. *Die Kollegen Oscar Sima, Walter Gross, Gunther Phillip und Ruth Stephan waren mit von der Partie. Eine Bombenbesetzung, sagte sich der Produzent, dabei muß was herauskommen. Die Wahrheit: Jeder von uns hatte vor des anderen Improvisation solche Angst, daß der Einzelne ganz brav seinen Part herunterspielte. Nichts von komischen Improvisa-*

tionen und überschäumendem Komödiantentum. Ja, und das, finde ich, war ein echter Gag. Denn was bedeutet GAG, nimmt man's buchstabengetreu? Natürlich: Gut aber gefährlich.‹«

Gunther Phillip hat mit Heinz Erhardt oft vor der Kamera gestanden, er erinnert sich an »Erhardtsche« Spezialitäten:

»Von insgesamt sechs gemeinsamen Filmarbeiten her kenne ich Heinz Erhardt als hochgeschätzten Kollegen. Unsere Lebenswege verliefen divergent, wo sie sich kreuzten, führten uns berufliche Aufgaben zusammen.

Den Namen kannte ich natürlich seit den späteren 40er Jahren, ich selbst gestaltete immer wieder auch Bunte Abende und stieß so auch hier und da auf Plakate und Ankündigungen mit dem Namen Heinz Erhardt. In dieser Zeit war es wohl auch schon mal zu einer allerdings sehr kurzen Begegnung gekommen, ein flüchtiges Kommen und Gehen von vielbeschäftigten Kollegen, es mag in Bad Mergentheim gewesen sein.

Im Jahre 1950 standen wir dann im ersten gemeinsamen Film vor der Kamera unter der Regie von Kurt Meisel, Erhardt noch in einer kleinen Nebenrolle mit komischen Einlagen – »LIEBE AUF EIS« *hieß der Film, später auch* »MÄNNER UM ANGELIKA«, *eine Liebes- und Eishockeygeschichte.*

Erst zehn Jahre später, in den 60er Jahren, folgten dann insgesamt noch fünf gemeinsame Filme, kurze aber intensive und herzliche Begegnungen bei den Dreharbeiten zu KAUF DIR EINEN BUNTEN LUFTBALLON *(1960),* ACH EGON *(1961),* DIE GROSSE KÜR *(1964),* OTTO IST AUF FRAUEN SCHARF *(1968) und* CHARLEYS ONKEL *(1969).*

Heinz Erhardt war, wenn auch kein gelernter Schauspieler, so doch in so hohem Maße professionell, daß er die Zusammenarbeit mit Regie und Kollegen immer förderte und auf seine Art befruchtete, ohne seine Eigenarten, seinen humoristischen, komödiantischen Eigensinn zu vertun. So kannte man seine Leidenschaft zur Improvisation wohl allgemein vom Theater her. Aber auch bei uns, beim Film, hat er diese Späße kultiviert, schelmisch hob er sich gezielte Improvisationen auf. Ich erinnere mich an eine Szene, er spielte hier mit Grethe Weiser und hatte zu sagen: ›Das habe ich sofort gespürt – instinktiv!‹ Bei allen Trocken-Proben ohne Kamera hielt er sich streng an das Manuskript, wiederholte texttreu diverse Male seinen Satz. Dann, bei offener Kamera, in der Aufnahme wurde plötzlich daraus etwas wie . . . stinketedief –

Walter Groß, Gunther Phillip, Heinz Erhardt

großer Lacher im Filmteam, nur die Grethe Weiser war ein wenig verstimmt. Zwischen Leuten, die mit Komik arbeiten, entstehen im allgemeinen nur zu leicht Spannungen, denn gezielt gesetzte Pointen erfordern höchste innere Konzentration. Doch übelnehmen konnte dem Heinz Erhardt so etwas gewiß niemand. Er war halt ein echter Komödiant.

Für mich ganz persönlich war die Zusammenarbeit mit ihm immer ein besonderer Genuß, nicht selten mußte ich mich regelrecht zusammenreißen, um nicht vor der Kamera laut loszulachen. Erhardts Humor und Heiterkeit waren faszinierend.

Andererseits konnte er auf seine Art auch zutiefst rühren.

Es war in Hamburg, wir drehten auf der Reeperbahn, wo er wohl aufgrund von Überarbeitung einen leichten Schwächeanfall erlitt. Nebenher spielte er nämlich noch Theater, und ich besuchte also eine seiner Vorstellungen in der »Kleinen Komödie«. Er spielte einen kleinen Jedermann, der durch allerlei

Verwechslungen für eine Nacht quasi König wird. Am Ende fliegt der Schwindel natürlich auf, und er wird wieder, wer er war, der Jeder Jedermann. Wie rührend hat er seine Rückkehr in die alltägliche Wirklichkeit gespielt, so beseelt sein Erwachen aus dem schönen Traum, daß es richtiggehend ergriffen hat!

Die Filmkunst ist bekanntlich vor allem eine Kunst des Wartens. Schauspieler warten auf Techniker, Techniker warten auf Schauspieler, ein vielschichtiges Räderwerk mit Zwangspausen für alle Mitwirkenden, wo Szenen eingerichtet, Filmcassetten gewechselt werden. Heinz Erhardt hat auch in diesen Situationen immer auf die charmanteste Weise zur Unterhaltung beigetragen, nie lautstark, nie plump. Immer hatte er seine typischen, humorigen Assoziationen parat, komischste Kombinationen, witzige Verdrehungen, nie Witze. Er hatte in dem Sinne ja kein Repertoire, seine Kunst lebte von seinen aktuellen Einfällen zur jeweiligen aktuellen Situation.

Seine Themen bezog er dabei immer mehr aus der Welt des Mannes von der Straße, aus den kleinen Mißgeschicken und Peinlichkeiten des Lebens, die jeder kennt. So spielte er auch in seinen Filmen im Grunde immer die gleiche Type in wechselnder Gestalt: den kleinen – weder geistig noch körperlich klein! – Alltagsmenschen mit all seinen liebenswerten Eigenarten, seiner Schusseligkeit, seiner Verlegenheit, rührenden Hilflosigkeit, schelmischen Schlagfertigkeit.

So war der typische Heinz-Erhardt-Humor nie zeitbezogen, nie in diesem Sinne aktuell, und er traf doch jeden auf seine Art. Außer auf Mißgeschick und Verdrehung basierte er vor allem auf einem enormen Assoziationsvermögen. Erhardt hatte die großartige Fähigkeit, wahre Kettenreaktionen von Assoziationen auszulösen. Hatte ein Wort zwei Bedeutungen, er verwendete gezielt erst einmal die falsche, Bedeutung A., pointiert, um den vermeintlichen Fehler sogleich vermeintlich zu verbessern. Es folgte als doppelte Pointe die Wortbedeutung B., C. usf. und so entstanden beispiellos komische Wirkungen.

Erhardts einzigartiger Erfolg erklärt sich aus der Zeit heraus, aus der Stimmung der Nachkriegs- und Aufbaujahre in Deutschland, einem endemischen Erlösungsprozeß gleich, als die Menschen erlöst waren von der politischen Situation und den Schrecken des Krieges. Man konnte wieder frei reden und la-

chen, die Unbeschwertheit kehrte zurück. Hier konnte sich Heinz Erhardts humoristische Kunst beispiellos entfalten, hier wurde er ein unvergessenes ›Centrum humoris‹.«

Auch Reiner Brönneke, der mit Erhardt Theater spielte, blickt hinter die Kulissen der Erhardtschen Komik:

»Erhardt besaß eine schlitzohrige Biederkeit, mit der sich das Publikum identifizieren konnte. Wenn er seine Fehler machte, machte ihn das menschlich und sympathisch. Die Hilflosigkeit, die sich auch in den Versen findet, nimmt für den Mann ein. Da steckt ja Naivität drin, so in der Richtung ›O Gott, ich bin ein Dichter‹. Das hat Erhardts Charme ausgemacht, diese Biederkeit hat er nie abgelegt. Das Publikum konnte denken ›Das ist einer von uns. Der ist wie du und ich‹. Erhardt machte auf der Bühne fast nie politische Anspielungen. Ganz selten nahm er mal Bezug auf aktuelles Tagesgeschehen, aber dann auch nur, wenn es sich um Wortspiele handelte, z.B. über die ›Konzertierte Aktion‹. Er sagte jedoch nie seine politische Meinung, schon gar nicht wurde er sarkastisch. Der Mann war einfach witzig. Es war purer, zeitloser Humor. Da denkst du nicht lange darüber nach, ob das nun vielleicht gerade eine etwas flache Pointe war. Das ist einfach gut gespielt, und die Körpersprache ist komisch.«

Auf Verbeugungstournee

Von Platz 17 auf Platz 1 – Heinz Erhardts Filmkarriere

Wer weiß: Wäre eine ehrgeizige Kollegin nicht gewesen, wäre uns vielleicht ein großes Glück auf Zelluloid entgangen. Heinz Erhardt beschrieb es so:

»Kaum hatte ich das zarte Alter von 46 erreicht, als man mich auch schon entdeckte – und zwar auf einer winzigen Bühne in einem witzigen Stück. Das Publikum scharte sich in Scharen um das Geschehen, aber, wie ich später erfuhr, weniger meinetwegen, als wegen einer bedeutend jüngeren Kollegin, die es meisterhaft verstand, ihre Rolle vor allem zu verkörpern! Hauptsächlich die Filmproduzenten, die ja immer auf der Jagd nach jungen Talenten – besonders, wenn sie weiblichen Geschlechts sind – sind, eilten in rauhen Massen herbei, um den Maßen der Künstlerin nachzuspüren . . . schließlich aber kam einer dieser Herren nicht nur ins Theater, sondern auch auf die Idee, daß eigentlich ich den Maßen der Breitwand eher entspräche!

Also – und das spricht für den Fachmann! – bot er mir für ein Filmvorhaben, das nach einem Drama eines gewissen Franz Grillparzer gedreht werden sollte, eine der Hauptrollen an mit der Bemerkung, er habe an den Autor wegen der Vergebung der Filmrechte bereits geschrieben . . . ›Vergebung‹, sagte ich, ›aber Grillparzer ist meines Wissens seit langem tot!‹

›Oh‹, meinte der Produzent, ›deshalb hat er wohl auch nicht geantwortet!‹«

Im Jahre 1955 kam 3 TAGE MITTELARREST (Regie: Georg Jacoby) in die Kinos, eine Militär-Klamotte mit Heinz Erhardt an 17. Stelle der Stabliste. Er spielte den Schreiber Zippert und erschien auf keinem Bild des Programmhefts. Dafür tauchte er im Rahmen einer Werbe-Tournee durch die Kinos persönlich auf der Bühne auf und stimmte die Zuschauer vor Ausstrahlung des Films mit einigen Flapsigkeiten ein. Die Kino-Anzeigen in der Tagespresse warben mit der Attraktion:

»Heinz Erhardt persönlich zu allen Vorstellungen anwesend« und
»Heute 17 Uhr und 20 Uhr Heinz Erhardt persönlich auf der Bühne«.

Erhardts persönlicher Einsatz änderte nichts an der Tatsache, daß der Film vernichtende Kritiken erhielt. Doch machten die Kritiker eine Ausnahme:

»Über die Story, die ein verstaubtes wilhelminisches Kasernen-Leben als Anlaß nahm, braucht kein Wort verloren zu werden. Die Gags sind uralt . . . Klamauk setzt etwa zur Hälfte des Streifens massiv ein . . . Nett ist allenfalls Heinz Erhardt mit seinen Schnoddrigkeiten.«

Ein Jahr später rückte Heinz Erhardt auf Platz 11 der Besetzungsliste vor. Wieder eine Komödie: ICH UND MEINE SCHWIEGERSÖHNE, und wieder hieß der Regisseur Georg Jacoby. Die Hauptrollen spielten Grethe Weiser, Walter Giller, Rudolf Platte und Bibi Johns. Erhardt trat als Nervenarzt »Mindermann« so verkleidet auf wie nie wieder in einem Film. Kinnbart, buschige Augenbrauen von der Art, wie sie die Bösewichter in den Stummfilmen trugen, und mit der Berufskrankheit aller Nervenärzte in deutschen Komödien geschlagen: Er hatte nicht alle Tassen im Schrank. Produzent des Films war die Real-Film von Gyula Trebitsch, der sich erinnert:

»Heinz Erhardt war immer ein gern gesehenes Allround-Talent in unseren damaligen Real-Film-Ateliers. Er hat uns nicht nur mit seinem Verstand, sondern insbesondere mit seiner Herzlichkeit immer wieder beeindruckt. Wir haben mit ihm herrliche Stunden verbracht, wenn er in den Drehpausen seine fesselnden Geschichten erzählte.«

Im gleichen Jahr 1956 folgte die Komödie DIE GESTOHLENE HOSE in der Regie von Lustspiel-Altmeister Geza von Cziffra. Heinz Erhardt rutschte als »Ferdinand Kofler, Diener« auf Platz 8 der Besetzungsliste hinauf. Hier tauchten zum ersten Mal Film-Bilder von Erhardt auf, die im Gedächtnis blieben, die in ihrer kompletten Albernheit innerhalb des dünnblütigen Film-Plots quasi außer Konkurrenz liefen: Wie Erhardt qualm- und rußgeplagt über dem Kamin hängt, das ist schon eine Wiederholung wert.

Immer noch 1956, und es erschien bereits der dritte Kinofilm mit Heinz Erhardt. MÄDCHEN MIT SCHWACHEM GEDÄCHTNIS (Regie: Geza von Cziffra) sah ihn diesmal auf Platz 5 der Besetzungsliste. Er gab den pfiffigen Pressefotografen Albert und rief die gleichen Reaktio-

DIE GESTOHLENE HOSE, 1956

nen hervor wie die Film-Vorgänger: Die Filme waren Dutzendware, die Auftritte von Heinz Erhardt kleine Leuchtfeuer:

»Famoser Heinz Erhardt, der durch seine Wort-Eskapaden nach wie vor auch die sommerlichen Gemüter zum herzwarmen Lachen bringt. Er ist ein Komiker, dem es aus der Nonchalance kommt und der etwas von der Werner Finckschen geistreichen Wortverdrehung mitbringt. Es ist, wenn er auf der Leinwand erscheint, ein Lächeln und Lachen ohne Ende.«

Der vierte Film und immer noch 1956. Heinz Erhardt spielte eine Mini-Rolle als ›Resi‹-Direktor in einem Film mit dem merkwürdigen Titel II-A IN BERLIN (mit dem schon deutlicheren Untertitel DREI BAYERN AN DER SPREE). Diejenigen, die diesen Film jemals gesehen haben, berichten mit vor Entsetzen gesträubten Nackenhaaren von den Abenteuern weißblauer Mannsbilder (darunter Beppo Brehm) in Berlin. Der Film kam irgendwann abhanden, seitdem ist er verschollen.

Heinz Erhardt war nun seit fast einem Jahrzehnt ein berühmter Hörfunk-Mann und aufgrund seiner zahlreichen Tourneen mit Theaterstücken und »Bunten Abenden« einer der populärsten deutschen Unterhaltungskünstler. Die Logik des Filmgeschäfts schrie nach Hauptrollen für Erhardt. DER MÜDE THEODOR war die erste. Vorbei war für Fans die lange Zeit des Wartens im Kino, weil Erhardt nur alle zehn Minuten für einen Mini-Auftritt auf der Leinwand erschien. Nun war er ein Held, drehte in drei Jahren (1957-59) acht Filme und spielte darin fünfmal die Titelrolle.

Es lohnte sich für Erhardt, der sich stets mit Hilfe eines Ausschnittdienstes über die Resonanz seiner Filme und Auftritte informierte, die Kritiken genau zu lesen. Denn nun mußte es sich zeigen, ob er überhaupt imstande war, einen kompletten Film zu tragen. Unermüdlich reiste er durch die Bundesrepublik:

»Heinz Erhardt, der Mann mit dem heitersten Mundwerk und der Breitwand-füllenden Komik, serviert das große Lachen persönlich heute in den Vorstellungen 15.30, 18.00, 20.30 Uhr.«

Und solche Kritiken flatterten dem frischgebackenen Hauptdarsteller auf den häuslichen Schreibtisch:

Dreharbeiten zu DER MÜDE THEODOR, 1957

»Dieser neue deutsche Lustspielfilm zeichnet sich vor anderen dadurch aus, daß die Hauptrolle mit einem Schauspieler besetzt wurde, der unter Humor nicht nur Klamauk versteht, sondern einen ganzen Film über sympathische Menschlichkeit auszustrahlen vermag. Heinz Erhardt beweist damit, daß er nicht nur Gelegenheitskomiker ist, sondern Talente besitzt, die ihn über den Durchschnitt der deutschen Filmspaßmacher hinausheben. Ihm ist es zu verdanken, daß der im Drehbuch keineswegs sehr starke Film zu einer recht ordentlichen Unterhaltung wurde.«

»Es ist fast ein Wunder. Nach unzähligen albernen Schwänken und Klamaukiaden ist dieser wirklich komische und herzerfrischend humorvolle Heinz-Erhardt-Film wie ein warmer Regen, der über der Wüste der deutschen Lustspiel-Einfallslosigkeit niedergeht. Das ist ein Geschenk, das gar nicht hoch genug eingeschätzt werden kann ... Die Überraschung aber ist zweifellos Heinz Erhardt selbst. Hier hat eine wirkliche Lustspiel-Begabung endlich ihre filmgemäße Ausdrucksform gefunden. Hier wurde ein neuer Filmkomiker und ein neuer Publikumsliebling entdeckt.«

Das war die Basis, auf der flugs der nächste Film unter der Regie von Erich Engels abgedreht wurde: WITWER MIT 5 TÖCHTERN, bis heute einer der beliebtesten Erhardt-Filme. Erhardt spielte als ständig überforderter Vater einer Handvoll munteren weiblichen Nachwuchses (Susanne Cramer, Vera Tschechowa, Angelika Meissner, Christine Kaufmann, Elke Aberle) eine Rolle, die ihm die Sympathien der Zuschauer zutrug. Wenn einer alles gleichzeitig überzeugend darzustellen vermochte: Herzensgüte, cholerische Ader, Verlegenheit, schräge Strenge, Sentimentalität – dann ergab das eine runde (in Erhardts Fall: rundliche) Filmfigur, die es im Leben nicht geben konnte, weil sie im Leben nach spätestens 14 Tagen ausgefallen wäre.

Zum ersten Mal sang Erhardt hier ein selbst komponiertes Lied.

Schlafe ein, mein Schätzchen!
Schlafe ein, mein Schätzchen,
und träum' von einem Kätzchen,
von Püppchen, bunten Steinchen.

WITWER MIT FÜNF TÖCHTERN, 1957

schlaf' ein, schlaf' einchen!
Schlafe ein, mein Mädchen,
ein Engel geht durchs Städtchen,
ganz leis', auf nackten Beinchen,
schlaf' ein, schlaf' einchen!
Während nun der gute Mond am Himmel lacht,
sitzt dein Pappi hier am Bettchen und bewacht
dich, mein kleines Schätzchen.
Jetzt schlafen schon die Kätzchen,
die Püppchen und die Steinchen –
schlaf' ein, schlaf' einchen!

Eine regelrechte ›Familien-Welle‹ packte den deutschen Spielfilm. Heinz Erhardt wurde ulkiger Papa vom Dienst.

»Immer lerne ich jetzt im Atelier immer neue Kinder von mir kennen«, so witzelte er, nachdem ihn Bild-Leser zum Film-Papa gewählt hatten. Das Groschen-Blatt hatte zur Abstimmung aufgerufen: ›Die Leser sollen sich für Art, Inhalt und Besetzung eines Films entscheiden!‹ Reisegewinne winkten und Geldpreise: *»Bild-Leser drehen einen Film«.*

Heinz Erhard und Camilla Spira hieß des Lesers Traumpaar. *»Eine Alltagsgeschichte mit einer kinderreichen Familie«* sollte der Stoff sein, aus dem der Traum Filmwirklichkeit wurde.

In »VATER, MUTTER UND 9 KINDER« (Regie: Erich Engels) spielte Erhardt den Familienvater und Bäckermeister Friedrich Schiller.

Ein Mißgeschick bei den Dreharbeiten im niedersächsischen Einbeck: Erhardt setzte sich auf seine Brille. Ein Erhardt-Fan und Optiker behob den Schaden im Handumdrehen, im Gegenzug erhielt er einen Werbespruch gratis:

TRAGEN SIE IHRE BRILLE MIT FASSUNG
ABER NUR VON OPTIKER LÜBKE!

Mit dem Familienfilm entdeckten quicke Filmrezensenten des Wirtschaftswunders den »Familien-Humor«. Immerhin hatte das brave

Wir sind gut angekommen
in Braunschweig
„Zu Ihrem neuen Familienfilm mit Haushaltungsvorstand Heinz Erhardt gratulieren wir Ihnen herzlichst. Jede Publikumswirkung — mal spontanes Lachen, mal tiefe Rührung — sind für uns eine reine Freude. Solche Erfolge brauchen wir. Gehen in die
3. WOCHE Regina Filmtheater, Braunschweig"
in Dortmund
„Heinz Erhardt brachte mit Vater, Mutter und neun Kindern in den ersten drei Tagen über 8000 begeisterte Dortmunder auf die Beine. Herzlichen Glückwunsch!
Capitol, Dortmund"
in Göttingen
„Vater, Mutter und 9 Kinder auf der einen Seite und mein Publikum auf der anderen bilden in jeder Vorstellung eine große, gemeinsam glückliche Familie. Prolongieren mit herzlichen Glückwünschen
3. WOCHE Heidelberg, Göttingen, Eden-Theater"
in Pforzheim
„Genau 1580 Besucher waren am gestrigen Starttag Ihres Films ‚Vater, Mutter und 9 Kinder' ehrlich begeistert. Der großartig eingesetzte Vorverkauf läßt eine lange Laufzeit erwarten. Ein schöner Abschluß des alten Jahres, ein guter Start für 1959.
Kurt Geiger, Rex, Pforzheim"
in Aachen Gloria
Augsburg Tivoli
Bremerhaven Capitol u. Admiral
Essen UFA-Palast
Flensburg Colosseum
Frankfurt Alemannia
Hamburg Barke
2. WOCHE
in Krefeld Seidenfaden
München Karlstor
Oberhausen Apollo
Offenbach Arion und Palast
Osnabrück Ritz und Roxy
Rosenheim Filmpalast
Trier Römertor
Produktion und Verleih: DEUTSCHE FILM HANSA
VATER MUTTER UND 9 KINDER
DFH

Bürgervolk mit seiner Jugend so seine Probleme, die »Halbstarken« schlugen mit ihrem Rock'n'Roll gehörig aus der Art. Randale und Familienzoff waren an der Tagesordnung. Grund genug für die Presse ›Vater, Mutter und neun Kinder‹ zum Anlaß für einen ›ernst-nachdenklichen Beitrag‹ zu nehmen:

»Sehr energisch, aber auch humorvoll und gütig schwingt Heinz Erhardt das Familien-Zepter in dem heiter-besinnlichen Film, in dem Camilla Spira seine Ehegefährtin ist. Und beide vertreten hier als das Bäckermeister-Ehepaar in einer Kleinstadt Erziehungsgrundsätze, die manchem Elternpaar von heute als Beispiel dienen könnten – ›Eure Eltern sind immer für euch da!‹«

Die Bundespost half bei der Verbreitung der edlen Erziehungsgrundsätze mit einem Sonder-Stempel. Im Stempeltext fehlt der Name Heinz Erhardt nicht.

»Unser Familienminister«, so der Berliner Tagesspiegel, »müßte pure Freude an soviel Kinderglück und häuslichem Sonnenschein haben.«

Ja, so liebten es die Deutschen. Das war perfekte heile Welt, dargeboten von einem Schauspieler, dem man sie gern abnahm.

M9K/27

Vater spielen . . .

Vater sein.

Vater, Mutter und vier Kinder

Vater spielen, Vater sein –
»Papi« Erhardt im richtigen Leben

Wann immer Zeitungsreporter Heinz Erhardt in Hamburg besuchten, erschien der prominente Vater später auf Bildern im Kreise seiner artigen, sorgfältig frisierten und gekleideten Sprößlinge. Es bedurfte keiner besonderen Phantasie, um sich Erhardt als liebevollen Vater vorzustellen, dem Herrschsucht und autoritäres Verhalten fehlten, der verständnisvoll auf Sorgen und Wünsche seiner Kinder einzugehen vermochte. Dieser Mann schrieb 1969 in sein Tagebuch:

»Mal was ganz privates. Ich bin ein schlechter Vater gewesen. Nie habe ich mich um meine vier prächtigen Kinder gekümmert. Was muß mein Zippchen gelitten haben . . . Nun bin ich ein noch schlechterer Großvater – oder Gropi, wie man mich nennt! Ein Wunder, daß meine Enkel immer sagen, wie lieb sie mich haben. Ich habe direkt ein ganz schlechtes Gewissen! Viele sagen, ich sei der Prototyp eines vorbildlichen Familienoberhauptes! Dabei bin ich ein ganz mieses! Armes Zipp!!!«

Eine momentane Deprimiertheit oder gnadenloses Bilanz-Ziehen kurz nach dem 60. Geburtstag? Wie war Heinz Erhardt als Vater? Die Kinder geben Auskunft. Tochter Grit:

»Wenn meine Eltern zwischen den vielen Tourneen zu Hause waren, haben wir Kinder natürlich auf meinen Vater Rücksicht genommen. Wenn er sich ans Klavier setzte, standen wir alle hinter der Tür und hörten zu. Die Unruhe, die vier Kinder zu Hause mit sich bringen, die mochte er gern. Er konnte sich zwar was Schöneres vorstellen, als über seinen Schreibtisch krabbelnde Kinder. Und wenn er arbeitete, durften wir auch nicht auf seinem Schoß sitzen. Aber diese allgemeine Familien-Unruhe drumrum, die hat ihn überhaupt nicht gestört. Das mochte er gerne.

Ich habe meinen Vater nie gereizt oder nervös erlebt. Unmittelbar vorm Auftritt hatte er Lampenfieber, das war die Ausnahme.

Mein Vater war auch nie böse. Er hat nie geschimpft. Das hat meine Mutter gemacht. Er hat die Kindererziehung und die häusliche Organisation total meiner Mutter überlassen. Wie sie es machte, fand er es richtig. Ich glaube, meine Mutter war sehr froh, daß mein Vater sich nicht einmischte. Das kann ja ein Problem mit den Kindern geben, wenn sich beide Eltern uneins sind. Und erst recht, wenn einer lange Zeit nicht zu Hause war und nun vielleicht meint, er müsse einiges nachholen.

Mein Vater konnte mit kleinen Kindern überhaupt nichts anfangen. Dabei sind kleine Kinder ihm nachgerannt – bis aufs Klo. Das habe ich bei meinen Kindern erlebt. Sie hingen ihm am Hals, waren wie besessen von dem Mann. Aber er hatte Angst. Solange er mit ihnen nicht vernünftig reden konnte, hatte er Hemmungen. Herumalbern, spielen oder sich in einer Kindersprache, einer albernen Sprache ausdrücken, das war nicht drin. Wenn man in die Schule kam und anfing zu schreiben, dann ging das schon. Ich glaube, meine Mutter hat ein bißchen unter dieser Unfähigkeit meines Vaters gelitten. Aber es war nicht etwa Lieblosigkeit. Es waren Hemmungen. Er wußte einfach nicht, wie er sich verhalten sollte.

Uns Kindern hat es sehr gefallen, einen berühmten Vater zu haben. Wir wurden oft in der Schule und draußen darauf angesprochen. Damit lebte sich sehr gut, wir waren stolz auf unseren Vater. Wir haben nicht selber damit angegeben, aber so was spricht sich ja schnell herum. Ich habe immer gedacht: ›Wie komisch, daß die den alle kennen.‹ Es war ja damals nur Rundfunk. Ich habe mich gewundert, daß die Leute auch alles gehört haben, was im Radio lief.

Die Berühmtheit meines Vaters hatte für uns Kinder nichts Belastendes. Es war ja nichts Schlechtes, was er gemacht hat. Wenn er nun Politiker gewesen wäre . . . Es gab keinen Grund, über irgend etwas zu schimpfen. Ich war damals sehr stolz, und ich bin es eigentlich auch heute noch.«

Erhardt-Sohn Gero, früher Kameramann, arbeitet heute als Fernseh-Regisseur:

»Wenn ich mich mit Medien-Menschen unterhalte, geht es mir bis heute nicht selten so, daß ich auf meinen Vater angesprochen werde. Das geschieht nicht plump und aufdringlich. Man erkundigt sich, was ich mache, und versucht dann, über meine Herkunft etwas über meinen Vater zu erfahren. Für meinen beruflichen Werdegang war es eher hemmend, einen berühmten Vater zu haben. Ich fühlte mich unheimlich unter Druck gesetzt. Das läßt einen auch

Mit »Zippchen«

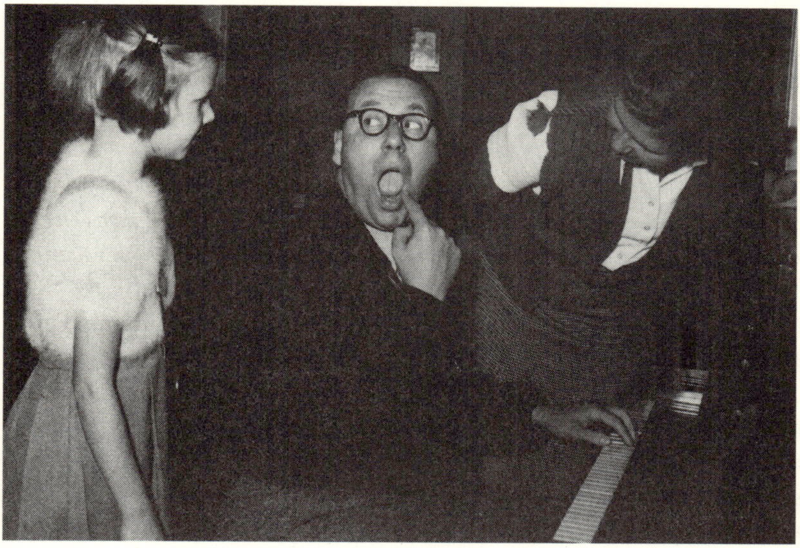

Zuhause

nicht los. Wenn mir mein Ausschnitt-Dienst Artikel zuschickt, in denen es um Filme von mir geht, steht oft in Klammern hinter meinem Namen: ›Der Sohn des berühmten Komikers . . .‹

Für mich war schon in meiner Schulzeit klar, daß ich mich von dieser übermächtigen Vaterfigur lösen muß und lösen will. Deshalb war für mich auch früh klar, daß ich nicht den Beruf des Schauspielers erlernen will, obwohl ich kurze Zeit Unterricht gehabt habe. Aber ich wollte mich freischaufeln. Ich wollte selbst was machen. Das ist mir dann auch sehr früh gelungen.

Der Sohn von Heinz Erhardt zu sein, ist für meine Seite der Arbeit als Regisseur eher hinderlich als förderlich. Du gibst ja keinem acht Millionen Mark für ein Riesen-Projekt in die Hand, nur weil er schöne Augen hat oder einen berühmten Namen.

Der Vater war für mich wegen seiner häufigen Abwesenheit stark reduziert. Ein normales Vater-Sohn-Verhältnis fand nicht statt. Ich sage das ohne Groll, weil ich selbst auch nicht anders verfahre. Das hat auch bei mir mit der Arbeit zu tun. Mein Vater war zu oft von zu Hause weg. Während der Schulzeit sind wir Kinder im Sommer auf seine Bädertourneen mitgefahren. Dieser sogenannte Urlaub bestand darin, daß wir eingepfercht im Auto jeden Tag 500 Kilometer fuhren, um am Abend im Kursaal von Bad Pyrmont seiner Veranstaltung beizuwohnen. Das war für uns damals eine große Gaudi. Aber im nachhinein . . . Was da in der Erinnerung als Höhepunkt hängenbleibt, das ist das Terrassen-Schwimmbad in Bad Kissingen, wo wir mit Conny Froboess und Lale Andersen schwimmen waren. Sonst blieb da nicht viel.

Er war nicht der Kumpel-Vater. Wir haben uns sehr gemocht, wenn wir zusammen waren. Aber wir wurden auch abgeschottet, weil er seine Zeit und seine Ruhe brauchte – auch zu Hause, wenn er seine kreative Phase hatte.

In der Schule und in der Nachbarschaft gab es keinen Neid, weil ich der Sohn von Heinz Erhardt war. Ich habe nur festgestellt, daß die anderen Kinder schon Kontakt gesucht haben, gerne mit uns befreundet sein wollten. Das hat ja auch beispielsweise die Autogramm-Wünsche erleichtert. Aber es war keine überkandidelte Sache. Ich habe nie gesagt, daß mein Vater Heinz Erhardt ist. Aber es dauerte nie lange, dann kam etwas in der Richtung: ›Sag mal, stimmt das, du bist der Sohn von . . .‹

Ich habe ihn natürlich nie verleugnet. Ich bin unheimlich stolz auf ihn. Ich bin einer seiner größten Fans. Aber wenn ich das sage, dann hat das was mit einer gewissen Distanz zu tun. Er ist eben nicht der Schulterklopf-Vater gewesen.

Wenn er nach langer Abwesenheit wieder zu Hause war, konnte er ja nicht einfach alles nachholen, was in den Wochen zu kurz gekommen war. Da war auch schlechtes Gewissen mit im Spiel. Er sagte zum Beispiel: ›Komm, jetzt gehen wir schick essen.‹ Dann stimmte es nicht, das war zu viel in zu kurzer Zeit. Wir gingen zu Lembke und aßen das große Mittelsteak, aßen Matjes; oder er ging mit uns in den Zirkus. – Ich kann das leider gut nachvollziehen, weil ich mich meinem Sohn gegenüber auch manches Mal so oder so ähnlich verhalten habe.

Wir Kinder entwickelten uns ja auch alle relativ problemlos. Mein Vater wußte zu wenig von den Problemen, die wir hatten. Uns hat eigentlich mehr meine Großmutter erzogen, sie war unser Bezugspunkt. Die Mutter war ja genauso selten da wie der Vater. Ende der 50er Jahre starb die Großmutter, dann war die Mutter häufiger da. Aber dann übernahm auch schon meine große Schwester viel Erziehungsarbeit.«

Camilla Spira war die Filmmutter im sonnigen Familienglück von VATER, MUTTER UND NEUN KINDER. Sie erinnert sich, wie sie ihren »Mustergatten« lange vor den Dreharbeiten kennengelernt hatte:

»Ich habe Heinz Erhardt kennengelernt, als er noch nicht berühmt war. Ich verbrachte meinen ersten Kur-Aufenthalt nach der Rückkehr aus der Emigration Ende der 40er Jahre in Bad Kissingen. Dort gibt es ein süßes Theater. Ein Bunter Nachmittag stand auf dem Programm. Alle gingen hin, weil man auf einer Kur froh ist, wenn eine Abwechslung ins Haus steht. Dort sah ich zum ersten Mal Rudi Schuricke. Und danach kam ein Mann auf die Bühne, der hieß Heinz Erhardt. Er kam raus: groß, sympathisch, schwerfällig, doof. Er ging bis zur Mitte der Bühne – und tat nichts. Er hatte eine Brille auf und guckte liebenswert-unbeholfen ins Publikum. Plötzlich piekte er sich mit dem Zeigefinger ins Auge, um es sauberzumachen. Er piekte mitten in die Brille, die keine Gläser hatte. Das war so überraschend und überwältigend, daß sofort der Kontakt mit dem Publikum da war. Alle lachten. Er gab seine Verse zum besten, es war ein reizender Abend.

1958 sollte ich dann mit Heinz Erhardt gemeinsam in VATER, MUTTER UND 9 KINDER *spielen. Da war er ja schon jemand, er stand häufig in den Zeitungen.*

Die Arbeit, die wir zusammen machten, war absolut freundschaftlich. Ich war sehr angetan von einem Kollegen, der mit solchem Spaß an seine Arbeit heranging. Erhardt war ein Mensch, der sein Hobby zum Beruf gemacht hatte. Er war liebenswürdig und aufgeschlossen. Die Arbeit mit ihm war eine reine Freude. Wir hatten beide so viel Spaß an unseren Rollen, daß wir mindestens so viel lachten wie das Publikum.

Wir hatten eine Szene, in der wir silberne Hochzeit feierten. Vor dem Haus stand eine Kapelle. Wir gingen oben ziemlich derangiert ans Fenster und winkten dem ›Volk‹, den Freunden vergnügt zu. Die Kamera zeigte uns dann von hinten im Zimmer. Da sah man, daß er keine Hose und ich keinen Rock trug. Wir waren nur obenrum fertig.

Wenn ich im Atelier war, herrschte immer gute Stimmung. Erhardt hatte keine Star-Allüren. Private Kontakte zu ihm hatte ich nicht. Ich bin überhaupt nicht neugierig. Wenn jemand nicht von sich aus erzählt, frage ich nicht.

Leute, die auf der Bühne wirklich komisch sind, sind es im Leben meist gar nicht und haben die Nase voll davon. Es gibt Kollegen, die mit Komik gar nichts am Hut haben. Die erzählen aber laufend Witze, daß man denkt: Nun soll er bitte endlich aufhören. Wenn man zehn Witze hintereinander erzählt, dann ist der zehnte eben schlecht. So war Heinz Erhardt gottseidank gar nicht. Heutzutage herrscht eine Überflutung mit Filmen und mit Fernsehen. Früher ist man – wenn's hoch kommt – einmal in der Woche ins Kino gegangen, nicht selten auch nur alle 14 Tage. Heute verlangt man vom Fernsehen, daß es jeden Abend wenigstens einen guten Film ausstrahlt. Wo soll der auf Dauer herkommen?«

In einer Nebenrolle wirkte in VATER, MUTTER UND 9 KINDER Reiner Brönneke mit. Er erinnert sich:

»Heinz Erhardt war uns durch seine Radioarbeit und seine ersten Filme allen ein Begriff. Als ich das Filmangebot kriegte, war ich sehr glücklich. Ich lernte ihn also bei den Dreharbeiten kennen. Erhardt zog sich von den Kollegen ziemlich zurück. Nach den Dreharbeiten war er sofort verschwunden. Möglichst nicht viel Rede und Antwort stehen, das war sein Ziel. Wahr-

scheinlich war ihm damals schon seine Popularität unangenehm. Erst wenn man abends zusammensaß, taute er ein bißchen auf. Für die jüngeren Kollegen war er damals ja ein Star, einer der ersten Humoristen in Deutschland. Und diese Kollegen hatten so eine Haltung ›Ach wie toll, das ist Heinz Erhardt. Mal sehen, was er jetzt macht. Mal sehen, ob er auch in der Freizeit den Spaßvogel spielt‹. Und genau das tat er nicht.

In meiner Firma haben wir einige Erhardt-Filme für die Video-Auswertung an die Hand gekriegt. Darunter war auch VATER, MUTTER UND 9 KINDER. *Den habe ich mir vor kurzem wieder angesehen. Es war schon eine sehr muntere Zeit damals, wir waren ein illustrer Haufen. Es gab in Göttingen ein Künstler-Gästehaus. Was sich da abspielte, das war so was von lustig. Es ist unglaublich, wenn ein Haufen Mimen aufeinanderhockt. Erhardt wohnte natürlich nicht in dem Haus. Wenn er aber am nächsten Morgen hörte, wenn die Kollegen alle mit Haarspitzen-Katarrh runtergeschlichen kamen, was dort wieder losgewesen war, dann saß er am nächsten Abend schon mal unter uns.«*

»Was ist das Deutsche Reichsgericht? Eisbein mit Sauerkraut« –

Die Filme der späten fünfziger Jahre

Das Jahr 1958 sah Heinz Erhardt in vier Filmen. IMMER DIE RADFAHRER (Regie: Hans Deppe) entstand nach einer Idee von Hans Joachim Kulenkampff und zeigte Kuli, Erhardt und Wolf Albach-Retty radfahrend auf der Suche nach der Unbeschwertheit der Jugend.

»Zwei Türscheiben gingen zu Bruch und ein paar breitschultrige Polizeibeamte mußten die Massen im Zaum halten, als Heinz Erhardt gestern abend im Hildesheimer ›Roxy‹ nach den beiden Abendvorstellungen des übermütigen Films IMMER DIE RADFAHRER *Autogramme verteilte. Alles schwitzte ob dieses Massenandrangs, nur Heinz Erhardt nicht. Er hatte in dem Gedränge für jeden, der um ein Autogramm bat, noch einen Scherz bereit.«*

Die Kritiker waren begeistert:

IMMER DIESE RADFAHRER, 1958

»Lachkanone Nr. 1 ist Heinz Erhardt als Eierlikör-Fabrikant: Wie er hinter dem Rücken seiner ganz naturverbundenen Freunde lukullische Orgien feiert und überall den Unschuldsengel spielt!«

»Der bewegliche Mittelpunkt, dem Blicke und Lachsalven auf den Fersen folgten, ist Heinz Erhardt. Der Dicke in den unheimlich großen Lederhosen kann mit Witzchen und Kleingags weitaus am besten hantieren und versteht es halt, selbst ein ›na und‹ in eine Pointe zu verwandeln.«

Zu Werbezwecken reiste Erhardt mit dem Film durchs Land. Nach Film-Ende betrat er die Kino-Bühnen und begeisterte sein Publikum im »Blitzgastspiel« mit einigen kurzen Sketchen zur Radfahrer-Poetik: *»Erst war ich ganz am Hintern verkommen – äh, am Kommen verhindert!«*

Dreißig Jahre hatte er nicht »auf einem Sattelhirsch gesessen« und dann das: zermürbende Filmaufnahmen in Österreich. Er wurde reichlich entschädigt. Nicht nur von einem überall dankbaren Publikum. Ein Frankfurter Radlerclub konterte humorvoll: »Der Dicke« wurde Ehrenmitglied ihres »Wanderlust 06«.

Zum Wandern kam Erhardt nicht. Für seine Werbe-Reisen hatte er sich »in den Göttinger Ateliers loseisen« müssen, wo er schon im nächsten Film mimte. Als Diener Alfons spielte Erhardt an der Seite von Peter Alexander: So ein Millionär hat's schwer. (Regie: Geza von Cziffra)

Und gleich noch einen Film, den vierten im Jahr 1958, hatte er zugesagt: Der Haustyrann (Regie: Hans Deppe). Dem Drehbuch lag das Lustspiel Das Ekel von Impekoven und Reimann zugrunde. Zum ersten Mal spielte Erhardt einen Widerling. Als Café- und Hausbesitzer Perlacher inszenierte er eine – freiwillige oder unfreiwillige – Karikatur auf einen Ordnungsfanatiker, Neureichen und zutiefst unfreundlichen Zeitgenossen, von dem man sich als Zuschauer ohne Probleme distanzieren konnte, um sich im gleichen Moment über seine Verbal-Aggressionen zu amüsieren.

Kurz nach der Premiere des Films feierte Erhardt im Februar 1959 seinen 50. Geburtstag. »Statt Karten«, bat er seine Anhängerschaft werbewirksam, solle man doch bitte lieber ins Kino gehen:

»Allen meinen mehr oder weniger unterschätzten falschen Freunden und lieben Feinden sei kundgetan, daß ich heute vor 50 Jahren als sonniges Büblein in Riga aufmerksam das Licht der Welt erblickte. Heute bin ich längst Hausbesitzer. Nun ja denn, also schon. Aber was ich so alles mit meinen Mietern erlebe und erleide – diese recht Unguten nennen mich ›Haustyrann‹ – mich! Einen ganzen Film hat man darüber gedreht. Am besten, Sie kommen zu meinem Geburtstag in die ›Schauburg‹, dann erst können Sie meinen tief-edel-bitteren Harm erfassen. Mit mehreren Grüßen, Heinz Erhardt, Hausbesitzer, Hamburg-Wellingsbüttel.«

In Lingen/Ems zeigte sich, wie hoch die Wogen der Begeisterung schlagen konnten, wenn Heinz Erhardt leibhaftig auftrat. Die örtliche Presse berichtete:

»Beinahe pünktlich, genau 17 Uhr 30 traf er in Lingen ein, Deutschlands beliebtester Komiker, Heinz Erhardt. Hunderte füllten den Bahnhofs-Vor-

DER HAUSTYRANN mit Rudolf Platte, 1958

platz, auch Knüppel-Jungs waren aufmarschiert, den Gast aus Hamburg zu begrüßen. Der lächelte und winkte ihnen zu. Der Darmer Spielmannszug war zum Empfang angetreten. ›So'n Bahnhof‹, wird er gedacht haben, ›wünschten sich manche Politiker.‹ So einen Bahnhof bekommt man aber heute nur noch in den kleinen Provinzstädtchen.«

Wie amüsant Eifer in seiner zugespitzten Form als Übereifer sein kann, demonstrierte Erhardt 1959 in NATÜRLICH DIE AUTOFAHRER (Regie: Erich Engels) als Verkehrspolizist Dobermann. Wieder mal Witwer, doch diesmal hielt sich die Kinderzahl mit 3 in Grenzen. Einer seiner Intimfeinde im Film war ein geschniegelter Peter Frankenfeld. Bei einer Tombola wird Dobermann der Hauptgewinn, ein VW-Cabrio, untergeschoben. Doch bevor das Traumgefährt in seinen Besitz übergeht, muß Dobermann einen Führerschein nachweisen. Da er keinen hat, muß er ihn erwerben – bei einer Fahrlehrerin, die von Trude Herr gespielt wird. Sie erinnert sich:

»Kennengelernt habe ich Heinz Erhardt Ende der vierziger Jahre. Er spielte damals ein Theaterstück, und ich sprang kurzfristig krankheitshalber ein. Ich war die ›Verführerin‹, eine Ungarin. Damals war ich noch rank und schlank.

Erhardt und ich haben uns auf Anhieb gut verstanden. Er hielt viel von mir als Schauspielerin und sagte: ›Sie sind ein ausgesprochen komisches Talent.‹

Wir haben furchtbar viel zusammen gelacht. Wir hatten die gleiche Art von Humor. Erhardt hat mir manchmal vor oder nach der Aufführung auf dem Klavier Stücke aus seiner Oper vorgespielt.

Und dann haben wir uns bei den Dreharbeiten zu den Filmen wiedergesehen. Erhardt war ein sehr liebenswerter Mensch. Natürlich war er nicht der Doofmann, den er gespielt hat. Er war ein hochintelligenter Mann mit einer sehr breit angelegten Bildung. Scheu war Erhardt sowieso. Das findet man auch in seinen Filmen. Er haßte Leute, die sich produzieren mußten. Er nannte sie ›die Hundertsassa‹.

In NATÜRLICH DIE AUTOFAHRER *spielte ich eine Fahrlehrerin, die Heinz Erhardt das Fahren beibringt. Der Witz an der Sache: Erhardt konnte Auto fahren und ich nicht.*

Bei mir zu Hause gab es eine Fahrschule. Meine Schwester hat mir gesagt, was Fahrlehrer für Bewegungen haben. Einmal mußten wir direkt an eine

Mauer fahren. Dafür kriegten wir unten Klötze reingelegt, damit wir uns nicht weh tun. Alles lief glatt, obwohl ein Krankenwagen daneben stand.«

Daß sich der Inhalt von Filmarbeiten manchmal prägend auf die Beteiligten auswirkt, bewies Heinz Erhardt unmittelbar nach der letzten Klappe für NATÜRLICH DIE AUTOFAHRER.

»Gen Norden rollend, um eine Insel an der Küste Schleswigs mit seinem Humor zu überfluten, da geschah es. In dem schönen Bad Zwischenahn, Heinz Erhardt trudelte mit erlaubten 50 Sachen so für sich hin und wünschte sich in der strömenden Hitze etwas Abkühlung, gegebenenfalls in Form eines Gewitters. Kaum gewünscht, rumpelt es schon. ›Aha, das Gewitter naht, freute sich der Ex-Verkehrspolizist Heinz. Dann aber schlug es ein, das heißt, es bummste ganz gewaltig mit seinem Wagen, und er saß mittendrin in dem Gerumpel, das jetzt ein Gerümpel war. Vier Autos, liebenswürdig aufeinandergefahren, erhielten von Heinz Erhardts munterem Mercedes den Gnadenstoß.«

1948 leistete sich Erhardt den ersten Volkswagen. Einen Reporter empfing er:

»Wenn Sie nun ein bißchen früher gekommen wären, hätte ich noch'n Gedicht auf meinen Volkswagen gemacht!«

Verantwortlich für seine frühe Motorisierung war ein Weichensteller der Bundesbahn. Empört über Erhardts Blödeleien, hatte er nach Hamburg geschrieben:

»Sie Idiot sind reif fürs Irrenhaus!«

Darauf Erhardt folgerichtig:

»Ich kaufte mir aus Trotz einen Volkswagen. Oder glauben Sie, ich vertraue meine Knochen einer Institution an, deren Angestellte mich einen Idioten nennen?«

Heinz Erhardt fraß Kilometer: 6000 im Monatsschnitt.

Tochter Grit erinnert sich an die automobile Karriere ihres Vaters:

»Die Volkswagen waren immer zweifarbige Cabrios, erst schwarz-weiß, dann braun-beige. Er fuhr die jeweils nur 18 Monate, dann gab er sie in Zahlung und kriegte einen neuen. Als wir den ersten VW abholten, hatte mein Vater noch keinen Führerschein. Er hatte zwar bereits Fahrstunden genom-

men. Aber als das Auto lieferbar war, hatte er ihn noch nicht. Heini von den Peheiros hat ihm das Autofahren richtig beigebracht. Dann machte er schnell seinen Führerschein. Mein Vater ist fabelhaft Auto gefahren. Bombensicher, aber wahnsinnig schnell.

Beginn einer Autofahrerkarriere

Später hatte er auch die Autos, um schnell zu fahren. 1953 kaufte er sich seinen ersten Mercedes, einen schwarzen 180er. Der Typ kam damals gerade neu heraus. Damit begann die Mercedes-Ära. Er erneuerte den Wagen alle zwei Jahre und brachte es bis zum 280er mit der 3,5 Liter-Maschine. Das war ein Coupé in Gold.«

Sohn Gero erinnert sich:

»Er war großzügig mit dem Wagen. Wir durften ihn alle fahren, obwohl er sehr an dem Fahrzeug hing. Das Gefährt wurde regelmäßig gewartet und gepflegt.«

Höhepunkt einer Autofahrerkarriere

Einmal riß Heinz Erhardt ein gesichtsloses Stückchen deutsche Straße aus der Anonymität:

»In der gefährlichen Kurve der Bundesstraße 4, die bei Kraftfahrern und Polizisten als ›Erhardt-Kurve‹ bekannt ist, seitdem dort vor Jahren der Kabarettist Heinz Erhardt verunglückte, gab es am Silvesterabend einen Verkehrsunfall.«

Zu dieser Patenschaft ist Erhardts Reaktion vermerkt:

»Daß es jetzt außer Lollo-, Marilyn- oder Sophia-Kurven auch eine Erhardt-Kurve gibt.«

Als NATÜRLICH DIE AUTOFAHRER die bundesdeutschen Kinos füllte, lag Heinz Erhardt auf der Hitliste der männlichen Darsteller von 1959 ganz vorn. Das »Film-Echo« meldete:

Platz 1: Heinz Rühmann

Platz 2: Peter Alexander

Platz 3: Heinz Erhardt

Im Kino »Lichtburg« in Essen gab es zur Premiere Trubel um das Protagonistenpaar Erhardt/Herr:

»Die Filmstars wurden vom Kaiserhof mit kleinen Pony-Wagen abgeholt und durch die Stadt gefahren. Heinz Erhardt und Trude Herr benötigten allein schon eines der Gefährte für sich. Die Polizei stand vor dem Kino Spalier.«

Über das Gespann Trude Herr und Heinz Erhardt durften 1959 auch die Zuschauer des Films DRILLINGE AN BORD (Regie: Hans Müller) lachen. Heinz Erhardt spielte alle drei Titelrollen: Heinz, Otto und Eduard Bollmann. Zehn Jahre später äußerte sich Erhardt:

»Der Film ist technisch hervorragend gemacht – wenn bloß diese blödsinnige Handlung nicht wäre.«

Den dreifachen Erhardt ermöglichte ein Trickverfahren, bei dem man die Szenen farbig mit Komplementärfarben drehte, so daß bei der entsprechenden Kopie jeweils eine Farbe aufgehoben wurde. Damit verschwanden Teile der Szenerie und Personen. Der Film wurde später schwarz-weiß kopiert.

Trude Herr erinnert sich:

»Einmal haben wir einen Kantinen-Tag erwischt. Wir gingen morgens ins

Fahrprüfung bei Trude Herr und Peter Frankenfeld: NATÜRLICH DIE AUTOFAHRER, 1959

Atelier, waren fix und fertig geschminkt – und dann hingen die bei den anderen Szenen irgendwo. Deshalb hingen wir den ganzen Tag in der Kantine und kamen nicht dran. Wir haben erzählt und gelacht und erzählt und gelacht – und auf einmal hatte jeder 32 Doornkaat auf seinem Zettel stehen. Jeder! Wir haben auch gar nicht gemerkt, daß wir getrunken haben. Dann kam meine Garderobiere und sagte: ›Ihr zwei seid aber ganz schön albern. Ihr müßt euch jetzt mal zusammenreißen. Jetzt kommt nämlich noch eine Einstellung.‹

Wir haben uns als brave Kinder bemüht, das mit Kaffee wieder wegzukriegen. Wir haben uns furchtbar geschämt und haben die eine Einstellung unter Schmerzen über die Runden gebracht. Das war auch nicht als Besäufnis geplant. Wir waren ja geschminkt und in vollem Ornat. Und ich hatte einen Hut auf und einen Schleier, der saß völlig schief.

Ich bin ja Antialkoholikerin. Erhardt hat ganz gern mal einen genommen. Aber das hat sich nie negativ auf die Arbeit ausgewirkt. Er war ein sehr diszi-

plinierter Arbeiter und konnte es nicht vertragen, wenn andere undiszipliniert waren.

Wir drehten in Göttingen bei der deutschen Film-Hansa. Eines Tages kam jemand gelaufen: ›Die Haag-Schaukel ist erfunden!‹ Dieses Gerät muß man sich vorstellen als eine riesige Halbkugel, die nach oben geöffnet und abgedeckt ist. Die Halbkugel steht auf einem spitzen Kegel und kann deshalb nach allen Seiten gekippt werden. Man kann also herrlich die Bewegungen eines Schiffes nachmachen, und auf dieser Haag-Schaukel hatten sie auch einen kompletten Speisesalon untergebracht.

Als wir drehten, wurde gleichzeitig auch NACHT ÜBER GOTENHAFEN *produziert. Die Außenaufnahmen fanden in Cuxhaven statt, da haben wir den Luxusdampfer ›Hanseatic‹ während einer Ladepause genutzt – für beide Filme. Der Speisesaal war prächtig ausgestattet mit vielen Fressalien. Und die Dreharbeiten waren ja nicht an einem Tag zu schaffen. Das fing langsam alles an zu stinken, das ging schon in Verwesung über.*

Erhardt sagte dann: ›Laßt doch das Ding mal laufen!‹

Das gab einen mordsmäßigen Krach. Dem Tonmann flogen die Geräte um die Ohren. Wir konnten uns gegenseitig überhaupt nicht mehr verstehen.

Für NACHT IN GOTENHAFEN *war so ein Riesengerät, das mit einem Dieselmotor betrieben wird, genau richtig. Da wurden ja Riesenmengen Wasser drübergegossen beim Schiffsuntergang. Aber für unsere Dialoge von einiger Feinheit war es tödlich. Für unsere Zwecke konnte man die Schaukel vergessen, zumal uns auch noch halb verfaulte Wachteln um die Ohren flogen.*

Ich war ja damals schon dick und Heinz auch. Jetzt hatten wir eine Liebesszene. Dabei mußten wir natürlich ständig die Schaukelbewegungen des Schiffes nachmachen. Damit wir synchron schaukelten, wurden wir untenherum festgebunden mit einer Kordel, und damit mußten wir bei den Dialogen immer hin und her. Wir konnten uns überhaupt nicht mehr ansehen, so sehr mußten wir lachen. Wir hatten schon die 13. oder 14. Einstellung verpatzt. Ständig stießen wir mit unseren dicken Bäuchen aneinander und dann dieses Schaukeln im Gleichklang und dann noch etwas von Liebe reden.

Dann kam der Produktionsleiter rein und hat uns unerhört ausgeschimpft. Das hilft ja immer, und er hatte ja auch recht. Heinz und ich rissen uns zusammen, das wurde auch alles zu teuer.

Nächster Versuch. Was wir nicht wußten, war, daß auch die Kameramänner mit ihrer Kraft am Ende waren. Die stellten die Kamera fix und gingen dann irgendwo in Deckung und schütteten sich vor Lachen aus.

In der Dekoration hatten wir einen Spiegel. Wir waren festen Willens, die Szene endlich ernsthaft über die Runden zu kriegen. Aber ich guckte nebenbei in den Spiegel. Und im Spiegel sah ich den Regisseur und den Produktionsleiter, der uns vor fünf Minuten so furchtbar angebrüllt hatte. Ich sah die beiden in der Ecke stehen, und ihre Bäuche wackelten vor Gelächter. Die sahen genauso aus wie wir, und damit war es wieder aus. Mit den Augen ging es ja noch. Aber wenn ich merkte, daß dem Heinz sein Bauch wackelte, wars wieder gelaufen.

Wir hatten uns vor den Dreharbeiten zu DRILLINGE AN BORD *darauf gefreut, daß wir endlich mal nach Southampton und nach Afrika kommen würden. Aber alles wurde in Göttingen gedreht, sogar Afrika. Es gab eine Busfahrt durch die Wüste, und ich war schon ganz hoffnungsvoll: ›Das kriegen die doch nie in Göttingen gedreht.‹ Aber kriegten die alles. Die haben eine Straße mit Sand belegt. Der Bus fuhr überhaupt nicht. Hinten gingen Bühnenarbeiter mit Palmen vorbei. Die Einstellungen mußten oft wiederholt werden, denn durch das Gehen gingen die Palmen ja immer rauf und runter. Ann Smyrner sollte auf einem Esel reiten. Der Esel hat sie abgeworfen, und sie hat sich ein Bein oder einen Arm gebrochen. Ich spielte ›Lady Zocker‹ – Lady Zocker von den Zockerrüben. Ich reiste immer mit einem Löwen.*

Die Szene sollte an einem Tisch spielen. Es sollte mit dem nächsten Gang ein neues Gericht auf den Teller kommen. Der Löwe sollte seinen Schwanz auf den Teller legen, und Erhardt sollte in den Löwenschwanz schneiden und etwa sagen: ›Ach, was ist das für ein neues Gericht hier?‹

Der Löwenbesitzer kam mit einem Löwen im Käfig an. Die Verantwortlichen der Filmhansa baten den Besitzer, den Löwen doch einmal vorzuführen. Darauf der Besitzer: ›Ich bin doch nicht blöd. Das Tier kommt gerade aus dem Urwald.‹

Dann kam der nächste Löwe an. Den hatten sie derart mit Beruhigungsspritzen vollgepumpt, daß sie den überhaupt nicht ans Laufen kriegten. Der schlief ständig ein.

Und dann wurden die Löwen immer kleiner, immer kleiner. Am Ende wa-

ren es noch Löwen-Babys. Und da war ja der Witz weg. Da haben wir den Löwen gestrichen. Schade, denn er sollte auf dem Schiff in ein Kino gehen, wo gerade ›Ein Platz für wilde Tiere‹ lief.

Nach den Dreharbeiten verkrümelte sich jeder. Man traf sich schon mal, aber mehr zufällig. Heinz hat mir das Austern-Essen beigebracht. In der ›Glocke‹ in Göttingen. Erhardt aß ja auch sehr gern.

Und einmal habe ich Heinz Erhardt das Leben gerettet. Das war während der Dreharbeiten zu DRILLINGE AN BORD. *Ich sollte über eine Reling springen. Nun geht das ja normalerweise nicht, weil die Reling zu hoch ist und weil das Schiff zu hoch ist. Das war auch auf unserem Schiff – der ›Hanseatic‹ – so. Das waren dreißig oder vierzig Meter. Der Heinz lief bis an die Reling – Bein drüber – Schnitt – und dann wurde eine Puppe geworfen. Ich lief bis an die Reling mit dem Rettungsring. Und dann haben sie extra die Reling von außen aufgebaut in Göttingen im Atelier. Also: Ich sprang über die Reling. Unten stand die Feuerwehr mit einem Auffangtuch. Man hat mich gefragt, ob ich's mache. Ja, habe ich gesagt, wenn mir jemand das mal vormacht, einer von den Feuerwehrmännern. Und dann sagte der: ›Ich bin doch nicht blöd. Das Sprungtuch ist dreißig Jahre alt und noch nie gebraucht worden.‹*

Dann hat sich einer der Bühnenarbeiter gegen Geld bereit erklärt zu springen. Die waren ja auch froh, daß sie was anderes zu tun kriegten. Die Feuerwehr-Leute sind ja immer ganz scharf darauf, mal zu löschen. Sie haben ja selten Gelegenheit dazu.

Ich bat darum, daß man mir ein paar Plumeaus ins Tuch legt, dann bin ich über die Reling gesprungen. Ich hatte eine enge Satin-Hose an, die ist prompt zerrissen bis Gott weiß wohin. Die Kostüm-Beraterin hatte gleich eine neue zur Hand. Die hatte so was kommen sehen, hatte gleich zwei gemacht. Das war das eine. Nun mußten wir ja in das Becken rein. Ich mußte Heinz mit dem Ring aus dem Wasser holen. Heinz konnte ja nicht schwimmen. Ich konnte schwimmen. Wir sind in Göttingen ins Schwimmbad gegangen und haben einen Haufen Rettungsschwimmer angeheuert, die Wellengang machen sollten. Die standen dann da und machten den Wellengang. Das Gekachelte wurde mit einer Plane ausgelegt. Der Kameramann lag auf einem Sprungbrett, und ich mußte grätschbeinig über ihn gehen und vor der Kamera runterspringen. Das war eine unheimlich wacklige Angelegenheit, und ich hatte ständig Angst, daß ich dem Kameramann mit dem Hintern aufs Gesicht springe, und dann fliegt dir die Kamera auf den Kopf. Das waren ja damals noch Riesengeräte. Und ein Geländer war an dem Sprungbrett auch nicht dran.

Heinz ging nur ins Kinderschwimmbecken. Ich kam auf ihn zugeschwommen mit dem Rettungsring und mußte ihn da nun retten. Die Rettungsschwimmer machten Wellen. Ich komme auf Heinz zugeschwommen, gebe ihm den Rettungsring. Er bückt sich und rutschte mir unten weg. Ich merkte sofort, daß er am Absaufen war. Die Rettungsschwimmer haben nichts gemerkt. Ich habe Heinz gepackt, den Rettungsring drüber und habe ihn bis zur Treppe geschleift. Heinz war nur ausgerutscht, aber er war panisch mit Wasser. Rings herum standen zwanzig Rettungsschwimmer und hielten das nicht für möglich. Die lobten mich auch alle: ›Das habt ihr aber gut hingekriegt. Das sah ja aus, als ob Erhardt wirklich am Ersaufen war.‹«

Mit dem Wasser hatte es der leidenschaftliche Nichtschwimmer Erhardt häufiger. 1961 drehte er DREI MANN IN EINEM BOOT ausgerechnet mit den beiden begeisterten Wassersportlern Hans Joachim Kulenkampff und Walter Giller:

»Ich habe ja an sich eine Aversion gegen diese äußere Flüssigkeit, denn ich bin als Junge schon einmal ertrunken. Total, mit Wiederbelebung und so. Ich kann auch nicht schwimmen, aber warum soll ich nicht Bootfahren? Ich fahre ja auch Flugzeug, obwohl ich nicht fliegen kann.«

Schauspieler Reiner Brönneke hat Szenen von der gemeinsamen Theater-Tournee 1971 in Berlin vor Augen:

»Erhardt war vollkommen unsportlich. Seine Spaziergänge führten ihn in der Regel einmal ums Haus. In Berlin wohnten wir in einem Hotel mit Swimmingpool. Erhardt konnte jedoch nicht schwimmen. Wir sagten: ›Heinz, du mußt Bewegung haben.‹ Wenn wir im Wasser herumtobten, saß Erhardt im Anzug am Pool, trank einen Kaffee und guckte uns zu. Wir kriegten den Mann nicht ins Wasser. No sports.«

Die Nichtschwimmerei war für Erhardt Teil einer konsequenten Bewegungslosigkeit auf dem Gebiet des Sports. Das war nicht immer so gewesen. 1960 sagte Erhardt:

»Vor drei Jahren spielte ich noch als rechter Verteidiger in der Hamburger NWDR-Fußballmannschaft. Mit Adalbert Luczkowsky im Tor, René Deltgen als Mittelstürmer und dem Boxer Walter Neusel. Mit Müh und Not habe ich die erste Halbzeit hinter mich gebracht. Heute ist das mit dem Sport etwas anderes; Tischtennis, weil man da nicht zuviel zu laufen braucht.«

Die Dreharbeiten für DRILLINGE AN BORD mit einem verdreifachten Heinz Erhardt erforderten viel Tricktechnik, schauspielerisches Geschick und – Doubles! Landauf, landab wurden Erhardt-Doppelgänger gesucht. Einen Kantinenwirt hatte man schon engagiert, dann den Kaufmann Bernhard Grobe aus Westfalen:

»Dieses kleine Abenteuer lockte ihn für vier Wochen hinter dem Ladentisch seines kleinen Geschäfts in der Nassauer Straße in Hamm weg. Die Ähnlichkeit mit Heinz Erhardt war wirklich verblüffend. 216 Pfund Lebendgewicht brachte jeder auf die Waage. Vielleicht war es dies gemeinsame Leid, daß sie sich so gut verstanden. ›Von meiner ganzen Gage habe ich nicht einen Pfennig nach Hamm mitgebracht, gleich am ersten Abend haben Heinz und ich jeder 100 DM auf den Kopf gehauen. Was kümmerte mich damals das Geld? Es war eine herrliche Zeit in den Göttinger Ateliers. Wir haben viel gelacht. Heinz spielte einen Mann, der eine Schiffsreise gewonnen hat. Seine beiden

Brüder schmuggeln sich mit aufs Schiff, und natürlich kommt es bei Drillingen an Bord zu den ulkigsten Komplikationen.‹ Als Licht- und Spieldouble hatte es Grobe nicht immer leicht. *›Einmal verlangte es das Drehbuch, daß ich mitsamt einem Konzertflügel durch die Glastür und die Reling sauste und in den Ozean stürzte. Durch den Aufprall wurde ich ohnmächtig und erst einige Schnäpse halfen mir wieder auf die Beine.‹«*

DRILLINGE AN BORD, 1959

Das Double hielt seine Knochen hin, der dreifache Hauptdarsteller konnte sich auf seine Exklusivverträge mit der Produktionsfirma berufen.

»Ich filme gern«, kommentierte er seinen Film-Boom Ende der 50er Jahre, *»da müssen wenigstens andere für mich denken. Beim Kabarett muß ich selbst meinen Grips anstrengen.«*

Erst 1969 wurden DRILLINGE AN BORD im Fernsehen ausgestrahlt. Heinz Erhardt vermerkte in seinem Tagebuch:

»Heute bin ich sehr glücklich. Viele, viele haben entweder angerufen oder geschrieben oder telegrafisch oder mich auf der Straße angesprochen, wie gut ihnen DRILLINGE AN BORD *gefallen habe. Auch mir, muß ich sagen, gefallen die alten Filme viel besser, als damals, als sie neu waren. Vielleicht liegt das daran, daß sie dort etwas avantgardistisch waren, ohne es sein zu wollen. Und meine drei Rollen habe ich besser gespielt, als es mir in Erinnerung ist.«*

Über seinen massiven Start ins Filmgeschäft schrieb Heinz Erhardt rückblickend:

»Die erste große Filmphase hatte ich zwischen 1956 und 1961; WITWER MIT FÜNF TÖCHTERN *und solche Dinge waren dabei. Ich habe selbst 16-mm-Kopien davon zuhause. Wenn Besuch da ist, und wir uns nach einer halben Stunde nichts mehr zu sagen haben, dann lege ich einfach einen Film ein.«*

Elf Monate im Jahr –
Tourneen am laufenden Band

Die Zusammenarbeit Heinz Erhardts mit Peter Ahrweiler fand 1960 erneut Niederschlag in der Komödie DER VIZEKÖNIG von Victor Clement. Ahrweiler inszenierte, Erhardt riß die Kritiker hin:

»Am liebenswürdigsten sind die erstaunlich graziösen Schnörkel, die er mit seiner – heute recht massiven – Person zu machen versteht.«

Im Frühjahr bekam Erhardt Post aus New York:

»Please accept the expression of my best wishes to your tour and my congratulations and my thanks for having helped my play to such a great success.«

Absender: Victor Clement. Der Autor des VIZEKÖNIGS gratulierte zum Erfolg seines Stücks.

»In einem schon betagten Schwank . . . passiert diese Geschichte, die sich ohne einen Mann wie Erhardt wohl als kaum mehr spielbar erweisen würde. Er blödelt auf eine für jeden anderen unerlaubte Weise.«

Gero Erhardt erinnert sich:

»Wenn er auf der Bühne stand und seine Stücke spielte, taten mir immer seine Kollegen leid. Schauspieler leben von Stichworten, um ansetzen und fortführen zu können. Mein Vater war ein miserabler Stichwortgeber, weil ihm zu oft spontan etwas ganz anderes einfiel. Die Mitspieler konnten dann nicht einhaken. Manchmal rettete er die Szene, indem er ihnen das Stichwort regelrecht ›gab‹. Das war dann natürlich noch ein Zusatzlacher.

Er hatte vertraglich immer das Recht, sich die Stücke so hinzuschreiben, wie es seiner Sprache entsprach. Er hatte auch bei Kinofilmen im Vertrag, daß er seine Texte komplett selbst gestalten konnte. Er suchte sich die Theaterstücke aus. Vielen Veranstaltern war auch nur wichtig, Erhardt zu kriegen. ›Herr Erhardt, wir wollen Sie haben. Suchen Sie sich etwas Passendes aus.‹ Er hat sehr viele Stücke gelesen, bekam auch viele Stücke von Unbekannten zugeschickt.«

Anfang 1961 spielte Erhardt in der Arnold & Bach Komödie LIEBER REICH, ABER GLÜCKLICH. Premiere war wieder in der Kleinen Komödie in Hamburg. Jetzt gehörte eine Kollegin zum Ensemble, die er schon 1943 in Riga kennengelernt hatte, Marina Ried. Sie erinnert sich:

»1957 trafen wir uns wieder in Göttingen im Filmstudio. Ich war seine Partnerin in dem Film Witwer mit 5 Töchtern. *Regie hatte Erich Engels. Wieder saß Heinz Erhardt am Klavier, und wir erinnerten uns an unsere erste Begegnung in Riga. Damals hatte man noch ein bißchen Zeit im Studio. Ich hatte allerlei Trouble hinter mir mit meinem Rudolph Platte, und Heinz Erhardt tröstete mich mit seinem ›goldenen‹ Herzen. Das hatte er wirklich, und da gibt es noch vieles zu erzählen.*

Das sollte sich 1961 in einer sehr lieben Geschichte beweisen. Wir hatten zusammen Premiere in der Kleinen Komödie von Peter Ahrweiler in Hamburg mit dem Stück Lieber reich, aber glücklich. *Zur Premiere schenkte mir Heinz – wir waren inzwischen per Du natürlich – 2 kleine richtige Hasen, die er auf dem Wege von seinem Haus, an der Peripherie von Hamburg, auf der Landstraße aufgelesen hatte, wo sie bei der überfahrenen Hasenmutter saßen. Ich hatte also nun diese beiden, sehr niedlichen Häschen in der winzigen Garderobe bei Ahrweiler. Außerdem hatte ich in der Garderobe noch meinen Pudel Boubou. Na, was der Pudel nun um diese kleinen Häschen aufführte, brauche ich wohl nicht zu erzählen. Jedenfalls mußten die Hasen aus der Garderobe und kamen zu Hause – ich wohnte damals in einem umgebauten Pferdestall in der Magdalenenstraße – in die Badewanne, aus der sie während meiner Vorstellung nicht entweichen konnten. Der Hund, der sich nun wieder ruhig verhielt, durfte in der Theatergarderobe bleiben. Heinz brachte jeden Tag etwas für die Hasen zu essen mit und die Kollegen natürlich auch. Es gab in dieser Zeit keine Theaterintrigen, sondern nur Hasengespräche!*

Die Hasen wurden groß und ungeheuer fett. In der Badewanne konnten sie nicht bleiben. Einen Garten hatte ich nicht. Und wer jemals Kaninchen gehabt hat, weiß, welch zauberhaften Duft solche Tiere verbreiten. Ich mußte die Hasen, an denen Heinz und ich gleichermaßen hingen, verschenken, und damit war dieses Thema leider in der Garderobe durch.

Übrigens: Diese beiden Hasen waren auch mit DODO (Doppelter Doornkaat) getauft und hießen Heinz und Zippchen. Uns verband eine nette Freundschaft – sie ist aus Leningrad und ich aus Moskau.

Na, was ich in der Premiere von Mit besten Empfehlungen *erlebt habe!*

Das war – ich erinnere mich an dieses Datum noch genau – am 5.1.1963. In der Garderobe saß immer Zippchen und strickte, denn sie erwartete ihr erstes Enkelkind. Außerdem hatte sie Heinzchen besser unter Aufsicht, denn irgendwann nahm er gerne einen kleinen Schluck zu sich. Wenn man weiß, wie schwer es ist, gerade Komik jeden Abend und auch manchmal noch nachmittags zu verkaufen, kann ich das gut verstehen.

Wir standen beide auf der Bühne und hatten unseren üblichen Dialog, der allerdings häufig von Heinz durch neue Einschiebsel – häufig sehr gute – ergänzt wurde. Ich war solche Dinge von Rudolph Platte gewohnt, der im Dialog manchmal vom ersten Akt in den dritten sprang. Heinz hat so etwas niemals gemacht, aber er überraschte mich doch häufig mit seinen Extempores. So ging er in dieser Vorstellung plötzlich über die Bühne zum Tisch, auf dem eine Blumenvase stand, murmelte etwas über ›Durststrecke‹ oder ähnliches, entnahm der Vase die Blumen und trank sie in 2 Zügen aus. Das Publikum tobte vor Vergnügen. Als ich langsam auf ihn zuging, duftete mir der Doornkaat, der in der Blumenvase gewesen war, meterlang entgegen. Diesen Gag hat er in Zukunft oft wiederholt, und niemals hat Zippchen etwas von unseren Heimlichkeiten gemerkt. Bei allen Dingen hatte er immer Liebenswürdigkeit und Charme – auch seiner Frau gegenüber, die ihn in rührender Weise betreute.

Eines Abends kam Heinz in die Garderobe und brachte mir von der Straße eine Taube, die angefahren worden war. Typisch für ihn, er nannte sie die ›Schwerhörige‹, und ich war wieder einmal gerührt und brachte sie in der Garderobe in einem Obstkorb unter. So etwas war natürlich bei Peter Ahrweiler streng verboten, und wir brauchten allerlei Tarnung, um dieses Tier zu verstekken, wenn Peter Ahrweiler einmal nach seinen Darstellern sehen wollte. Das Tier hatte nicht nur einen guten Appetit, sondern auch eine ebenso gute Verdauung. Peter Ahrweiler hatte seine Garderoben neu mit Teppichboden auslegen lassen, und sie sahen richtig fein aus – meine leider nicht und vor allem sehr schnell nicht mehr. Es duftete säuerlich und sah aus, als ob diese Taube – die Heinz sehr bald ›Immervoll‹ nannte –, gegen einen Ventilator ihren Auspuff entleert hatte. Der penetrante Taubengeruch zog durch den ganzen Garderoben-Kellertrakt der Kleinen Komödie, und es gibt Leute, die behauptet haben – so sagte jedenfalls Peter Ahrweiler –, daß man diese ›Immervoll‹

schon im Zuschauerraum gerochen hat. Jedenfalls erschien Peter der Große mit strenger Miene in meiner Garderobe, um mir kategorisch zu erklären – entweder die Taube raus oder du. Na ja, so brachte ich Heinzchens Immervoll mit Tränen in den Augen in das Tierheim in die Süderstraße und trat in den Tierschutzverein ein.

Mit Marina Ried auf der Bühne

1963 im Dezember gastierten wir beide in Berlin zusammen mit Undine von Medvey bei Paul Esser im Schauspielhaus Hansa. Das Gastspiel enthielt einen großen Unsicherheitsfaktor, der zunächst noch nicht sichtbar war. Un-

dine von Medvey erwartete nämlich ein Kind, und das Kleid mußte wöchentlich erweitert werden. Paul Esser hatte sich einen Gag einfallen lassen, der nicht ganz ungefährlich für Undine war. Heinz mußte seine Partnerin in einem bestimmten Moment vom Schoß rutschen lassen, auf dem sie gesessen hatte. Er nannte diese Szene seine tragende Rolle und meinte, er müsse eigentlich ›Leistungszulage‹ haben, da er ja 2 Menschen auf seinem Schoß tragen müsse. Nun, wir erwarteten jeden Tag in dieser Szene das Schlimmste, nämlich eine Frühgeburt, und hatten miteinander ausgemacht, daß Heinz vor meinem Auftritt jeweils ein Auge zukneifen sollte, wenn alles gutgegangen war. Machte er beide zu, war der Katastrophenfall eingetreten. Nun, er trat nicht ein.

1964 spielten wir zusammen im Starvarieté Haus Vaterland in Hamburg einen Sketch mit dem Titel Der vertauschte Mantel, *der so gut ankam, daß wir ihn nachmittags und abends spielen mußten.*

In diesem Varieté wurde auch während der Vorstellung serviert, denn nur so konnte das Haus den Mitwirkenden eine sehr gute Gage bezahlen. Wir beide waren uns einig, daß wir zum Billigpreis auch nachmittags nicht zu haben waren. Solche Serviererei stört natürlich erheblich auf der Bühne. Als es gelegentlich wirklich zu viel war, machte sich Heinz Erhardt einen Gag daraus und ging an die Rampe zum Publikum und fragte mit dem Gesicht, welches wir aus seinen Rezitationen kennen und wo er immer sagte ›was bin ich doch für ein Schelm‹, ruhig zum Publikum gewandt ›noch eine Tasse Kaffee gefällig?‹ Das gab immer einen großen Lacher, und außerdem war für uns anschließend die nötige Ruhe eingetreten.

1965 waren wir mit einem ganz albernen Stück durch alle Seebäder unterwegs, es hieß: Des Menschen Pille ist sein Himmelreich. *Ich hatte darin mit ihm das schöne Lied* Kratschka Purka, teures Heimatland *auf die Melodie von Stenka Rasin zu singen. Ich kann dieses Lied heute noch und singe es zum Entsetzen meines Mannes in der Badewanne. Schöne Sachen vergißt man eben nicht. Auf dieser Tournee fuhren wir mit unseren eigenen Wagen. Heinz voran im Mercedes und ich im VW-Käfer mit Hund und einem großen Wassereimer, worin sich die riesigen Blumensträuße befanden, die wir jeden Abend erhielten. Nach einer Woche waren wir so weit, daß wir einen Blumenstand am Timmendorfer Strand aufmachen konnten.«*

Die Laufdauer der Theaterstücke betrug zwischen 100 und 500 Vorstellungen pro Tournee.

»Wenn ich schon so eine lange Rolle auswendig lerne, dann soll es sich auch lohnen.«

Für die Premiere Silvester 1961 lernte er seine Rolle in dem Grusical KRATSCHKA-PURKA auswendig, einer Komödie des VIZEKÖNIG-Autors Victor Clement. Eine der Mitspielerinnen war Undine von Medvey. Sie war seit Ende der 40er Jahre immer wieder in den gleichen bunten Programmen und Kabaretts beschäftigt gewesen wie er, man war schon Tausende Kilometer zusammen gereist, bevor das erste gemeinsame Theaterstück auf Tournee ging. Undine von Medvey erinnert sich:

»Heinz Erhardt war für mich natürlich längst kein Unbekannter mehr, als ich ihn persönlich kennenlernte. Seine typischen Gedichte und seine Vortragsart waren schon überall ein Begriff.

Dann waren wir beide in einem bunten Unterhaltungsprogramm auf unserer ersten gemeinsamen Tournee. Seither sind wir immer zusammen gereist. Ich erinnere mich an einen Volkswagen. Die beiden – er und Zippchen – saßen vorn, und ich saß hinten drin, und wir haben laut gesungen, alle drei, das Dach weit offen. Tag für Tag ging's woandershin, durch die großen Städte, die Badeorte, über die Nordseeinseln. Er aß so gern, und so reiste er eigentlich nicht nach Atlas, sondern nach Varta-Führer, immer danach, wo's die besten Restaurants an der Strecke gab. Da hieß es dann: ›Morgen machen wir'n Umweg, du mußt früh aufstehen. Wir fahren über Düsseldorf, da gibt's die Mutter Sowieso, die kocht dies und das als Spezialität ...‹

Ich hab mich um nichts kümmern müssen, wohin, woher, Zippchen hat eingepackt, ausgepackt und die Unterkünfte geregelt.

Etwas Vergleichbares hab ich nie wieder erlebt, etwas so Umsorgendes, Familiäres. Mit einem Lachen hieß es: ›Hoffentlich hat Undinchen auch alles mitbekommen!‹ Klagen hat es nie gegeben, niemals Streit. Ich kann mich jedenfalls nicht erinnern, daß er jemals laut gewesen wäre.

Selbst wenn wir unterwegs waren, es fiel ihm immer etwas ein, worüber man sich totlachen konnte, immer. Und es ist bei Komikern eigentlich selten, daß man im Privatleben zusammen lachen kann. Ich weiß nicht, woran's liegt.

Reisen nach Varta-Führer

Aber Heinz – so wie er auf der Bühne war, war er auch privat.

Im Laufe der Bädertourneen gab es immer wieder auch sehr große Säle, die mochte er nicht so, große Tanzsäle, Ballsäle mit einer großen Bühne, hoch oben. Davor, wo normalerweise ein großes Orchester sitzt, war's dann völlig frei, so daß wir nun allein weitab da oben standen. Dann sagte er: ›Nee, jetzt werden erst mal Tische und Stühle rangeholt, mindestens drei, vier Reihen.‹ Er wollte immer den ganz persönlichen Kontakt zum Publikum, das war ihm unbedingt wichtig.

Andererseits konnte er gerade darüber wieder seine Witze machen: ›Eigentlich bin ich ganz froh, daß ich nicht mehr so gut sehe. Es wäre schrecklich, wenn ich feststellen würde, einer lacht nicht.‹

Als ich mein Kind erwartete, habe ich bis in den neunten Monat hinein mit ihm Theater gespielt. Es war eine komische Rolle, so daß es auf die Figur überhaupt nicht ankam. Ich war ringsum mollig gemacht, noch dazu auf säch-

sisch, mit Brille und Dutt. Ich spielte in dem Stück seine uneheliche Tochter, von der er nichts wußte. Die Rolle sah vor, daß ich aus der Kulisse zu ihm rannte und mich auf seinen Schoß schwang, zur bösen Überraschung des ahnungslosen Vaters, den er spielte. Nun zitterte alles darum, daß er vor Schreck die Knie nicht zusammen halten könnte und ich, hochschwanger, wie ich war, mit Schwung zu Boden plumpsen würde. Zippchen stand extra in der Kulisse, fürs Publikum natürlich unsichtbar, und gab ihm ein Warnzeichen, sobald ich losrannte – daß er nur die Knie zusammenhielt und ich um Gotteswillen nicht stürzte!

Als meine Tochter dann zur Welt kam, ist Zippchen zu mir nach Berlin geflogen, mit 35 Rosen – ich war damals 35 Jahre alt. Die Erhardts haben mich immer aufgenommen wie ein Kind. Und ich habe mich immer geborgen gefühlt. Bewundert habe ich den Familienclan, wie alles zusammenhielt, das war für mich immer vorbildlich. Sie war die Mutter, sehr energisch, wie eine Glucke, sie hatte die Zügel in der Hand. Er brauchte das auf der anderen Seite, denn er war sehr weichherzig und großzügig.

Wir hielten zusammen. Einmal spielten wir in Hamburg Theater. Ich wurde von einem Verehrer in einen Austernkeller eingeladen und hatte doch gerade eine Abmagerungskur gemacht. Ausgehungert, wie ich war, habe ich mich regelrecht vollgefressen. Komme dann ins Theater und kippe aus den Latschen. Eine Kollegin hat schallend gelacht – die Medvey macht wieder Quatsch, wälzt sich theatralisch am Boden und macht uns was vor! Ich hatte eine hundertprozentige Austernvergiftung und bin drei Tage ausgefallen. Dann, nach drei Tagen, kam Heinz ins Krankenhaus und sagte: ›Es ist ausverkauft, die Leute haben bezahlt, nun komm, wir können nicht ohne dich!‹ Mir ging's sofort besser, und er hat mich nach einigem Palaver hinter verschlossenen Türen beim Professor losgeeist. Mit Hängen und Würgen hab ich die Vorstellung gemacht und bin anschließend wieder ins Krankenhaus. So hielten wir zusammen.

Für die Arbeit auf der Bühne war der Zusammenhalt ebenso wichtig, denn er hat ja ständig irgendwas neues zu den Stücken hinzu erfunden oder weggelassen, je nachdem wie das Publikum reagierte. Jeden Abend mußte man mit neuen Überraschungen rechnen. Man mußte wendig sein, sich anpassen und wurde immer wieder durch ihn inspiriert. Manchmal haben wir selbst viel-

Belastungsprobe: Undine v. Medvey hochschwanger, 1962

leicht am meisten gefeixt. Er hat ja nie einen bösen Humor gehabt, immer dies Liebenswürdige, immer diese Schmunzelmaus. So verulkte er auf einmalige Art, was jedem tagtäglich im Leben passieren konnte. Und das wollten die Leute sehen.

Da war die Sturmflut in Hamburg – 1962 –, und wir spielten in Ahrweilers Kleiner Komödie mitten in der Innenstadt. Hamburg stand unter Wasser, und bei uns im Theater war das Licht längst ausgefallen. Trotzdem kamen die Leute. Sie standen Schlange vor der Kasse und sagten: Wir wollen rein, wir wollen Heinz Erhardt sehen! Ringsum standen schon alle Keller unter Wasser und trotzdem: Die Leute ließen sich nicht abwimmeln. Mit Kerzen und Petroleumlicht haben wir die Vorstellung gemacht. Niemals hätte er sein Publikum im Stich gelassen.«

Drei Filme im Jahr, Theater in Hamburg und danach eine ausgedehnte Tournee, Bäder-Tourneen im Sommer, Bunte Abende in den übrigen Jahreszeiten – der »Workaholic« Heinz Erhardt lief seit dem Ende der fünfziger Jahre auf vollen Touren. Die Presse dichtete zu seinem 50. Geburtstag 1959:

»Manchmal ist das Leben sehr hart,
niemals aber für Heinz Erhardt.
Sein Humor bleibt unbeirrt,
und weil er heute 50 wird
Heinz mit holder Miene spricht:
Noch'n Gedicht.«

Ein Jahr später ein Versuch in Prosa:

»Lieber Heinz Erhardt, wieder einmal jährt sich der Tag, an dem Sie das, wie Sie selbst sagen, elektrische Licht der Welt erblickten. Daß es bei Ihrer Geburt bereits elektrisches Licht gab, beweist, daß Sie noch zu den jugendlichen Mittel-Reifen gehören und nicht in die Kategorie der Kienspan-, Tranfunzel-, Petroleum- oder Gaslicht-Generation.

Im übrigen wissen wir ja, daß Sie so viel eigenes Licht besitzen, um einer ganzen Welt die strahlenden Lichter der Freude und des Vergnügens aufzusetzen. Bleiben Sie so strahlend, ewig jung und vor allem gesund, auf daß Sie noch weiteren Generationen Ihre Lichter aufstecken können. Das ist unser Geburtstagswunsch für Sie. Mit herzlichen Grüßen, Ihre Deutsche Filmhansa«

Längst nicht so gut wie Erhardt ging es zu dieser Zeit den Varietés. Zwar besaß zum Beispiel das »Haus Vaterland« in Hamburg noch einen strahlenden Ruf. Und die Unterhaltungskünstler Erhardt und Peter Frankenfeld waren sehr stolz, als sie 1959 die selten vergebene Ehrenurkunde des Hauses Vaterland »In Anerkennung der hohen Verdienste um das Varieté« erhielten. Doch bundesweit waren die Varietés auf dem Rückzug. Erhardts Reminiszenz war von der Realität überholt worden:

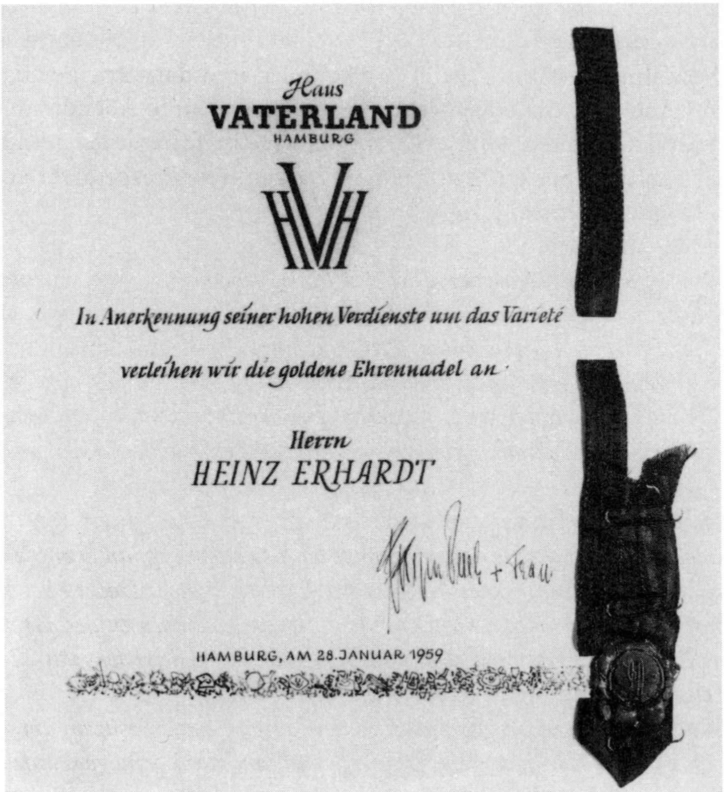
Haus
VATERLAND
HAMBURG

In Anerkennung seiner hohen Verdienste um das Varieté

verleihen wir die goldene Ehrennadel an

Herrn
HEINZ ERHARDT

HAMBURG, AM 28. JANUAR 1959

»Als ich 1938 anfing, hat man mir gesagt, mit zwei Liedchen würde ich für mein ganzes Leben auskommen, weil es damals noch in jeder Stadt ein oder zwei Varietés oder Kabaretts gegeben hat.«

Das Fernsehen boomte, »öffentliche« Medien wie Varietés und Kinos hatten darunter zu leiden, daß die Bundesbürger zum Zwecke der Freizeitgestaltung die eigenen vier Wände nur noch ungern verließen.

»Fernsehen ist gefährlich, da sehen einen immer gleich viele Millionen und gehen dann nicht mehr ins Theater, ins Kabarett, ins Kino, weil sie den Heinz Erhardt und sein Repertoire ja kennen.«

So Heinz Erhardt, dem es zu verdanken war, daß die Massen nach wie vor ins Haus Vaterland strömten. Erhardt trat hier regelmäßig auf, wurde als »Krone des Abends« bejubelt. Hier spielte er auch seine verhältnismäßig unbekannt gebliebenen Stücke LUSTSPIEL OHNE TITEL und DER VERTAUSCHTE MANTEL – Einakter »von, um und mit Heinz Erhardt«. Sie hatten eine Länge von einer knappen Dreiviertelstunde und waren ein Programmteil unter mehreren im Rahmen von »Bunten Abenden«.

»Dieser urkomische schnurrige Kauz, der nicht nur mit unserem Bundeswirtschaftsminister den gleichen Namen trägt, sondern auch dessen voluminöse Erscheinung gemeinsam hat, bringt in Sekundenschnelle alles durcheinander. Wie wär's, wenn er einmal in den Bundestag einzöge? Bestimmt wären die Wogen eines ernsthaften Streites zwischen Regierungspartei und Opposition sofort geglättet, wenn er mit seinem ergötzlichen Kauderwelsch im Dikkicht der Begriffe der hohen Politik als Friedensstifter aufträte.«

Im Dezember 1960 starb Heinz Hoffmeister, Leiter einer der größten Gastspielagenturen Deutschlands. Hoffmeister, der als SPD-Mitglied in den Jahren des Faschismus große Schwierigkeiten hatte, ist der Entdecker von Rudi Schuricke, dessen erste Abend-Gage 12 Mark betrug. Er hatte Werner Finck unter Vertrag und viele Große des Unterhaltungs-Gewerbes.

Heinz Erhardt erinnerte sich:

»Ich war sein ›längster‹ Tourneehase: 22 Jahre. Am zweiten Weihnachtsfeiertag 1938 begann ich bei Hoffmeister (La Jana-Tournee), und am

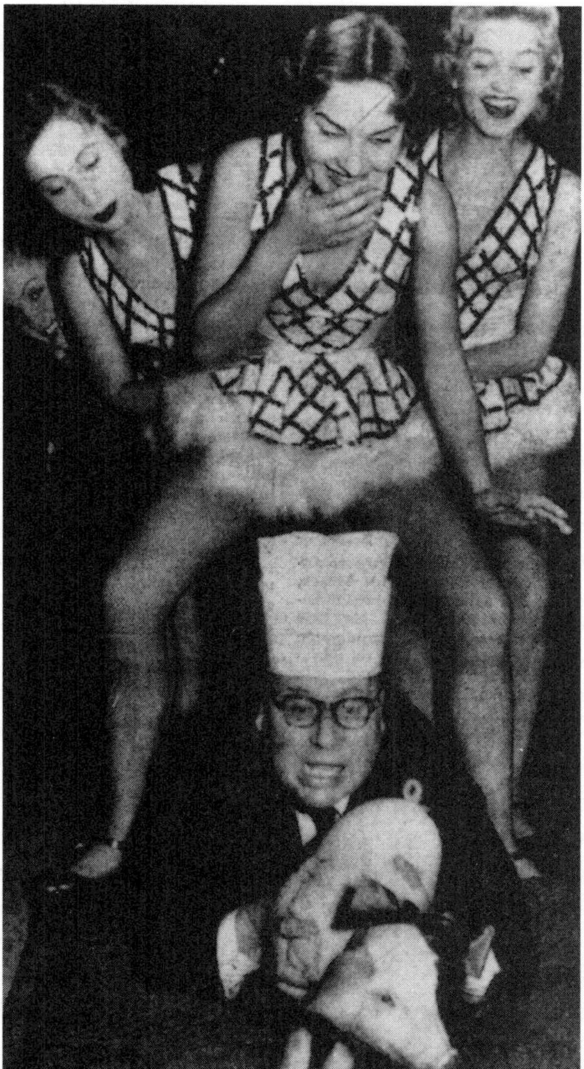

Der »Bundeshumorminister«

14.12.1960 starb er im Alter von 64 Jahren. Am 17.12.1960 hatte ich in Schweinfurt die letzte Hoffmeister-Veranstaltung.«

Im Sommer des Jahres war eine letzte Hoffmeister-Tour, TRIUMPH DER GUTEN LAUNE durch deutsche und holländische Bäder und Großstädte gegangen:

»Von Würzburg zur Berliner Waldbühne kreuz und quer durch die Bundesrepublik führt diese Tournee Heinz Erhardt bis nach Scheveningen. Sein Sohn Gero verbringt dabei seine Ferien, während Frau und Tochter später von Hamburg aus nachkommen.«

Die Tournee war ein gigantischer Erfolg. In der Kieler Ostseehalle tobten 8000 Zuschauer:

»Unbestrittener Star des Abends war Heinz Erhardt. Ihm gelang es als einzigem, eine Gruppe von Krakelern im Dritten Rang abzuräumen. Er machte nur eine leichte Handbewegung zum Publikum, tippte sich mit dem Zeigefinger an die Stirn und hatte freie Bahn. Erhardt war es zu verdanken, daß brausende Heiterkeit die Ostseehalle erfüllte. Wenn mal eines seiner Gedichte nicht ankam, Erhardt spürte das sofort, dann stellte er trocken fest ›War nicht gut – gilt nicht‹ und hatte damit doch seine Pointe.«

Das Unterhaltungs-Kabarett war auf dem Rückzug, aber wo immer noch Programm geboten wurde, war Heinz Erhardt neben »Gesangswundern«, »bezaubernden spanischen Tanzpaaren« und »gesprächigen Papageien« dabei. Seine ersten Lacher fing er sich meist allein schon mit seinem Erscheinen: »Je nun . . .« trat er vor sein Publikum, solange es noch nicht ganz vom Fernsehfieber befallen war.

»Die Kaiserhof-Direktion ist fest entschlossen, der Domstadt ein Großvarieté zu erhalten«, so las man in Köln 1960. »Sie hat für das Winterhalbjahr Gagenverträge in Höhe von einer halben Million Mark abgeschlossen.«

Heinz Erhardt sollte dabei sein. Und als es soweit war, prangte in Leuchtschrift über dem Eingang: *»Heinz ist da!«* Die Kölner Presse lockte Publikum, sah man doch ringsum im Lande die großen Häuser mit den klangvollen Namen endgültig dichtmachen: »Palladium«, »Georgspalast«, »Vaterland«.

Wer hier in Zukunft vor verschlossenen Türen stand und trotzdem seine »Lieblinge von Film, Funk, Schallplatte und Fernsehen«

einmal ganz nah erleben wollte, dem blieben nur noch die großen Tourneeveranstaltungen wie »Triumph der guten Laune«. Selbst dafür fuhr man am besten ins nächstgelegene Kurbad. Denn da blieben die »Bunten Abende« aktuell.

»Badegäste«, so Heinz Erhardt, *»sind das dankbarste Publikum – sie haben ja sonst nichts.«*

Wo geballt »Humor und Musik« hinkamen, »bog sich der Kursaal vor Lachen«. Jedes Jahr reiste Heinz Erhardt mit alten Freunden wie Undine von Medvey, Bruce Low oder Rolf Stiefel durch die Bäder, von Baden-Baden bis Westerland.

»Man sah kaum einen, der nicht da war«, juxte er nach einem Auftritt vor 1000 Kurgästen in Lüneburg. »Minutenlanger Beifall« war an der Tagesordnung. Und auch hinter den Kulissen notierte Erhardt sich positive Bilanzen:

»Die Tour war sowohl menschlich als auch künstlerisch ein toller Erfolg.«

Sein Reiseprogramm war über Jahre hinweg randvoll: LACHENDE OSTERN im Berliner »Prälat«, GROSSE STARPARADE auf einer Freilichtbühne bei Bremen (Heinz Erhardt auch mal wieder am Flügel!), schließlich SENSATIONSGASTSPIELE, wo »der Meister des Humors« erstmalig (»einmal und nie wieder«) in einer Diskothek auftrat.

»Habe mich in Duisburg erkältet«, schrieb er ins Tagebuch, *»und lag eine Woche fest im Bett mit schwerer Grippe.«*

Seine Gesundheit war für ihn sonst kein Thema. Entsprechende Anfragen konterte er humorig mit dem Hinweis auf die alljährliche Bädertournee:

»Ich trinke in allen Bädern das Heilwasser, zur Vorbeugung für die nächsten 50 Jahre genug!«

Heinz Erhardt gehörte nun zur Elite der bundesdeutschen Unterhaltungskünstler. Längst interessierte sein Privatleben seriöse und nicht ganz so seriöse Presseorgane. Sein Haus in Hamburg wurde Ziel für Reporter, die im Journalistenslang »Home Story« genannte Artikel fabrizierten. Ein Beispiel aus der »Filmrevue« (1959):

»Wer nach Hamburg-Wellingsbüttel, Fasanenhain 9, kommt, wo Heinz und die seinen seit über 10 Jahren wohnen, und Witz und Drall auf Schritt

und Tritt erwartet, wird enttäuscht sein. Er findet eine seriöse Familie vor, die glücklich ist, sich zu haben und kein Star-Home, mit Extravaganzen und Scheinheiligkeiten und keinen Komiker Heinz Erhardt. Da ist Frau Gilda, Mutter des Ganzen, als Tochter eines italienischen Konsuls in Petersburg geboren. Da ist Vater Erhardt selbst, der sich lieber an seinen Flügel setzt, um Bach zu spielen, als sich selbst auf der Fernseh-Leinwand zu sehen. Braver Großvater seines ersten Enkelchens, von Tochter Grit und Schwiegersohn Hans, Cellist an der Hamburger Staatsoper. Da ist Verena, Kosmetikerin in einem Hamburger Salon, und da sind Gero, der Musik und Bierdeckel sammelt, aber Kaufmann werden will, und Marita, die für Gitarre und Willy Hagara schwärmt. Genaugenommen gehören zur Familie auch noch Mohrchen, der schwarze Kamera-ängstliche Pudel und die bildschönen eigenwilligen Katzen Grauchen und Greischen.«

Silberhochzeit 1960, das Jubelpaar mit Kindern und Schwiegersöhnen

Mit »Zippchen« auf der heimischen Terrasse

Tochter Grit sah solche Reporter-Besuche damals mit anderen Augen:

»Wir Kinder fanden die Fotografiererei schrecklich. Wir mußten uns hübsch anziehen und kämmen und immer freundlich sein. Dabei war meine Mutter sehr pressefeindlich. Das hat jedesmal Kämpfe gekostet, bis sie Presseleute reingelassen hat. ›Unsere Mutter, der Presseschreck‹, haben wir das damals genannt. Mein Vater mochte den Kontakt mit den Medien auch nicht besonders. Das hat sie genau gespürt und deshalb die Zeitungsleute ziemlich kurzgehalten.«

Es kam immer wieder vor, daß der Name Heinz Erhardts in Zeitungen und Illustrierten falsch geschrieben wurde. So was machte Erhardt fuchsig, und er erging sich privat in häßlichen Äußerungen über die Presseleute. Offiziell wehrte er sich gegen die Falschschreibung mit einem Vierzeiler, den viele Zeitungen 1962 abdruckten:

Nicht Ehrhardt, Erhart, auch nicht Ehrhart,
auch Erhard tut dem Heinz sehr weh
ich schreib mich, bitte buchstabieren Sie
E r h a r d t !

Willi Winzig im Puschenkino – HEP: Heinz Erhardt Produktion

1952 begann in der Bundesrepublik die Ausstrahlung von Fernsehen. Heinz Erhardt wurde Zeuge, wie langsam die Zahl der angemeldeten TV-Geräte wuchs. In den ersten Jahren war das Fernsehen ein Mini-Massenmedium. Erst 1958 gab es mehr als eine Million Geräte. Auch deshalb fiel es Erhardt vergleichsweise leicht, sich mehrmals ablehnend über den Start eines eigenen Engagements im Fernsehen zu äußern.

Hinzu kam eine schlichte Tatsache: Im Westentaschenformat des frühen »Puschenkinos« mußte die große Unterhaltung der bunten Programme piefig wirken. Das Ganze lief noch unter dem Motto: Es darf probiert werden!

»Eine Meisterleistung«, so eine Programmzeitschrift 1956, *»vollbrachte der Fernseh-Neuling Jürgen Roland, als er den bekannten englischen Komiker Norman Wisdom und unseren Heinz Erhardt zusammen vor die Kamera brachte. Wisdom konnte kein Deutsch, Erhardt kein Englisch. Trotzdem gab es unter Jürgen Rolands gewandter Regie ein Mordsgaudi!«*

Jürgen Roland erinnert sich:

»Wir machten damals noch sehr viel lebendiger Fernsehen als heute, man konnte mittags noch abends ins Programm kommen. Die ARD bestand noch nicht aus neun Anstalten, und Hamburg war mit dem NWDR/NNRV federführend.

Meine erste Fernseharbeit war eine Reihe mit dem Titel DER HAUPTFILM HAT NOCH NICHT BEGONNEN, *wir stellten Kinoerfolge der Zeit vor.*

Ein Verleiher meldete sich, er habe einen Film entdeckt, einen Mann, einen englischen Komiker, Norman Wisdom. Dessen Film sollte bei uns starten, und es hieß, er selbst käme zur Premiere nach Hamburg. Ich hakte sofort nach: ›Können wir den für meine Sendung kriegen?‹

Ich hörte, der Wisdom sei eine Art ›Kellerkind‹, der spricht kein Wort Deutsch. Ratlosigkeit. Ich fragte meine damalige Braut, Eva, meine heutige Frau, sie war Dolmetscherin: ›Können wir das zusammen machen?‹ Wir sa-

hen den Film und fanden den Wisdom viel komischer als Chaplin, viel bestürzender. Sie winkte verständlicherweise ab: Der Mann war Vollblutkomiker, wer den simultan übersetzen wollte, würde alt aussehen. Ich wollte aber die Sendung, und mir fiel Heinz Erhardt ein.

Vor Jahren hatte ich ihn kennengelernt, noch als Hörfunkreporter, im Alu-Palast in Hannover zum Interview. Er hatte es mir wunderbar leichtgemacht, aus dem Stegreif seinen Wortwitz pointiert: Reporter – Rehporter – Hirschporter. Sein Humor deckte sich mit meinem, sehr englisch, mit den bekannten Verzögerungspointen. Da muß man mitdenken und die Pointe quasi mitgebären. Erhardt war bei uns schon eine unübersehbare Figur auf dem Sektor Komik, angenehm abgehoben gegen übliche 08/15–Witzemacher.

Nun war Norman Wisdom in Hamburg, und ich sagte: ›Ich versuche, den Erhardt dazu zu kriegen, die könnten sich verstehen, auch ohne die Kenntnis der Sprache des anderen!‹ Ich rief ihn an: ›Können Sie englisch?‹ Nein, konnte er nicht, lettisch ja, russisch auch, englisch nicht.

Das konnte ja heiter werden. Aber wieder machte er es mir leicht: ›Ich komme erst mal raus zum Sender.‹

Einen Dolmetscher? Nee, brauchte er nicht.

Wisdom kam, und wir wurden improvisiert nach der Tagesschau ins Programm geschoben.

Wir saßen im Studio vor den Kameras und sahen die englischsprachigen Filmausschnitte auf unserem Monitor, die Sendung wurde damit eingeleitet. Erhardt verstand kein Wort, aber er lachte sich schief, und Wisdom lachte wiederum über ihn, der Funke hatte sofort gezündet.

Die Regie war pfiffig und blendete die beiden vorm Monitor zu den laufenden Filmausschnitten ein. Als wir dann im Bild waren, umarmte Erhardt den Wisdom spontan und begeistert und machte aus der Tatsache, daß er kein Englisch sprach, sofort eine Nummer. Wisdom spielte auf Anhieb mit, sie verständigten sich problemlos auf ihrer gemeinsamen Welle: Komik und Professionalität. Und bolzten jetzt vor offener Kamera jeder seine spärlichen Sprachbrocken heraus, spielten sich zusammen hoch: Erhardt mit einer handvoll englischer Komplimente, Wisdom umgekehrt mit ein paar Brocken Deutsch, die sie zu immer komischeren Verdrehungen hochpaukten, zu einem urkomischen Kauderwelsch-Dialog. Das lebte von der gegenseitigen, unbe-

Komiker Norman Wisdom auf den Arm genommen, 1956

strittenen Hochachtung. Keiner spielte sich dabei nach vorne, keiner der beiden nutzte gnadenlos die Tatsache aus, daß der andere seine Sprache nicht beherrscht. Zwei große Spaßmacher bedienten ihr Publikum zehn Minuten lang aus dem Stegreif, unnachahmlich, unvergleichbar, glänzend. Und für mich wurde es das erste und einzige Interview, in dem ich praktisch kein Wort gesagt habe!

Seither hatte mich der Wunsch nicht losgelassen, mit Erhardt einmal einen Film zu drehen. Aber wir sahen uns immer nur kurz, in Gesellschaft, bei Premieren – ›Hallo Jürgen‹, ›Hallo Heinz‹ – jeder für sich in seinen Job eingespannt.

Als ich STAHLNETZ *machte, hatte ich für eine Folge Rudolph Platte als Kommissar. Das war durchaus ungewöhnlich, er war ja einem großen Publikum mehr in seinen komischen Rollen bekanntgeworden.*

Das Ganze ging wunderbar. Anschließend telefonierte ich mit Heinz Erhardt, ich wollte ihn in einer entsprechend ›seriösen‹ Rolle beschäftigen. Natürlich sollte es dabei hier und da gezielt Erhardt-typisch aufblitzen. Gern wollte er so was machen, sehr gern, aber es kam nicht mehr dazu.

Meine Krimi-Reihe DEM TÄTER AUF DER SPUR – *Prominente und Publikum kombinieren und raten mit – ließ den alten Wunsch der Zusammenarbeit an einer ernsten Rolle noch mal aufleben. Im Sender haben wir sehr lange diskutiert, Heinz Erhardt die Rolle des Kommissars zu geben. Wir entschieden uns dann aber doch für Günter Neutze. Das Ganze sollte unmißverständlich als Krimi-Reihe firmieren, der Name Heinz Erhardt war da schon zu prägend. Er hätte dem Projekt seinen Stempel gegeben, auch wenn er selbst es nicht gewollt hätte.*

Aber er kam zu einer Folge als prominenter Rategast zusammen mit Petra Schürmann ins Studio, und es wurde erwartungsgemäß großartig: Er spielte hundertprozentig mit, viel ernster als die Leute erwartet hatten, und machte seine Äußerungen ebenso hundertprozentig – professionell, typisch, komisch: Er brachte seinen Lösungstip in Erhardtscher Versform!«

In den Kindertagen des »Deutschen Fernsehens« geizte *»Deutschlands populärster Botschafter der guten Laune«* noch mit seiner Zuneigung. Erst im April 1960 zeigte der Zögerliche Flagge:

»Heinz Erhardt macht Werbefilme! Der Schauspieler und Komiker Heinz

Erhardt hat jetzt in Hamburg eine Produktionsfirma für Werbefilme und Werbeberatung gegründet. Wie die Heinz Erhardt Produktion (HEP) mitteilte, will der Schauspieler ausschließlich Werbefilme für Fernsehen und Lichtspieltheater herstellen.«

Anfang der sechziger Jahre wurden allerorten Produktionsfirmen gegründet. Die bevorstehende Gründung des Zweiten Deutschen Fernsehens 1962 ließ eine regelrechte Pionier- und Goldgräber-Stimmung aufkommen. Manchem gewieften Manager lag weniger an künstlerischem Fernseh-Ruhm als vielmehr an schnell verdientem Geld. Wie ernst war die Ankündigung zu nehmen, Heinz Erhardt wolle lediglich Geschäftsmann spielen und darauf verzichten, sein komisches Talent zu verwerten?

Einige Monate hielt Erhardt die Komik-Abstinenz via TV durch. In einem der seltenen ernsthaften und nachdenklichen Gespräche mit einer Zeitung äußerte sich Erhardt im Sommer 1960:

»›Ich befinde mich momentan in einem Übergang‹, sagt Erhardt. ›Ich muß mich neu orientieren.‹ Und er zählt die Namen einiger bekannter Film- und Brettl-Humoristen auf, die an ihrer ›Masche‹ zugrunde gegangen sind und die heute niemand mehr sehen will. Diesem Schicksal will Heinz Erhardt entgehen. Dazu gehört als erstes, daß er sich beim Film rarer machen will. ›Wenn die Leute einen in drei Meter Größe auf der Leinwand sehen, dann sind sie hinterher enttäuscht, wenn man bloß mit einem Meter achtzig auf der Bühne steht.‹ Die besten Möglichkeiten, im Gespräch zu bleiben, sieht Heinz Erhardt beim Funk und bei der Schallplatte. ›Wenn das Publikum einen nur hört, dann ist es neugierig, einen auch persönlich einmal auf der Bühne zu sehen. Das ist die beste Reklame für Tourneen.‹

Denn trotz Funk- und Schallplattengeschäft, in das er jetzt mit einigen zugkräftigen Nummern eingestiegen ist, gilt Erhardts große Liebe nach wie vor der Bühne und dem Kabarett . . .

Vom Fernsehen möchte sich Heinz Erhardt ebenfalls distanzieren. Zwar hat er erst vor einigen Monaten eine eigene Werbefernseh-Gesellschaft gegründet, aber er tritt in seinen Werbefilmen nie persönlich in Erscheinung, sondern schreibt nur Texte und Drehbücher. Er hält das Fernsehen seiner weiteren Karriere bei Bühne und Kabarett für abträglich. ›Wer den Erhardt stän-

dig auf der Mattscheibe hat, gibt kein Geld aus, sich ihn in natura anzusehen.‹ Man spürt deutlich die Wandlung, die mit Heinz Erhardt vor sich gegangen ist. Flickte er vor einigen Jahren bei der Unterhaltung noch laufend Blödeleien ins Gespräch, so berichtet er heute sehr sachlich und nachdenklich über seine Pläne. Er weiß, daß sich jeder Künstler, besonders wenn er auf einen bestimmten Typ festgelegt ist, immer von neuem behaupten und durchsetzen muß.«

Doch Ende 1960 erlag Heinz Erhardt dem Reiz des neuen Mediums:

»Erhardt dreht Fernseh-Filme

Die von dem Kabarettisten und Filmschauspieler Heinz Erhardt gegründete Produktionsgesellschaft hat mit dem Norddeutschen Rundfunk Hamburg einen Vertrag über die Herstellung von Fernseh-Filmen abgeschlossen. Wie die Produktionsfirma am Mittwoch mitteilte, sollen ein Lustspiel, eine Kriminal-Groteske und eine englische Gespenster-Geschichte gedreht werden. Die Aufnahmen werden Mitte Februar unter der Regie von Joachim Hess beginnen.«

Und das trotz Erhardts permanenter Überarbeitung, über die er sich jedoch lieber lustig machte, anstatt sie ernst zu nehmen.

»Herr Erhardt, was tun Sie in Ihrer Freizeit?«

»Ich bin beruflich tätig.«

Tochter Grit über die Gründe der Arbeitswut ihres Vaters:

»Er hat ganz bestimmt nicht des Geldes wegen so viel gearbeitet. Zum Geld hatte er überhaupt kein Verhältnis. Das hat alles meine Mutter gemacht. Sie war der Finanzminister. Ich weiß nicht mal, ob er selbst die Gagen ausgehandelt hat. Das war ihm ziemlich Wurscht. Er wollte auf die Bühne, er wollte arbeiten. Er wollte auf Tournee. Wenn er 14 Tage zu Hause war, hat er das zwar genossen. Aber dann wurde er auch schon wieder kribbelig, dann mußte er wieder auf die Piste.

Urlaub hat er völlig abgelehnt. ›Wenn ich zu Hause bin, habe ich Urlaub‹, sagte er. Ausspannen, alle viere von sich strecken, das konnte er nicht. Gearbeitet hat er immer. Am Schreibtisch, aber auch sonst. Er bekam Ideen, wenn er durch den Garten lief. Oder wenn er einen Spaziergang zu dem kleinen

Wald hier ganz in der Nähe machte. Er ging allein, manchmal rannte die Katze hinterher. Und von solchen Spaziergängen kam er mit neuen Ideen zurück.

In den Schulferien haben die Eltern uns oft auf Tourneen oder zu Dreharbeiten mitgenommen. Für uns war das schön, für meine Eltern war es sicher keine Erholung. Im Sommer hat er Bädertourneen gemacht, die Inseln abgeklappert. Sie konnten meinen Vater auch nicht an den Strand prügeln. Das Thema Urlaub, wie man normalerweise Urlaub macht, war völlig tabu.

Wir waren vier Kinder und meine Großmutter – und dann alle ins VW-Cabrio hinein. Die Kleinen kamen nach hinten in die Kiste.«

Wangerooge 1955

Gero Erhardt schätzt seines Vaters Arbeitswut so ein:
»Er hat so viel gearbeitet, weil er es nicht als Arbeit ansah, sondern als sein großes Hobby. Hobbys im klassischen Sinn waren für ihn, Chopin nachzuspielen und zu Fußballspielen zu gehen. Er hat seine Arbeit nicht als Zwang empfunden, sondern als großes Vergnügen.

Meine Mutter war sein Manager. Mit den finanziellen Dingen hat er überhaupt nichts am Hut gehabt. Er war froh, daß sie ihm diese Sorge abnahm. Man kann darüber nachdenken, ob es eine Form von Entmündigung ist: auf der künstlerischen Seite eine starke Persönlichkeit und auf der lebenspraktischen Seite keine starke Persönlichkeit. Jedenfalls hatte er dadurch den Rücken frei für seine Arbeit. Zwar hat er die Verhandlungen mit den Gesellschaften geführt – aber mit dem Gefühl, seine Frau im Hintergrund zu wissen. Sie war über alles informiert. Und wenn sie sagte: ›Heinz, laß das‹ – dann ließ er es auch. Manchmal ließ er es auch nicht – und dann saß er eben drin.«

Gilda, die stille Kraft im Hintergrund

Der langjährige Erhardt-Freund und Kollege Albert Lichtenfeld hat Erhardt in Gelddingen so erlebt:

»Geld hatte für Erhardt keine besondere Bedeutung. Er brauchte für sich selbst auch wenig: ein dunkelblauer Anzug, ein mittelblauer Anzug, sein Auto

– und das Haus. Es war recht klein, aber sehr schön gemacht. Nur für die Familie brauchte er viel. Für die Familie hat er alles getan. Er hat an das Geld gedacht, das er eines Tages vererben könnte. Davon hat er oft gesprochen. Es war wichtig für ihn, die Familie gut versorgt zu wissen. Und weil bei ihm auch alles so gut lief, hielt er diese Vorsorge für seine Pflicht. Gegen sich selbst war er dabei rücksichtslos. Er nahm nebenher viele Engagements an, wenn also beispielsweise das Fernsehen anrief. Er übernahm alles und wenn er von früh bis spät unterwegs war. Zwar sagte er manchmal spontan: ›Das wird nicht gehen, mein Terminplan ist voll.‹ Aber eine halbe Stunde später sagte er: ›Eigentlich geht es ja doch.‹«

Gero Erhardt bestätigt die Priorität in der Familien-Philosophie:

»Die Familie zusammenzuholen, das war immer das größte Ziel. Deshalb wurde ja auch das Haus, in dem ich und zwei meiner Geschwister leben, gekauft. Mein Vater hatte keine Sehnsucht nach Luxus. Er fuhr ein teures Auto, aber er hatte zum Beispiel nie die Ambition, nun unbedingt im Süden noch ein Haus haben zu müssen. Er hat ein bißchen mit Wertpapieren spekuliert, aber nicht verrückt, sondern immer in engem Schulterschluß mit dem Kontaktmann bei der Bank. Der hat Aktien ge- und verkauft.«

Um 1960 boomte das bundesdeutsche Wirtschaftswunder wie wild. Millionen Menschen wurden schier besinnungslos vor Konsumieren. Ein Phänomen wie Arbeitslosigkeit existierte nicht. Selbstgefällig stellten viele Menschen ihre frisch erarbeiteten Status-Symbole zur Schau. Heinz Erhardt ging es finanziell äußerst zufriedenstellend, er war ein wohlhabender Mann. Doch er verlor vor lauter Arbeit und Geld nicht die Nachdenklichkeit.

»Das Beefsteak und ich

Zugegeben, es geht uns gut. Aber wir haben sehr schlechte Zeiten erlebt und können sie nicht vergessen . . . Auch heute noch denke ich, wenn ich ein Beefsteak esse, dankbar: ›Ist doch 'ne feine Sache‹. Das Leben zu genießen, ist eine Kunst. Wem es in unserer wirtschaftswunderlichen Zeit gutgeht, der sollte sich das immer bewußt vor Augen halten und weder die eigene vergangene noch die fremde gegenwärtige Not vergessen. Moralpredigt? Meinetwe-

gen. Aber auch Egoismus. Denn Sie fühlen sich, wenn Sie so denken, viel zufriedener und sehen die kleinen und großen Fußangeln des täglichen Lebens nicht mehr in Cinemascope-Format, sondern durchs Opernglas verkehrt. Leicht leben ohne Leichtsinn, das ist die Kunst des Lebens, hat – glaube ich – Fontane gesagt. Ich darf dazu mit einem eigenen gesammelten Werk schließen und reimen: Ich wälz nicht schwere Probleme / und spreche nicht über die Zeit, / ich weiß nicht, wohin ich dann käme, / ich weiß nur, ich käme nicht weit.« (1961)

Das war der Heinz Erhardt, der vom vierten Gang in den ersten zurückgeschaltet hatte. Doch dann stürzte er sich in ein neues Medienabenteuer.

»Warum ich nun doch televisioniere . . .

Seit jeher hatte ich große Angst vorm Fernsehen. Sie werden mich mit meiner Mattscheibe auf Ihrer Mattscheibe auch kaum entdeckt haben. Mit allen mir zur Verfügung stehenden Haaren und auch mit Haut habe ich mich gegen das Fernsehen gewehrt, solange und so gut es ging, denn ich habe mir immer vorgestellt: Da kommst du den Leuten ungebeten ins Haus, ob sie wollen oder nicht. Auf jeden Fall habe ich als Gast nicht die Rechte, wie ich sie im Kino habe. Dort gehen die Leute hinein und wissen ja, was ihnen blüht, wenn mein Name auf dem Plakat steht. Aus freien Stücken zahlen sie ihren Obulus und sind, wenn's ihnen nicht gefallen hat, selber schuld. Wenn ich ihnen im Fernsehen nicht gefallen habe, ist die Reaktion für mich viel unangenehmer. Sie sagen: ›Na, für meine fünf Mark kann ich aber auch besseres verlangen.‹ Denn freiwillig wollten sie mich ja vielleicht gar nicht sehen, sie mußten mich einfach über sich ergehen lassen. Warum ich nun doch televisioniere und gleich mit drei Filmen in eigener Produktion? Schuld hat das Fernsehen. Es hat mich beauftragt. So bin ich ein Beauftragter des Fernsehens geworden, ohne deshalb nicht weiter die Stirn zu haben, weiter zu filmen. Gleich zuerst komme ich Ihnen im Fernsehen spanisch vor. Besser gesagt: englisch. In meinem ABENTEUER IN NORFOLK *bin ich am 13. Mai ein biederer britischer Ferienbürger, der auf einem verlassenen Landsitz in eine mysteriöse Kriminalgeschichte hineingezogen wird. Das ist gar nicht komisch und ulkig, sondern hof-*

Erster TV-Film: ABENTEUER IN NORFOLK, 13. Mai 1961

fentlich nur spannend. Falls Sie mich lieber blöd sehen wollen, können Sie später Eine gewisse Marietta *und* Der Fachmann *sehen. Absichtlich wurde Norfolk an den Anfang gestellt, um zu demonstrieren, daß ich auch anders sein kann, als ich bin.*

Ist nun der Film schuld, daß sich das Fernsehen mit mir einläßt, liegt's nun an Ihnen oder an mir selber? Jedenfalls televisioniere ich im Sommer ohne Rücksicht auf Verluste mit drei neuen Stoffen weiter in eigener Produktion. Können Sie mir alles nach- und fernsehen?« (Mai 1961 im Mediendienst TV-Contact)

Damit begann eine kaum überschaubare Vielzahl von Auftritten Heinz Erhardts im bundesdeutschen Fernsehen. Seine Firma HEP produzierte insgesamt sechs Filmkomödien mit der für TV-Produktionen nicht eben gewöhnlichen Länge von jeweils rund 40 Minuten. Erhardts erster verhältnismäßig seriöser Fernsehauftritt fand am 13. Mai 1961 statt. Der Film hieß Abenteuer in Norfolk, Erhardt spielte einen gewissen Mr. Smith. Seine Partner waren die Hamburger Schauspielerin Herta Kravina und der Schauspieler und langjährige Leiter des Hamburger Ernst-Deutsch-Theaters, Friedrich Schütter. Die weiteren Filme:

Willi Winzig, 3.7.1962
Der Kurpfuscher, 30.7.1962
Eine gewisse Marietta, 23.10.1962
Der Fachmann, 18.12.1962
Ein ruhiges Stündchen, 1.2.1963.

Diese Filme fanden keine Fortsetzung, weil auch HEP keine Fortsetzung fand. Gero Erhardt über seinen Vater als Geschäftsmann:

»Die Gründung der Firma war von vornherein ein Schmarren. Mein Vater war nie ein Produzent. Es gibt eine Kategorie Menschen, die sollen ihre Kunst machen, aber sie sollen sich von anderen Dingen freihalten. Mein Vater hat es mal probiert, und er ist plusminusnull rausgekommen. Da konnte er noch von Glück reden. Manch einer ist damals mit solchen Projekten böse auf die Nase gefallen. Die Zusammenarbeit meines Vaters mit seinen damaligen Partnern verlief wenig erfreulich. Besonders brisant wurde es, als er auf Anraten meiner Mutter die Firma auflöste. Dieser Ausflug in die Produzententätigkeit hat

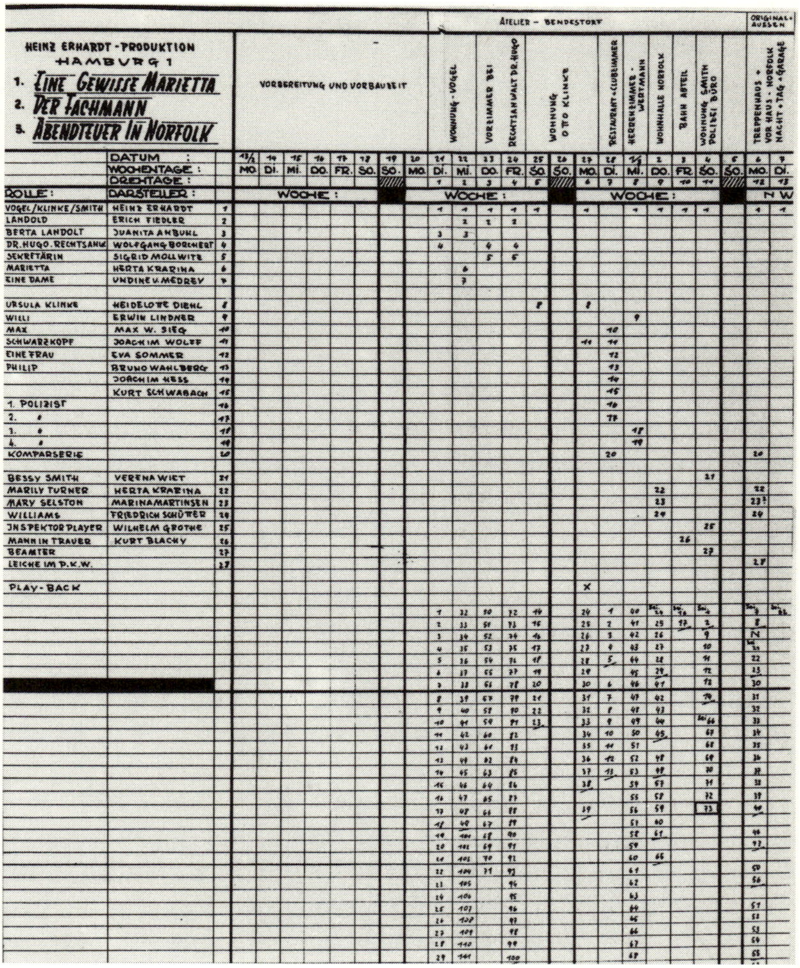

Heinz-Erhardt-Produktion: Drehplan 1961/62

meinen Vater für alle Zeiten geheilt, obwohl bei dem Projekt nicht unbedingt das Finanzielle im Vordergrund stand. Es war auch der Wunsch, mal eine andere Form der Arbeit auszuprobieren.«

Anfang der sechziger Jahre begann ein Jahrzehnt von Fernsehauftritten Heinz Erhardts, die praktisch nicht mehr überschaubar sind. Meistens waren das Gastspiele von wenigen Minuten Länge. Eine kurze Beispielliste:

Kleine Leute – grosse Reise (1958)

Kleine Stadt – ganz gross – mit Hans Joachim Kulenkampff (1961)

Die Schaubude – traditionsreiche Unterhaltungssendung des norddeutschen Regionalprogramms; diverse Auftritte. *»Zwei Minuten vor diesem Auftritt brach ich mir den rechten Fuß. Obwohl ich nicht auftreten konnte, mußte ich auftreten.«*

Frankfurter Palette (1962)

Hamburger Extrablätter – mit Rolf Stiefel, dem Jochen-Brauer-Sextett, Friedel Hensch und den Cypris (1962)

Nachlese 62 – Querschnitt durch die Unterhaltungssendungen des Fernsehens in den vergangenen 12 Monaten. Nachgelesen von Heinz Erhardt und »ins Bild gerückt« von Michael Leckebusch

Psychologie des Alltags – Unterhaltungssendung in drei Teilen mit Heinz Erhardt als Moderator (1964)

Zwischenmahlzeit – mit Gisela Schlüter (1963 bis 1970)

Silvester 63 – großer Silvesterball in Berlin mit Direktübertragung im ZDF – mit Rudolf Schock, Ernst Stankovski, Bully Buhlan u.a.

Das wissen die Götter – Astrologie – kabarettistisch betrachtet, mit Balduin Baas u.a. (3 Folgen 1964)

Die Reise auf den Mond – Offenbach-Operette mit Heinz Erhardt als »Mikroskop«, Gelehrter und Staatsminister. Singstimme: Kurt Marschner (1964). *»Erhardt war ein großer Opern-Liebhaber. Oper war für ihn das Schönste. Wir unterhielten uns darüber. Ich war sein Liebling, weil ich eine Fernsehoper mitgemacht hatte. Damals nahm man Schauspieler und die Stimmen von Sängern. In der* Verkauften Braut *hatte ich den Wentzel. Eine komische Rolle, ein komischer Liebhaber. Das gefiel Erhardt. Er sagte: ›So was hätte ich gerne mal auf der Oper gemacht.‹ Gerade diese Rolle des komischen Liebhabers.*

Erhardts Traum war Opernregie. Je mehr Erfolg er als Komiker hatte, desto mehr entfernte er sich von diesem Traum. Das spürte er genau. Er machte seine Arbeit, er genoß seinen Erfolg. Aber ich glaube, daß ganz tief innen die Sehnsucht ›Oper‹ schon noch drin war in ihm. Er hätte seinen rechten Arm für eine Opernregie gegeben.« (Gunnar Möller)

MUSIKAUKTION – Sendereihe mit Erhardt und Paul Kuhn. Vorgestellt werden »bekannte Gesichter, hoffnungsvolle Neuentdeckungen und Evergreens«. Regie: Truck Branss (1964 und 1965)

DIE FLEDERMAUS – Operette mit Erhardt als Gefängnisdiener Frosch (1964)

FRAU LUNA – Operette (Musik: Paul Lincke) mit Erhardt als »Theophil« (1964)

ALS SIE NOCH JUNG WAREN – Heinz Erhardt erinnert sich (1965)

HOTEL VICTORIA – Unterhaltungsreihe mit Vico Torriani (1965)

Bei Werner Baecker in der AKTUELLEN SCHAUBUDE

»Hotel Victoria *kam uns diesmal reichlich bemüht vor, abgesehen von Heinz Erhardt, den man am liebsten mit beiden Händen auf der Szene festhalten möchte, so amüsant albert er herum.«*

In Halle 3 von 4 bis 5 – von der Internationalen Funkausstellung Berlin (1965)

Musikalischer Bummel – »der nächste Urlaub kommt bestimmt« – Stars besingen Reiseziele. Erhardt sang Der Mond von Wanne-Eikkel (1965)

10 Jahre ARD-Fernsehlotterie (1966)

Thomas Fritsch-Show – mit Heidi Brühl, Wencke Myrrhe u.a. (1967) *»Der Witz von Heinz Erhardt stellte alles in den Schatten. Leider war er nur ganze drei Minuten in dieser Sendung zugelassen.«*

Stelldichein beim Wein – mit Otto Höpfner, Martin Lauer u.a. (1967)

Witzakademie – mit Theo Lingen. Regie: Erik Ode (1967) *»Ganz große Klasse«* (Erhardt)

Jetzt schlägt's 13 – ZDF-Silvestershow (1967) *»Ich konnte den Käse nicht sehen, hatte Premiere von* Das hat man nun davon«

Die »Hör Zu« bewältigte den »Käse« durch einen Leser-Briefwechsel. Aus Berlin kam die Klage:

»Wann werden die zuständigen Herren einsehen, daß auch eine Show für die Zuschauer gemacht wird und nicht für entfesselte Starregisseure? Wann werden aber auch die Künstler von Rang, wie Werner Finck und Heinz Erhardt, endlich den Mut aufbringen zu protestieren, wenn man ihnen zumutet, in einer solchen Monster-Schau unbedeutende Nebenrollen zu spielen?«

Aus Hamburg antwortete Heinz Erhardt:

»Zu dem Artikel möchte ich bemerken, daß man sich als ausübender Künstler gegen Schnitte und Striche der Produzenten und Regisseure nicht wehren kann. Auch gelegentlich der Wiener Operetten-Aufzeichnung ›Die Landstreicher‹ *erging es mir nicht besser. Nur war es hier ein prominenter Komiker-Kollege, der mir von fünf Szenen drei wegstrich. An sich bin ich über kurze Auftritte im Fernsehen nicht böse, falle ich doch so keinem auf die Nerven . . .«*

Dem Täter auf der Spur – Krimi-Quiz von Jürgen Roland (1967)

Mit Pauken und Plaketten – Regie: Heinz Liesendahl (1970) *»Einen biederen Vereinsmeier auf der Jagd nach Mitgliedsnadeln spielt Heinz Erhardt in der parodistischen Sendung* Mit Pauken und Plaketten, *die das 2. Deutsche Fernsehen Anfang März ausstrahlen wird. Privat, so versichert der Komiker mit dem todernsten Gesicht, könne er Vereinsmeierei nicht ausstehen. Er mag dafür um so mehr Geschichten, die wahr sind und doch von ihm erfunden sein könnten. Zum Beispiel diese: ›Als ich vor kurzem vier Wochen lang in Köln Theater spielte, wartete eines Abends nach der Vorstellung ein junger Mann auf mich. Er schüttelte den Kopf und sagte: ›Nun hab ich schon zum dritten Mal dieses Stück gesehen. Sagen Sie mal, Sie sprechen ja immer denselben Text, haben Sie den etwa auswendig gelernt?‹«*

Humor ist, wenn man trotzdem singt – heitere Schlager und Chansons mit Insterburg & Co u.a. Durch die Sendung führt Ilja Richter. Regie: Dieter Wendrich (1970)

Der Opernball – Operette von Richard Heuberger mit Erhardt als »Beaubuisson« (1971)

Was bin ich? – heiteres Ratespiel mit Robert Lembke (1971)

Im Jahre 1969 wurden einige Kinofilme im Fernsehen ausgestrahlt, im Sommer z.B. Drillinge an Bord. *»Für hervorragende künstlerische Leistungen auf dem Bildschirm wurde Heinz Erhardt von den Millionen Lesern der Rundfunk- und Fernseh-Illustrierten TV Hören und Sehen zum ›Star der Woche‹ gewählt. Diese Wahl ist das Ergebnis einer Umfrage, die TV Hören und Sehen jede Woche veranstaltet und im Bildschirm-Barometer veröffentlicht. Mit dieser Auszeichnung danken Ihnen die Fernsehzuschauer für Ihre Mitwirkung in* Drillinge an Bord *in einer Sendung des ZDF in der 24. Woche 1969. Hamburg, den 08.07.1969.«*

Dazu Erhardt:

»Na bitte, endlich auf Platz 1, und auf dem Weg zum Goldenen Bildschirm bin ich auch. Nun kann ich beruhigt in Urlaub gehen.«

Anfang 1970 fand im Düsseldorfer Theater an der Berliner Allee die Fernseh-Aufzeichnung des Tournee-Dauerbrenners Das hat man nun davon statt. Ausstrahlung: Neujahr 1971.

»Das ist ein glänzender Termin. Erstens geht am 1. Januar kaum jemand aus (weil jeder müde ist), und zweitens können zu dieser frühen Zeit auch Ju-

gendliche die Sendung sehen – und das ist für mich sehr wichtig, denn die Jugend ist ja mein zukünftiges Publikum.«

Erhardt war guter Hoffnung. Das wäre er nach folgendem Vorfall sicher nicht mehr ungeteilt gewesen:

»Angeblich ist beim ZDF alles mit Dienstanweisungen geregelt. Trotzdem ist seit Wochen die komplette Aufzeichnung eines Lustspiels mit Heinz Erhardt verschwunden. Titel des Lustspiels: DAS HAT MAN NUN DAVON.«

Das Band fand sich wieder an, doch warum sollte es dem für Erhardt-Produktionen zuständigen Redakteur besser gehen als dem Helden:

»Ich habe in der letzten Zeit so viele Sachen fürs Fernsehen gemacht, daß ich gar nicht mehr weiß, wo mir der Kopf steht. Unmöglich, in der Verfassung noch'n Gedicht zu verfassen. Das kann ich auch nur, wenn mir einer mit der Pistole im Nacken sitzt.«

Nichts mehr zu spüren also von der Zögerlichkeit, die Erhardt noch Anfang der sechziger Jahre im Griff gehalten und 1962 zu solchen öffentlichen Entschuldigungen getrieben hatte:

»Sehr geehrte Herren, irgendwie muß ich mich reinwaschen und weiß nicht wie. Ich kann nichts dafür, daß mich das deutsche Fernsehen in der Sendung ›Artisten-Wirbel um Heinz Erhardt‹ wieder ausstrahlt, nachdem ich erst am 22. September aus Zürich zu sehen und zu hören war und das recht ausgiebig. Ich möchte jeden Fernsehzuschauer, der über das 2. Programm verfügt, einzeln um Verzeihung bitten, daß ich nach so kurzer Zeit abermals in sein gemütliches Zuhause eindringe – aber was kann ich dafür, wenn dem Fernseh-Koordinator eine solche Panne passiert? Mit freundlichen Grüßen.«

1964 äußerte sich Erhardt zum Thema »Humor im Fernsehen«:

»Für mich ist das Fernsehen das gefährlichste, das man sich vorstellen kann. So profilierte Leute wie Kulenkampff und Frankenfeld kamen gut über einige Runden, dann streckten auch sie die Waffen. Andere Künstler erlitten kläglichen Schiffbruch. Grund: Das Publikum sieht sich an einem satt. Ich kann hundert Filme im Jahr drehen, niemand stört das. Aber beim Fernsehen komme ich sozusagen ungebeten, uneingeladen ins Haus. Deshalb bin ich darauf bedacht, nur in kleinen Dosen vor das Publikum zu treten. Ich will meinen in schwerer Arbeit erworbenen Namen nicht leichtfertig aufs Spiel setzen.

DAS HAT MAN NUN DAVON: die Erfolgsrolle des Willi Winzig

Aber da ist noch etwas ... In Amerika hat der Zuschauer die Auswahl zwischen acht bis zwölf Programmen. Er kann umschalten, wann und wie oft es ihm beliebt. Außerdem, bei uns wurde der Humor schon immer stiefmütterlich behandelt. Curt Goetz, meiner Meinung nach der größte humoristische Schriftsteller, den wir haben, erhielt niemals einen Literaturpreis. Na bitte!«

Und obwohl Erhardt zwischendurch notierte:

»Viermal Fernsehen im Jahr ist genug«, fieberte er 1967:

»Werde ich zum dritten Mal Opfer der Politik? Das erste Mal war es der Ausbruch der Kuba-Krise, die eine mit mir geplante Sendung verpuffen ließ. Das zweite Mal war es Kennedys Ermordung; meine Sendung mußte verschoben werden. Und heute, es ist der 15. April 1967, liegt Adenauer mit 91 Jahren im Sterben. Wenn er dann am 20.04. sein Staatsbegräbnis und noch katholisch erhält, wird meine Sendung natürlich wieder verschoben werden.«

1968 drang Erhardt in Extrembereiche vor. Gleichzeitig drehte er in München die TV-Show MIT PAUKEN UND PLAKETTEN und in Braunschweig eine RUDI-CARRELL-SHOW.

Dieses Hin und Her zwischen München und Braunschweig war sehr strapaziös, obwohl ich im Schlafwagen ›single‹ fahre.«

Ob Schlafwagen, Flugzeug oder Mercedes – Heinz Erhardt fuhr und fuhr und fuhr von Drehort zu Bühne zu Studio und zwischendurch immer mal wieder nach Hause. Er wird nicht oft »nein« gesagt haben in diesen Jahren.

»Das Fensehen hat einen neuen Showmaster: Heinz Erhardt. Jetzt tritt Heinz Erhardt die Schramm-Nachfolge beim Baden-Badener Roulette an. ›Solch eine Conference ist ja nichts Neues für mich. Es hat mir und ich glaube auch allen anderen sehr viel Spaß gemacht, bei dieser Sendung mein Debüt als Fernseh-Showmaster zu geben. Dennoch werde ich so etwas nicht wieder machen, denn ich halte mich grundsätzlich vom Bildschirm ziemlich fern.‹«

So sprach Erhardt im Oktober 1971 – es war reine Koketterie, es war Wunschdenken, war vielleicht auch das Signal eines kranken Mannes, der sich nach Ruhe sehnte und sie sich doch nicht gestattete.

»Nicht einmal Urlaub macht er, um ferne Gestade anzustreben. Wenn er einmal dienstfrei hat, zieht er sich in sein Hamburger Haus zurück und fau-

lenzt und denkt wieder über die nächsten Programme nach. ›Er dichtet eigentlich immer‹, sagte seine Frau Gilda, ›es ist sein Leben, er kann nicht anders.‹«

Unter allen Aufzeichnungen Heinz Erhardts erscheint uns die folgende als tragischste, weil sie 1. das Umhergetriebensein dieses Mannes zeigt und 2. eine bodenlose Fehleinschätzung enthält:

»Ich arbeite fast pausenlos. Nicht, um Geld zu verdienen, seltsamerweise denke ich oft gar nicht daran, sondern weil ich arbeiten muß. Denn in keinem Beruf wird man so schnell vergessen wie in meinem. Also kann ich mir keinen Urlaub erlauben und vor allem, ich darf nicht krank werden.« (18.6.1971)

Zu dieser Zeit – fünf Monate vor dem Schlaganfall – war Heinz Erhardt längst ein schwerkranker Mann. Schon im Frühjahr 1968 notierte er:

»Als ich dies einklebte, war der Tag des großen Nasenblutens, und heute abend werde ich wieder spielen DAS HAT MAN NUN DAVON. *Hoffentlich halte ich es durch.«*

Später fügte er hinzu:

»Ich habe es durchgehalten! Das liebe Gottchen hat ganz leise gedroht. Es hätte ja auch eine Arterie im Gehirn platzen können. Na, dann gute Nacht!« (20.03.68)

»Am 07.04.68 bekam ich furchtbare Schmerzen im linken Fuß. Ich konnte nicht auftreten. Das heißt: auf dem Fußboden nicht. Theater mußte ich spielen, unter größten Qualen: Das große Lachen! . . . Selbst der Oberarzt vom Bethanien war hilflos. Vielleicht wäre in diesem Fall ein Unterarzt besser gewesen. Am 09.04. wurde ich von Gero zu Dr. Fischer – Sportarzt vom HSV – gefahren, und dieser gab mir 8 Spritzen. Nun geht's wieder, und ich auch. Gott sei Dank!«

»Heute ist der 1.1.70. Zum ersten Mal, solange ich denken kann, bin ich ohne Schnäpschen ins Neue Jahr hineingeschlittert. Zippchen und ich waren ganz allein zu Hause und sahen uns das traurige Silvester-Programm im TV an. Als ›Festspeise‹ aßen wir Schwarzbrot mit Butter und tranken Apfelsaft dazu. Daß bei uns keine große Stimmung aufkam, ist erklärlich, aber wenigstens haben wir heute keinen Kater.«

»Ich war drei Tage schwerkrank, Grippe. Der 2. und 3.4. mußten in der Komödie ausfallen . . . Es ist ein scheußliches Gefühl, wenn man siech zu Bett liegt und denkt, jetzt ist es halb neun, jetzt müßtest du auf die Bühne . . .« (06.04.1971)

»›Tag meiner Wiedergeburt‹. Ich war schwer am linken Knie erkrankt und lag mit furchtbaren Schmerzen fast eine Woche. Nun hat mich heute morgen der ›Rheuma-Meyer‹ punktiert. Und jetzt kann ich wieder auftreten, so und auf der Bühne. Am 01.10. beginnt die große Tournee MIT BESTEN EMPFEHLUNGEN.« (28.09.1971)

Später fügte er hinzu:

»Die Tournee war wieder sensationell!! Nur ausverkaufte Häuser und ein begeistertes Publikum.«

Ein Dutzend in fünf Jahren –
Erhardts Spielfilme bis 1964

Heinz Erhardt, der »popular comedian«, so das US-Filmblatt »Variety«, begann die sechziger Jahre im Filmgeschäft so, wie er die fünfziger hinter sich gebracht hatte.

1960: 3 Filme
1961: 3 Filme
1962: 3 Filme
1963: 1 Film
1964: 2 Filme

Doch wirkte er längst nicht in allen Produktionen als Hauptdarsteller mit. Der »Evangelische Filmbeobachter« brachte es 1960 auf den Punkt:

»Heinz Erhardts Filme haben ihr bestimmtes Publikum. Und das mit Recht. Der Komiker hat eine originale Art und trifft den Geschmack vieler Leute. Aber mit seinen Filmen geht es leider abwärts. Die werden immer schlechter. Und zwar kann man sich nicht des Eindrucks erwehren, daß sie zu wenig vorbereitet, zu schnell gedreht und zu eilig auf den immer weniger besuchten Markt geworfen werden . . . Heinz Erhardt ist für so was nicht der geeignete Mann. Seine Stärke liegt im Kabarettistischen.«

Zwar war Heinz Erhardt besser als die Filme, in denen er mitspielte. Doch konnte auch er nichts ändern an der zunehmend desolaten Lage des deutschen Films, speziell der deutschen Filmkomödie. Die Konkurrenz des neuen Massenmediums Fernsehen zog Attraktivität und Talente vom Kinofilm ab. Der Exodus einer kompletten Generation begabter Schauspieler, Autoren und Regisseure während der NS-Zeit wirkte sich jetzt unheilvoll aus. Es sollte noch einige Jahre dauern, bis eine neue Generation von Filmemachern ihre ersten Talentproben vorlegte – und unter ihnen war kaum jemand, der dem Genre der Komödie frischen Odem einhauchte. DER LETZTE FUSSGÄNGER von 1960 (Regie: William Thiele) zeigte Erhardt wieder als Büromenschen, diesmal als Illustrierten-Archivar Gottlieb Sänger. An seiner Seite spazierte der vielleicht charmanteste Teenager durch die 88 Minuten Filmhandlung, den es damals auf Zelluloid zu sehen gab: Christine Kaufmann.

Was es inhaltlich über den Film zu bemerken gab, bezeugten zahlreiche bissige Kritiken. Niemand aber sagte es liebevoller als ein Heinz-Erhardt-Anhänger, der in der Frankfurter Rundschau zum ungewöhnlichen Mittel des offenen Briefes griff:

»Lieber Heinz Erhardt. In der anschließenden Conference nach der Uraufführung haben wir dich wiedererkannt, den Meister erlesener Albernheiten und weiser Torheiten, den Initiator erlösenden Gelächters über uns und die Welt. Aber bitte, spiel keinen dieser betulich-mittelmäßigen Filme mehr, die aus der Mottenkiste stammen. Schade, daß du kein Choleriker bist, aber bitte, habe die Stirn, sie zu runzeln ob solcher Situationen und Dialoge, die man dir hier zumutet. Schreib sie lieber selber. Wer's besser kann, sollte es auch tun. Du bist viel zu gescheit, um nicht zu wissen, was für einen Unterhaltungs-Wechselbalg man dir hier unterschob, damit du ihm zum Erfolg verhelfest. Du lieber, sensibler Humorist, an was sollen wir uns denn halten, wenn selbst du dem Terror der ›Publikumswirksamkeit‹ verfällst? Wir harren so oft und wir waren so oft und so gerne heiter mit dir. Aber bei dem ›letzten Fußgänger‹ waren wir traurig. Laß es bitte das letzte sein, was du auf dem Gebiet des geistigen und komödiantischen Understatement mitgemacht hast . . .

Lieber Heinz Erhardt, ich hebe das Glas auf einen Film, in dem du weder verkleinert noch beschränkt wirst, sondern als der wirken kannst, der du bist. Als der Hausfreund der deutschen Sprache, der ihre Vorzüge und ihre Schwächen liebevoll und meisterhaft ins rechte Licht zu rücken weiß.«

Im gleichen Jahr 1960 sorgte eine filmpolitische Entscheidung in der Bundesrepublik für Schlagzeilen: der sogenannte »Gagenstop«. Die Filmproduzenten versuchten, mit dieser Einkommens-Kürzung für Spitzenschauspieler die Kosten zu drücken – eine gleichzeitige Erhöhung der Qualität konnte der Gagenstop nicht leisten. Die Höchstgage sollte bei 100000 Mark pro Film liegen. In dieser Gewichtsklasse fanden sich Ruth Leuwerik, O.W. Fischer, Curd Jürgens und Heinz Rühmann. Das Mittelfeld bildeten Künstler, die pro Film eine Gage von 50000 Mark erwarten durften: Sonja Ziemann, Luise Ullrich, Gert Fröbe und Heinz Erhardt.

KAUF DIR EINEN BUNTEN LUFTBALLON (Regie: Geza von Cziffra) zeigte Heinz Erhardt 1960 in einer Nebenrolle als »Theaterdirektor Knapp«. Der Film war in den Nebenrollen sehr prominent besetzt – künstlerisches Unterfutter für das Traumpaar Ina Bauer und Toni Sailer in den Hauptrollen.

Da war MEIN MANN, DAS WIRTSCHAFTSWUNDER (Regie: Ulrich Erfurth) schon von anderer Qualität. Kabarettist Dieter Hildebrandt schrieb 1960 die Geschichte des Wirtschaftskapitäns Engelmann und seiner Tochter, die am Ende eine Mutter bzw. Ehefrau bekommen. Der große Einfädler war Heinz Erhardt in der Rolle von Paul Korn, Engelmanns Fahrer. Als Erhardts Partnerin agierte der Ufa-Star Marika Rökk; an ihrer Seite die aufstrebende Cornelia Froboess, Fritz Tillmann und der taufrische Helmuth Lohner. Der Film transportierte ein Minimum an bundesdeutscher Realität. Er enthielt die für viele damalige Filme obligatorische Zahl von fünf Gesangsnummern, darunter das von Erhardt zum Evergreen geknautschte IMMER NOCH 'NEN GROSCHEN FÜR DIE MUSIKBOX (»drück nur auf die richt'ge Taste / und die schönste Musik haste«).

ACH EGON! (Regie: Wolfgang Schleif) war ein Film, der 1961 nichts mehr ausließ, um »Komik«, oder was die Macher dafür hielten, zu erzeugen. Heinz Erhardt trat in Frauenkleidern auf und spielte den Besitzer von drei ausgewachsenen Schimpansen.

»Einige Wortspiele Heinz Erhardts lassen etwas Freude aufkommen, das übrige ist nur noch peinlich.«

Interessant wurde der Film für Erhardts Biographie. Denn wie er später mehrere Theaterstücke im Abstand einiger Jahre zweimal spielte, so hatte er auch zu ACH EGON! eine besondere Beziehung. Der Film beruhte auf dem Arnold & Bach-Schwank HURRA, EIN JUNGE, den Erhardt Ende der vierziger Jahre auf dem Theater gespielt hatte.

Eine Vorlage, aber eine weltberühmte, hatte auch DREI MANN IN EINEM BOOT (Regie: Helmut Weiss). Der Film entstand 1961 in lockerer Anlehnung an den gleichnamigen Roman des Engländers Jerome K. Jerome. Erhardt schipperte mit Hans Joachim Kulenkampff und Walter Giller auf einer alten Barkasse den Rhein hinab, um im Verlauf der Fahrt allerlei Turbulenzen zu erleben.

Es folgte immer noch 1961 der Film FREDDY UND DER MILLIONÄR (Regie: Paul May). Heinz Erhardt spielte den geplagten Millionär Stone, Freddy Quinn den kleinen Angestellten Fritz Meyer. Freddy sang fünf Lieder, Erhardt keins. Das war ungewöhnlich, Erhardt gab die salomonische Erklärung:

»Ich habe mich verpflichten müssen, nicht auch zu singen; dafür ist er nicht komisch.«

In der Kritik kam Heinz Erhardt ganz gut weg, der Film weniger. Damit hielt sich die Resonanz im Rahmen des Gewohnten.

AXEL MUNTHE, DER ARZT VON SAN MICHELE (Regie: Rudolf Jugert und Giorgio Capitani) sah 1962 Heinz Erhardt in einer Nebenrolle und zum erstenmal in einer italienisch-französisch-deutschen Coproduktion. An der Kamera stand der berühmte Richard Angst, die Hauptrollen spielten O.W. Fischer und Rosanna Schiaffino.

Ebenfalls 1962: DIE POST GEHT AB (Regie: Helmuth M. Backhaus) mit Erhardt in der Nebenrolle des Kaufmanns Eberhardt. Sein Partner als Jazz-Posaunist Franz war Gunnar Möller. Er erinnert sich:

»Die Zusammenarbeit mit Heinz Erhardt war wunderbar. Er hatte nicht den Ansatz von Starallüren. Er hat mir viel über sein Leben erzählt – auch wie er zweimal eingezogen und jedesmal wieder nach Hause geschickt wurde. Erhardt war bei den Dreharbeiten ein präziser Arbeiter. Er hatte auch eine Menge Einfälle, die meistens gut waren und übernommen wurden. Regisseur Backhaus ging darauf ein.

Ich habe in drei Filmen mit Heinz Erhardt zusammen gespielt. Das waren alles B-Filme, Sommerfilme. Es gab eine bestimmte Zahl von Musiknummern, die untergebracht werden mußten; hübsche Jungs als Liebhaber, dann die Komiker dazu – und schon ging die Post ab.«

1962 folgte dann OHNE KRIMI GEHT DIE MIMI NIE INS BETT (Regie: Franz Antel). Er wurde einer der erfolgreichsten Filme mit Heinz Erhardt, der den Direktor der OK-Eiernudelfabrik mimte. Gesungen

DREI MANN IN EINEM BOOT, 1961

werden mußte auch hier. Doch immerhin gab es einen jungen Harald Juhnke zu sehen, den begabten Peter Vogel und eine Trude Herr, der man die Korsin abnahm.

Auch Harald Juhnke erinnert sich an die Dreharbeiten:

»Ich habe mit Heinz Erhardt leider nur ein einziges Mal zusammen gearbeitet, das war bei den Dreharbeiten zu Ohne Krimi geht die Mimi nie ins Bett. *Wir haben viel miteinander gelacht und uns über berufliche Belange unterhalten. Wir haben gesagt ›Wir bleiben in Kontakt‹, aber dazu ist es dann leider nicht gekommen. Ich habe Heinz zum letzten Mal auf der Feier zu seinem 70. Geburtstag erlebt. Es war erschütternd, mit anzusehen, daß ein Mann, der dermaßen von der Sprache lebte, sich nun nicht mehr artikulieren konnte.*

Mir hat an Erhardts Humor immer besonders seine Ursprünglichkeit gefallen. Erhardt war kein 08/15-Komiker. Er besaß einen ganz einzigartigen Mutterwitz, der manchmal zu einem regelrecht irrsinnigen Witz wurde. Erhardts Wortverdrehungen waren immer intelligent, sie waren keine Klamotte.

Ich sehe heute eigentlich keinen Komiker, den man mit Heinz Erhardt vergleichen könnte. Als halbwegs legitimen Nachfolger würde ich höchstens Otto bezeichnen. Bei Komödianten gibt es ja sowieso selten einen Nachfolger. Neue Komiker – wenn sie wirklich gut sind – bringen ihre eigene, unverwechselbare Komik mit. Die Komik hängt ganz eng mit der Person zusammen. Leute wie Erhardt waren ja keine Schauspieler oder Verwandlungskünstler im eigentlichen Sinne.

Bei den Dreharbeiten in Jugoslawien habe ich Heinz Erhardt als sehr disziplinierten Arbeiter kennengelernt. Er konnte seinen Text. Er hat ihn natürlich für sich abgeändert, aber das geschah stets zugunsten der Komik und ging nicht auf Kosten anderer Kollegen. Meistens hat er vorher sogar die Szene mit dem jeweiligen Kollegen besprochen. Erhardt sind auch immer witzigere Sachen eingefallen, als vorher im Drehbuch standen. Der Film war sowieso nicht besonders gut, er war eben eine der damals typischen Klamotten. Wir beide haben versucht, aus allem das Beste zu machen.

Wenn die Dreharbeiten abends beendet waren, zog sich Erhardt zurück. Er trank gern einen. Er ist nie ans Meer gegangen, er blieb immer mit seiner Frau auf seiner Terrasse sitzen. Er hatte es am liebsten, wenn ein Kollege, den er schätzte – so wie mich –, zu ihm auf die Terrasse kam. Wir haben auf der Terrasse gesessen, haben einen getrunken und haben uns über das Leben unterhalten, in guten und in schlechten Tagen.«

Die folgenden Filme hießen APARTMENT-ZAUBER von 1963 (Regie: Helmuth M. Backhaus), WENN MAN BADEN GEHT AUF TENERIFFA von 1964 (Regie: Helmuth M. Backhaus) und DIE GROSSE KÜR von 1964 (Regie: Franz Antel) mit den seinerzeit ungeheuer populären Eiskunstläufern Marika Kilius und Hans-Jürgen Bäumler. Heinz Erhardt spielte in allen drei Filmen kleine Nebenrollen.

Heinz Erhardt
NWDR
WELTKLANG
GRUNDIG
»WELTKLANG«

»Ich liege in der Wanne und denke an Susanne« – Heinz Erhardt als Werbeträger

Boris Becker tut es und Steffi Graf auch; Franz Beckenbauer tut's, Götz George tut's – wer heutzutage im Sport, im Filmgeschäft, in der Schlagerbranche oder im Fernsehen Popularität »genießt«, wird von der Wirtschaft bald als Träger mehr oder weniger alberner Werbebotschaften entdeckt.

Das ist keine Erfindung der allerjüngsten Vergangenheit. Heinz Erhardt verdiente sich seit den fünfziger Jahren ein Zubrot, indem er für diverse Firmen und Produkte seinen guten Namen und sein landesweit bekanntes Äußeres zur Verfügung stellte. Am poetischsten war Erhardts Eintreten für eine Rose in Elmshorn.

Man schrieb den Herbst 1961. Die Rose war dunkelrot und hatte eine sehr große, gefüllte Blüte. Sie entstammte einer Kreuzung der Sorten Lilli Marlen und Lys Assia. Heinz Erhardt reiste an und hielt eine launige Taufrede:

O, welche Hast, welch Straßenlärm
dringt bohrend sich in das Gedärm
und welch Gestank einen umweht
wenn man vor einer Kreuzung steht.
Doch nicht vor dieser Kreuzung hier
o Rose du, ich danke dir.
Welch zarter Duft steigt in die Nase
wie schmückst du leise jede Vase.
Komm her, geliebte Rosendame
Heinz-Erhardt-Rose sei dein Name.

Die Firma Horstmann & Co. beehrte sich, das Gewächs im Firmenkatalog detailliert zu beschreiben:

»Die Farbe ist sammetartig schwarz-rot und wird von einem feurigroten Scharlachrot durchleuchtet. Ein Farbton, der bisher unter den Floribunda-Rosen noch nicht bekannt ist.«

Ganz und gar unprosaisch klang dagegen Heinz Erhardts Seufzer: *»Ich kann zur Zeit keine Majonnaise mehr sehen«,* den er 1965 von sich gab. *»Heinz hat bekanntlich eine Zeitlang aus Werbegründen mit großem Appetit Fischkonserven gefuttert. Wahrscheinlich war's doch ein bißchen zuviel«,* mutmaßte die mitfühlende Presse.

Die Reifenfirma »Dunlop« startete 1961 eine Werbekampagne unter der Überschrift:

»Wenn Sie den Dunlop-B 7 fahren, merken Sie sofort: Die Sicherheit fährt mit.« Etwas kleiner gedruckt: *»Der bekannte Schauspieler Heinz Erhardt: ›Meinen an sich schon stabilen Wagen erkenne ich überhaupt nicht wieder, seit ich Ihre rutschfesten Reifen fahre. Ihr neuer PKW-Reifen ist wirklich eine Lebensversicherung.‹«*

Unerwarteten Besuch erhielt die Kölner Hausrat- und Eisenwarenmesse des Jahres 1964. Heinz Erhardt trat im Rahmen der Show Im Zauber guter Laune auf. Veranstalter: die Robert Bosch GmbH.

Die Firma Weser Bergland druckte 1963 einen Klappkatalog:

»Noch'n Gedicht. Hier kommt Ihnen der berühmte Humorist Heinz Erhardt nicht in seiner lustigen Art mit ›Noch'n Gedicht‹, sondern lebensklug mit dem Vorschlag, den Weser Bergland-Katalog anzufordern, der Ihrem Möbelkauf die ernsten Probleme nimmt. Lebensklug sein wie – Heinz Erhardt.«

Heinz Erhardt vermerkte dazu:

»Wird an 18 Millionen Haushalte verteilt.«

Einige Millionen Leser weniger dürfte die Auto-Zeitung aus Köln gehabt haben, in der Erhardt für einen Bericht zum Thema »Die richtigen Ersatzteile für Ihren Urlaub« posierte.

Die Rugenberger Mühle versicherte sich 1963 Erhardts Mitwirkung, um ihr Holländer Buttermilchbrot zu pushen:

»Fünfhundert Mark für einen Vers! Wir suchen den originellsten und treffendsten Zwei- oder Vierzeiler über die Vorzüge des Holländer Buttermilchbrotes aus der Rugenberger Mühle ... Weil es nicht leicht sein wird, die Entscheidung zu treffen, haben wir drei wegen ihrer heiteren Verse bekannte und berühmte Männer vom Fach gebeten, das für uns zu tun. Es sind Heinz Erhardt, Hans Harbeck und Dirks Taulun.«

Und die »Textilzeitung« wußte 1964 zu vermelden:

»Einen originellen Gag mit dem Ziel der Verkaufsförderung ließen sich die fünf Partner der Cotonova-Gruppe einfallen. Sie verpflichteten den Kabarettisten Heinz Erhardt als Verkäufer für Cotonova. Sein Verkaufsgespräch mit allen Argumenten für diesen kochfesten und bügelfreien Stoff aus feinster Baumwolle hat er in seiner bekannt-humorigen Art auf eine Schallplatte gesprochen, die an alle Verkäufer im Textilfachhandel vom Cotonova Dienst, Heilbronn, Postfach 304 kostenlos auf Anforderung abgegeben wird. Damit es nicht beim reinen trockenen Fachgespräch bleibt, wurde auf die andere Seite der Platte ein Bossanova aufgenommen.«

Diese Werbekampagne atmet für uns Nachgeborene nicht weniger Zeitgeist als Heinz Erhardt, hingelümmelt in die gutbürgerlichen »Wagner Polstermöbel«.

Heinz Erhardt machte Werbung für Cirkel Kaffee und für die Firma Fischer & Fischer, besser bekannt als Hersteller von »Badedas«. 1969 startete die Firma einen »Appell an das Volk der Dichter und Denker«, der dazu aufforderte, Sprüche über die Freuden des Badens einzusenden. Erhardt war Vorsitzender der Jury und wartete auch gleich mit einem beispielhaften Gedicht auf:

Ich liege in der Wanne
und denke an Susanne.
Mein Ohr guckt aus dem Schaum,
ich glaub, man sieht mich kaum.

Heinz Erhardt wirkte bei einem Preisrätsel der »Air Ceylon« mit und stellte sich 1962 gemeinsam mit Sohn Gero der Illustrierten »Stern« für einen Alkohol-Test zur Verfügung. Die Erhardt-Fans in der Provinzstadt Peine kamen in den Genuß des Prominenten, als er das Frühjahrs-Mode-Kabarett von Erdmann-Kleidung moderierte.

Jahrelang währte die Zusammenarbeit Erhardts mit dem Philips-Konzern. Der Philips-Starkasten gastierte beispielsweise 1953 im Verlauf von drei Monaten in fast 90 Städten. LASS DIE SORGEN SORGEN SEIN, lautete der Titel der Show, in deren Rahmen der junge Chris Howland seinen ersten Bühnenauftritt hatte.

Für den Auto-Fan Erhardt war es eine Selbstverständlichkeit, im Januar 1951 auf dem Titelbild von »Gute Fahrt« – der Zeitschrift für den Volkswagenfahrer zu posieren.

Auch die sogenannten guten Zwecke kamen nicht zu kurz. 1959 stand Heinz Erhardt auf dem Hamburger Gänsemarkt und verkaufte für »Macht das Tor auf« – die Sammlung des Kuratoriums unteilbares Deutschland – Abzeichen: Mini-Ausgaben des Brandenburger Tores. Neben Erhardt stand damals ein bekannter Sportler namens Uwe Seeler. Heinz Erhardt war auch dabei, wenn es darum ging, den Bundesbürgern Heiermänner für die Fernsehlotterie »Ein Platz an der Sonne« aus der Tasche zu ziehen. Und als Prominente aus aller Welt in einem Buch Märchen zugunsten des Weltkinderhilfswerks vorstellten, nannte das Inhaltsverzeichnis Heinz Erhardt in einer Reihe mit Kaiserin Farah, Königin Fabiola, Josephine Baker und Werner von Braun. Heinz Erhardt merkte dazu an:

»Und wieder in bester Gesellschaft«.

Nachträglich am meisten gewurmt hat ihn wohl sein mutiger Spruch zugunsten der Fernseh-Lotterie 1969:

»Wenn Sie nicht wissen sollten, wo das nächste Postamt ist, rufen Sie mich an.«

Daraufhin setzte ein Sturm auf die Telefonbücher und danach auf die Auskunft der Bundespost ein. Ergebnis: Erhardts bekamen eine Geheimnummer. Die Bild-Zeitung wußte Abhilfe: »Bild kennt die Geheimnummer« und behielt sie nicht für sich: *»Wer immer noch den Komiker ernst und beim Wort nehmen will, muß die Hamburger Nummer [- - -] anrufen.«*

Vier Tage später druckte die Bild-Zeitung einen Brief von Heinz Erhardt ab:

»Der Spaßvogel verstand den Spaß

Liebes Bild, unglaublich, wie viele Leser du hast. Bestimmt 100 hatten mich nachts zu Hause angerufen, und es wären sicher 1000 geworden, wenn ich meinen Anschluß nicht hätte sperren lassen . . . Jetzt kriege ich eine neue Geheimnummer, und ich verspreche dir, sie dir gleich mitzuteilen, damit du sie dann wieder veröffentlichen kannst.«

Norden, Süden, Osten, Westen –
Tourneen 1962 bis 1965

Weihnachten gehört Vater der Familie – nach diesem Grundsatz lebte der vielbeschäftigte Heinz Erhardt. Er richtete es so ein, daß die neuen Theaterstücke jeweils zwischen Weihnachten und Silvester in der (kleinen) Komödie in Hamburg Premiere hatten.

1962 hob sich der Vorhang für den Schwank MIT BESTEN EMPFEHLUNGEN, ein Lustspiel von Hans Schubert in der Regie von Peter Ahrweiler. Schauplatz der Handlung: die Ergo Chemie AG. Erhardt spielte den Lohnbuchhalter Josef Plötzl und erschien in der Besetzungsliste listig an letzter Stelle, um auf der Bühne dann keinen Zweifel daran zu lassen, daß ihm der erste Platz gebührte.

Mit von der Lachpartie des Boulevards war in diesen Jahren Fritz Hellmann:

»Erinnerungen an Heinz Erhardt – als Verlag und Herausgeber mich baten, einen ganz persönlichen Beitrag beizusteuern, habe ich keinen Augenblick gezögert. Obwohl nun schon so viele Jahre ins Land gegangen sind. Dennoch: Ich denke, es könnte für viele Freunde dieses geschätzten Künstlers vielleicht interessant sein, aus der Sicht eines – mehr oder weniger – ›unbekannten‹ Theaterkollegen einiges zu erfahren, was den M e n s c h e n Heinz Erhardt sozusagen ›hinter den Kulissen‹ zeigt. Das ist das eine.

Zum anderen glaube ich, in der Tat ›mitreden‹ zu können. Immerhin gehörte ich rund 10 Jahre lang – bei fünf Theater-Inszenierungen – als Schauspieler zum Stamm des Ensembles, das mit ihm als Hauptdarsteller und ›Star‹ in Hamburg, Berlin, München, Frankfurt und Düsseldorf gastierte und darüber hinaus auf langen Tourneen die gesamte Bundesrepublik bereist hat.

Und dabei fällt mir ein ...

... daß er selber sich in seinem Ensemble nie als ›Star‹ verstanden hat. Im Gegenteil! Er war immer nur bemüht, seinen – auch im Privatleben – sehr stark ausgeprägten ›Familiensinn‹ auf das jeweilige Ensemble zu übertragen. Was nicht zuletzt auch ganz realistische Gründe hatte: Schließlich waren ja alle Heinz-Erhardt-Stücke von vornherein auf ›Erfolgskurs‹ programmiert.

Vorstellungs-Serien bis zu 200 Aufführungen en suite waren keine Seltenheit. Bei dem absoluten ›Renner‹, dem Lustspiel DAS HAT MAN NUN DAVON, *haben wir über 500 Vorstellungen gespielt.*

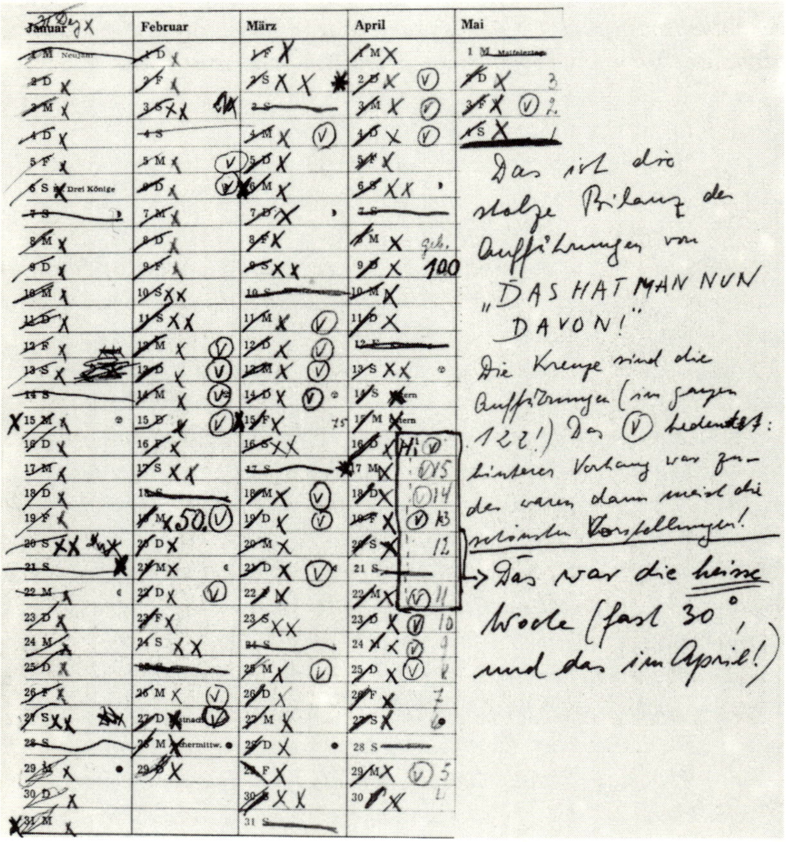

Tourneekalender 1970

Wir waren mit einem – jeweils für ein Stück zusammengestellten – Ensemble immer recht lange beisammen – oft monatelang. Zusammengehörigkeitsgefühl war eine der wichtigsten Voraussetzungen für das gute Betriebsklima.

Dazu kam noch – nicht weniger wichtig – die Tatsache, daß wir alle uns in künstlerischer Hinsicht neben dem berühmten Kollegen zwar niemals gleichwertig, aber auch nicht zweitrangig vorkamen. Genau dies aber wurde von manchen Kritik(ast)ern allzu gern anders gesehen. Sie gefielen sich oft darin, den prominenten Star des Abends (durchaus zu Recht) als den ›Solisten‹ zu bezeichnen. Und uns andere drumrum nur als ›Stichwortgeber‹.

Bädertournee 1968

Und dabei fällt mir ein ...

... daß er geradezu fuchsteufelswild werden konnte, wenn er mal wieder derartige Abqualifizierungen in der Presse zu lesen bekam. Ihm war es am liebsten, wenn auch noch andere aus dem Ensemble lobend erwähnt wurden. Dies war in seinen Augen immer die Bestätigung dafür, daß der von ihm selbst gestellte Qualitätsanspruch erfüllt war. Eigentlich gab es nur einen ein-

zigen neuralgischen Punkt, den man als Schauspieler in diesem Ensemble zu berücksichtigen hatte – ohne ›wenn und aber‹:

Es war ein ungeschriebenes Gesetz, daß sich keiner von uns publizistisch zu profilieren suchte, indem er den bekannten Namen Heinz Erhardt benutzte. Wer es dennoch versuchte, sich auf diese Weise mit fremden Federn zu schmücken, der war schlecht beraten. Über ein Ausschnitt-Büro bekam Heinz Erhardt laufend alle Presse-Veröffentlichungen zugeschickt, in denen sein Name genannt war – direkt und indirekt.

Und dabei fällt mir ein . . .

. . . daß ausgerechnet i c h einmal fast über diesen wunden Punkt gestolpert wäre. Ich war schon immer beruflich mehrgleisig gefahren. Neben meiner schauspielerischen Arbeit hatte ich mich auch als Autor von Hörfunksendungen und Drehbüchern betätigt. So war es nichts Ungewöhnliches, daß eines Tages eine junge Journalistin einen Artikel über mich und meine Arbeit schreiben wollte. Sie suchte mich privat auf – ich wohnte am nördlichen Stadtrand von Hamburg – und eröffnete mir gleich zu Beginn des Interviews, daß sie mich erst einige Tage zuvor auf der Bühne der ›Kleinen Komödie‹ in Hamburg gesehen hatte – als Partner von Heinz Erhardt. Wir sprachen über meine jahrelange Zusammenarbeit mit dem prominenten Komiker – und die gehörte ja schließlich zu meinem Berufsleben.

Der Artikel erschien einige Tage später in einer Wochenzeitung, die nur regionale Verbreitung hatte. Mir stockte der Atem, als ich die Zeitung aufschlug. Fettgedruckt sprang mir als Überschrift des ganzseitigen Artikels die Schlagzeile entgegen: MIT KOMIKER HEINZ ERHARDT AUF DU UND DU.

Ich wäre am liebsten in den Erdboden versunken. Wie würde er darauf reagieren? Mußte er nicht annehmen, ich hätte diese ›Eigenwerbung‹ mit seinem Namen inspiriert? Und dann diese plumpe Vertraulichkeit! AUF DU UND DU – wo wir seit Jahren zwar eng befreundet, doch immer nur PER SIE gewesen waren! Hoffentlich bleibt dieser Artikel in der ›Versenkung‹ – das war meine einzige Hoffnung.

Als ich ein paar Tage später ins Theater ging, wie üblich an der Solistengarderobe vorbei, wo unser Heinz mit seiner Frau saß, um jeden Kollegen freundlich zu begrüßen – da blieb ich wie erstarrt stehen. Das Verhängnis nahm seinen Lauf. Ein eisiger Hauch wehte mich an, ein versteinertes Gesicht wandte sich ostentativ von mir ab.

Schlagartig wurde mir klar: Hier stand eine jahrelange, herzliche Verbundenheit auf dem Spiel – und ich mußte den ersten Schritt tun, um die Sache in Ordnung zu bringen. Ich nahm mein Herz in beide Hände, trat unaufgefordert in die Solistengarderobe, wo der ›Stein des Anstoßes‹, nämlich der besagte Artikel aufgeschlagen auf dem Schminktisch lag, und begann ein ›Plädoyer‹ in eigener Sache.

Und dabei fällt mir ein . . .

. . . daß die ›atmosphärische Störung‹ seinerzeit ganz schnell und fast problemlos beseitigt werden konnte. Allein dadurch, daß ich den wahren Sachverhalt erzählte. Ich konnte auf Anhieb glaubhaft machen, daß nicht ich mit dem Namen Heinz Erhardt ›hausieren‹ gehen wollte, sondern daß diese junge Journalistin – ohne meine Einwilligung – eine für sie günstige Gelegenheit genutzt hatte.

Für solche ›Ausrutscher‹ auf dem Parkett der ungewollten ›publicity‹ hatte Erhardt größtes Verständnis. Denn der Umgang mit der Presse wurde für den prominenten Mann oft genug zum Alptraum. Nicht nur für ihn! Immer wieder habe ich es erlebt, daß seine Frau Gilda unmittelbar vor einer Vorstellung ihre ganze Energie einsetzen mußte, um ihn vor allzu aufdringlichen Journalisten abzuschirmen. Ich habe oft mit ansehen müssen, wie sich ganze Scharen von Verehrern um ihn drängten, Autogrammjäger ihn verfolgten, selbst dann, wenn er sich völlig als ›Privatmensch‹ fühlte. Er war eigentlich nirgendwo vor solchen Zugriffen sicher. Sein Gesicht war einfach zu bekannt.

Und dabei fällt mir ein . . .

. . . wie sehr er selber manchmal unter dieser Prominenz litt. Als wir längere Zeit in Düsseldorf gastierten (wo auch die Fernsehaufzeichnung von DAS HAT MAN NUN DAVON *entstand), bummelte ich eines Vormittags über eine Geschäftsstraße der Innenstadt. Plötzlich sah ich Erhardt in Begleitung seiner Frau auf mich zukommen. Ich erkannte ihn sofort, obwohl er alles tat, um unerkannt zu bleiben. Der Mantelkragen war hochgeklappt, sein Blick abwärts gerichtet. Als ich ihn ansprach, wurde mir bedeutet, ich möge nur kein Aufsehen erregen – bisher sei man ungestört geblieben. Ich erzählte, daß ich einen kleinen Bummel durch einige Warenhäuser unternehmen wollte. Daraufhin*

kam als Antwort ein Stoßseufzer aus dem hochgestellten Mantelkragen: ›In ein Warenhaus gehen, mal ein bißchen rumstöbern. Wie gern würde ich das auch mal wieder tun! Aber leider . . .‹

Der fast völlige Verzicht auf Privatleben wurde – jedenfalls nach meinem Eindruck – bei Erhardt nur dadurch ausgeglichen, daß er den stets gleichbleibenden Publikumserfolg zu seinem ›Lebensinhalt‹ machte.

In diesem Zusammenhang komme ich noch einmal auf den guten Geist im Ensemble zurück. Für uns alle, die wir nicht prominent waren, war es eine Selbstverständlichkeit, daß er am Schluß eines Stückes den Löwenanteil des Beifalls einheimste – und auch während der Vorstellung für seine improvisierten Einfälle ständig Szenenapplaus bekam. Ebenso selbstverständlich war es, daß sich neben ihm kein anderer Schauspieler mehr in Szene setzte, als es die jeweilige Rolle zuließ.

Und dabei fällt mir ein . . .

. . . daß es auch in dieser Hinsicht Ausnahmen gab. Zum ersten Mal hatte ich Anfang der 60er Jahre persönlichen Kontakt mit dem prominenten Komiker. In dem Schwank LIEBER REICH, ABER GLÜCKLICH *gab mir Peter Ahrweiler, der Chef der ›Kleinen Komödie‹, eine Chance. Die Rolle war nur winzig, doch Ahrweiler riet mir, sie anzunehmen. ›Wenn Heinz Erhardt Sie erst mal kennengelernt hat, wird er vielleicht auf Sie aufmerksam und Sie beim nächsten Stück ins Ensemble aufnehmen‹, meinte er.*

Er sollte recht behalten.

In dem folgenden Lustspiel MIT BESTEN EMPFEHLUNGEN *spielte ich bereits den Bürovorsteher Müller, sozusagen den Gegenspieler des im Mittelpunkt der Handlung stehenden kleinen Angestellten Plötzl.«*

Das Jahr 1963 war gefüllt mit Tourneen. Im Frühling das RENDEZVOUS IM MAI, im August der TRIUMPH DER GUTEN LAUNE.

Im Herbst kam es zu einem Eklat, der durch die Presse ging.

»Heinz Erhardt, Humorist, mußte sich von der Gewerkschaft Nahrung, Genuß, Gaststätten der Taktlosigkeit und des Humormangels zeihen lassen. Erhardt hatte es abgelehnt, vor 500 Arbeitern in einer Turnhalle in Kolbenstein aufzutreten und gebrauchte in diesem Zusammenhang das Wort ›Kuhdorf‹ . . . Dem ›Stern‹ gegenüber erklärte der Unterhaltungskünstler . . . er habe es den Veranstaltern anheim gestellt, die für ihn vereinbarte Gage von

Tourneestation Helgoland

600 DM in die Verbesserung der technischen Verhältnisse zu investieren.«

Gero Erhardt berichtet von einem zweiten Vorfall in dieser Richtung:

»Im Rahmen einer Heinz-Hoffmeister-Tournee kam er eines Tages in ein Nest, wo er noch nie gewesen war. Wir fuhren auf einen Platz, auf dem ein riesiges Bierzelt stand. Dort sollte er abends auftreten. Er öffnete die Wagentür und hörte das Gegröhle der Betrunkenen. Er machte die Tür wieder zu, wendete und verließ den Ort. Meine Mutter zürnte: ›Heinz, das kannst du nicht machen.‹ Er blieb hart: ›Vor Besoffenen spiele ich nicht.‹ Er hat den Abend abgeblasen. Da war er konsequent, da ging es mit ihm durch. ›Was ich mache, ist Kunst, hat mit mir zu tun. Das verpuffe ich nicht an ein Zelt voller Betrunkener. Dazu ist die Anstrengung viel zu groß.‹«

Heinz Erhardt war ein disziplinierter Arbeiter. Möglich, daß er bisweilen selbst darunter litt, wenn er auf Perfektion auch im Detail bestand. Jedenfalls lieferte er auf den langen Tourneen keine Dutzendware ab, sondern wollte jeden Abend volle Leistung spielen. Erhardt reiste nicht im Tourneebus, sondern im Privatwagen in die Spielorte. Er fuhr früh am Morgen los, weil er mittags am Ort sein wollte:

»Um 12 Uhr sind die Kartoffeln am heißesten.«

Danach las er die Tagespresse, legte sich ein Stündchen aufs Ohr und unternahm am Nachmittag einen kurzen Spaziergang durch die Stadt.

»In fremden Städten hatte er feste Anlaufpunkte. In Berlin war es z.B. das Kempinski. Es freute ihn, wenn die Reception sich freute, daß er kam. Er wußte excellent über gute Restaurants Bescheid. Er hatte stets einen ›Michelin‹ dabei.« (Gero Erhardt)

Viele Hotels und Gasthäuser schätzten sich glücklich, den berühmten Gast bewirten zu dürfen. So ließ es sich das Restaurant Elisenbrunnen in Bad Aachen nicht nehmen, eine Tageskarte anzubieten, die mit »flambierten Kirschen mit Vanilleeis à la Heinz Erhardt« den Magen schloß. Erhardts Fazit der vielen Reisen:

»Ich kenne von den Orten immer nur das Hotel mit den besten Betten, die Bühne und wo man sehr gut ißt.«

Ein Kollege, der dabei war:

»Erhardt hat es genossen, wenn er in der Öffentlichkeit erkannt wurde. Es gab aber Ausnahmen, da wurde er fuchsteufelswild. Das war, wenn das Bild, das er sich selbst geschaffen hatte, ihn von der Bühne herab verfolgte. Einmal kamen Zuschauer in die Garderobe und riefen: ›Wo ist denn unser Schelm?‹ Erhardt brüllte sie an: ›Was soll denn das hier! Das ist die Garderobe hier!‹ Ich hatte ihn noch nie so wütend erlebt.

Ein anderes Beispiel aus Bad Salzuflen:

Nach der Vorstellung war der Ort wie ausgestorben, kein Lokal hatte mehr geöffnet. Wir pilgerten herum, kamen an einer Würstchenbude vorbei, die gerade zumachte. Dann kamen einige Leute vorbei, die in der Vorstellung gewesen waren, und sahen Heinz Erhardt ein Würstchen essen. Sie frozzelten ihn etwas an. Er hat kein Wort mit ihnen gesprochen, er wendete sich ab und murmelte ›Unverschämtheit‹. Es war ihm auch peinlich, daß man ihn auf der Straße mit einem Würstchen erwischte. Die Leute waren sauer. ›In Ihre Vorstellung kommen wir nicht mehr.‹«

Der große Improvisator und Extemporierer Heinz Erhardt war für manchen Kollegen ein Vorbild. Reiner Brönneke erinnert sich:

»Ich habe mich damals sehr gefreut, daß ich neben Heinz Erhardt spielen durfte. Wir stellten zwar schon auf den Proben fest, daß man als Mitspieler doch ein bißchen zum Stichwortgeber für seine humoristischen Pointen degradiert war. Aber ich habe Erhardt einfach gefragt, ob ich auch mal diese oder jene Pointe abschießen dürfte. Erhardt: ›Aber natürlich.‹

Danach lief es besser, aber es lief insgesamt nicht so, wie ich mir das als ehrgeiziger, junger Schauspieler gewünscht habe. Ich habe damals dennoch unglaublich viel darüber gelernt, wie man Boulevardtheater spielt. Ich lernte von Erhardt, wie man Pointen setzt. Ich habe gelernt, wie man aus dem Stück rausfällt und dem Publikum eine Ahnung davon gibt, daß man auf der Bühne etwas falsch macht und dadurch die Pointe doppelt gesetzt wird. Erhardt konnte das brillant, und es führte jedesmal zu Riesenlachern.«

Lange Zeit fiel das Lachen im Norden und Westen der Bundesrepublik hörbar lauter aus als im Süden. Schauspieler Edgar Maschmann erinnert sich an seine frühe Zusammenarbeit mit Erhardt:

»Es gab ein Nord-Süd-Gefälle des Erfolges. Im Norden war der Erfolg deutlich größer. In München hat Erhardt es schwer gehabt. Wir haben im Haus an der Brienner Straße gespielt. Das Haus war ein langer Schlauch, die Akustik war nicht besonders gut. Es dauerte, bis etwas über die Rampe kam. Wir haben uns mit dem Satz beholfen: ›Der Groschen ist kein Sturzbomber.‹ In München reagieren die Leute eben ein paar Sekunden später. Aber später lief's dann auch dort: ausverkauft.«

Und wie war das Verständnis im Ensemble?

»Erhardt war sehr angenehm und anhänglich. Er war dankbar, wenn wir Mitspieler gut und schnell auf ihn eingingen. Erhardt brauchte Mitspieler, die keinen Schreck kriegten, wenn er zum Beispiel mal ganz außerplanmäßig auf das Publikum einging. Das Stück mußte dann ja weitergehen. Er brauchte Kollegen, die darauf verzichteten, sich in den Vordergrund zu spielen. Er war die Hauptfigur, er war dominierend. Die Leute wollten Erhardt sehen. Wir waren im Grunde gute Stichwortgeber. Ab und zu haben wir mal einen Witz gehabt. Aber die Pointen, die wir hatten, waren nichts gegen die Pointen, die er hatte. Er hatte sie sich ja auch auf den Leib geschrieben. Dann saß das auch ganz anders, das war ja direkt aus ihm geboren.

Erhardt machte die Häuser voll, und das war für uns alle eine Freude. Es machte Spaß, mit ihm zu spielen. Er spielte auch richtig mit uns, er guckte uns an. Ich kenne andere Schauspieler, die gucken den Partner überhaupt nicht an, die spielen alles ins Publikum.«

Soweit Edgar Maschmann und seine Frau, die Schauspielerin Senta Sommerfeld, die später ebenfalls mit auf Tournee ging.

Ehemalige Mitspieler Erhardts bestätigen, daß mit ihm gut auszukommen war. Sie verschweigen aber auch nicht, daß Erhardt eine cholerische Ader besaß, die sich beträchtlich auswachsen konnte. Albert Lichtenfeld erinnert sich:

»Wir spielten in Reutlingen in einem modernen Theater mit Restaurantbetrieb und anderen Sälen. Wir spielten oben, unten fand eine Karnevalsveranstaltung statt. Die hörte man nur, wenn man durchs Treppenhaus ging. Wir hatten ein volles Haus, der Karneval war keine Konkurrenz für uns. Erhardt ging auch mal durchs Treppenhaus. Ich weiß nicht, ob er die Toilette suchte. In solchen Neubauten findet man ja alles sehr schwer, wenn man nur einen

Abend da ist. Erhardt kam zurück, erzählte vom Karneval. Ich: ›Das stört uns doch nicht.‹ Er brauste auf: ›Was? Natürlich stört das.‹ Nun behauptete er, auf der Bühne die Musik schon gehört zu haben. Man konnte dort aber wirklich nichts hören. Erhardt schnappte sich den Kompagnon des Tournee-Veranstalters: ›Herr Müller! Sie haben dafür zu sorgen, daß wir Theater spielen können und nicht gestört werden.‹ Er war wütend, wie ich ihn ganz selten gesehen habe. (Ich habe ihn mal wütend erlebt, als ein Kollege ein bißchen viel getrunken hatte und auf der Bühne etwas labil geworden war, auch textlich labil. Den hat er angeschrien.) Müller verdrückte sich sofort und ward nicht mehr gesehen.

Nach der Vorstellung gingen wir essen – Erhardt fehlte. Plötzlich kam Frau Erhardt und fragte, ob jemand die Telefonnummer von Herrn Klemmer, dem Tournee-Veranstalter, habe. Ich ging mit meinem Telefonverzeichnis in Erhardts Zimmer. Er lag im Bett, hatte ein feuchtes Tuch auf dem Kopf und stöhnte herzerweichend: ›Ich halte das nicht aus. Es geht nicht mehr.‹

Frau Erhardt mußte die Nummer wählen und gab ihm den Apparat. Er nahm ihn, ohne hinzusehen, und hielt das Mikrophon ans Ohr, wie es manche Klamottenkomiker auf der Bühne tun. Das kann man nicht nachmachen, und Erhardt merkte es natürlich auch sofort. Er sprach mit der Schwiegermutter von Klemmer, die verstand ihn nicht gleich. Da wurde er unwirsch. Wenn jemand ihn nicht gleich verstand, wenn sich etwas hinzog, wenn er etwas erklären mußte, das mochte er nicht. Ich hätte laut losbrüllen können, so absurd war diese Szene.

Eine Viertelstunde später kommt Erhardt mit Frau zu uns ins Lokal, lacht, ist guter Dinge und will eine Runde knobeln. Als wenn nichts gewesen wäre. Dann knobelten wir, wer die erste Runde bezahlen muß.«

Gero Erhardt, der mit seinem Vater häufig unterwegs war:

»Ich habe manchmal das Gefühl gehabt, daß er sehr einsam war. Er suchte nicht die Gesellschaft. Ich erinnere mich, wie es war, wenn wir auf Tourneen essen waren: Er saß in einer Ecke, die anderen saßen in der anderen Ecke. Die mochten sich alle, aber er war kein guter Gesellschafter.«

Wohin es führen konnte, wenn Heinz Erhardt zu Hochform auflief, erlebte ein prominenter Kollege am eigenen Leib bzw. an den eigenen Lachmuskeln. Georg Thomalla erinnert sich:

»Anfang der sechziger Jahre ging ich eines Abends in die Kleine Komödie, wo Erhardt spielte. Er merkte, daß ich drin war, und legte sofort unheimlich los. Er brachte wahnsinnig viele Extempores, und das Publikum raste vor Lachen. Aber nicht nur die Zuschauer, sondern auch die Kollegen. Sie mußten so lachen, daß sie nicht mehr weiter konnten. So etwas von Hochform habe ich noch nicht erlebt, denn Erhardt benutzte sofort die Ausnahme-Stimmung und Verwirrung bei den Kollegen, um neue Szenen zu erfinden. Ich habe das hinterher nie mehr erlebt: daß ein Mensch so viel extemporieren kann und auch immer weitergeht, trotzdem im Spiel bleibt und immer wieder das Publikum zum Lachen bringt.«

Je mehr Theater er spielte, desto stärker rangen zwei Seelen in seiner Brust. Der Humorist, der er war, beherrschte die Rollen, die er spielte.

Albert Lichtenfeld erinnert sich:

»Heinz Erhardt war ursprünglich ein Humorist. Humoristen waren fast alle Leute, die bei Schaeffers in Berlin Kabarett der Komiker gemacht haben. Werner Finck war ein Humorist, kein Komiker. Da muß man fein unterscheiden. Das waren Allein-Unterhalter, Leute, die einen Abend von zwei, 2 1/2 Stunden gestalten konnten, ohne daß es langweilig wurde. Sie konnten das Publikum amüsieren und animieren. Der Humorist schafft selbst ein Programm. Der Komiker muß immer nach der Pfeife tanzen: des Autors, des Regisseurs.

Nur Humorist zu sein, war ihm auf die Dauer zu wenig. Trotzdem war er bereit, als Humorist einzuspringen, wenn mal ein Theater-Abend ausfiel. Das geschah in Oldenburg und auch bei Ahrweiler in Hamburg, weil jemand krank wurde. Die Leute waren begeistert, kein Mensch hat die Karte zurückgegeben. Aber für Erhardt lag mehr darin, etwas zu bedeuten, etwas zu sein.

Erhardt hatte die stille Sehnsucht, unter den ersten Schauspielern Deutschlands genannt zu werden. Damals war ein Bildband erschienen: DIE GROSSEN DEUTSCHEN SCHAUSPIELER. *In diesem Buch hat er immer wieder geblättert. Wir haben gemeinsam reingeguckt. Er amüsierte sich natürlich darüber, aber ich hatte das Gefühl, daß er selbst gern in dem Band gewesen wäre. Es gab Momente der Traurigkeit bei Erhardt, wo etwas über ihn kam.*

Er wußte, daß er als Humorist unter den ersten war. Er hatte sich eine

Kunstfigur geschaffen, was alle diese Leute tun. Diese Kunstfigur paßte er seiner Figur an. Oder umgekehrt.

Er war so natürlich, wie man nur sein konnte, wenn man Alleinunterhalter war. Das gleiche hat er dann auch als Schauspieler auf die Bühne getragen. Er hat die Kunstfigur mit sehr vielem ausgestattet, was er war. Das Lachen, das er auf der Bühne hatte, war im privaten Kreis genau das gleiche. Oft ist es ja umgekehrt. ›Es wird unnatürlich gesprochen, das Theater hat angefangen.‹ Erhardt hat versucht, beides in Einklang zu bringen. Improvisiert war in den Theaterstücken nichts. Wenn Erhardt ein Stück spielen wollte, hat er sich die Rolle vorgeknöpft und hat sie für sich erarbeitet, umgeschrieben.

Der Frankfurter Generalintendant Erfurth fragte Erhardt einmal, ob er in Frankfurt eine Shakespeare-Rolle spielen würde. Erhardt: ›Nein. Da kann ich ja nicht meinen eigenen Text schreiben. Ich kann Shakespeare nicht auf meine eigene Figur umändern.‹ Erfurth wollte ihm das ausreden. Erhardt blieb hart.

Erhardt hat die Rollen auf seinen Stil umgeschrieben, auf seine Sprechweise. Die Rollen der Mitspieler blieben weitgehend unverändert. Es gab lediglich kleine Aktualisierungen durch Dinge, die in der damaligen politischen Landschaft eine Rolle spielten. Aber das wurde alles schon bei den Proben eingebaut.

Auch eine Szene war vorprobiert, von der die Zuschauer regelmäßig dachten, sie sei aus dem Spiel heraus entstanden. Auf dem Fest, auf dem Winzig anwesend ist, bekommt er ein Glas Sekt zu trinken. Man schenkt ein, Erhardt sehnsüchtig: ›Sekt‹. Erhardt nippt, schmeckt und sagte empört-verdutzt: ›Selters-Wasser‹, manchmal sagte er auch ›Apollinaris‹. Wie Erhardt den Bühnensekt entlarvte, das wirkte spontan. Darauf wurde immer prompt gelacht. Darauf Erhardt: ›Kommt, Kinder, die Szene müssen wir noch mal spielen.‹

Alles ging auf die Ausgangssituation, das Wägelchen wurde weggefahren, die Szene wurde ein zweites Mal gespielt. Beim zweitenmal spielte Erhardt die Szene durch. Das war Erhardt auf den Proben eingefallen, die Stelle war kühl kalkuliert.

Ein Einwurf, der improvisiert war, kam höchstens mal vor, wenn ein Prominenter unten saß. Dann hat Erhardt einen Namen im Spiel gegen den Namen des Prominenten ausgetauscht. Die Leute wußten in der Regel, wer drin war, und lachten. Aber das Verdrehen, das Auf-den-Leib-schneiden, das war Vorarbeit.

Erhardt war unerhört präzise. Auch wenn wir 500 Vorstellungen spielten, mir wurde es nie über. Es stand mir nie bis zum Hals. Jeder Abend wurde mit Spannung gespielt. Erhardt war die Triebfeder, ganz klar. Von uns wäre keiner aus der Rolle gefallen, wenn Erhardt auf der Bühne stand. Das tat auch keiner, wenn Erhardt nicht auf der Bühne stand.«

Beim Blick auf die Besetzungslisten der Stücke, in denen Heinz Erhardt mitwirkte, fällt auf: Stets war Erhardt der mit Abstand prominenteste Mitwirkende. Nie stand er mit einem Kollegen auf der Bühne, der Gegenpol und Widersacher, gleichberechtigter, gleichwertiger Partner sein konnte. Zwei Jahrzehnte lang geißelten die Kritiker bei aller Begeisterung über Erhardt diese Form von Besetzungspolitik:

»Das Ensemble. Ich höre immer Ensemble. Jener Begriff dürfte eine Vortandelung falscher Spielsachen, eine Vorspielung falscher Tatsachen sein (um wiederum in Erhardts Jargon zu reden). Nein, die verantwortlichen Hamburger Herren haben zu diesem Zweck irgendwelche Schauspieler zusammen-engagiert, weil sie genau wissen, in welchem Ausmaß der Name Heinz Erhardt ausreicht, um die Kasse zu füllen. Wir mußten uns daher in jedem Akt durch den Reisbrei der mehr recht als schlecht gespielten Expositions-Auftritte eines verstaubten Schwankes durcharbeiten, bis der Star seine Rosinen feilbot.« (1954)

Harte Worte, die jedoch am Wesentlichen vorbeigehen. Wenn das Stück verstaubt ist, muß der Schauspieler schlecht aussehen. Hätte Heinz Erhardt nicht massiv in seine Textteile eingegriffen, hätten auch seine Rollen kaum Funken geschlagen. Die Besetzung der Mitspieler zu kritisieren, läuft in Wirklichkeit auf eine Kritik der Stücke hinaus.

Ein Blick auf die Stabliste von Erhardts Kinofilmen beweist, daß er auch neben Prominenz bestehen konnte – wenngleich die früheren Filme hochwertiger besetzt waren als die späten.

»Mit den Filmen ist er selten zufrieden gewesen. Er hat da zu wenig Einfluß genommen. Ich habe ihm geraten: ›Du mußt ein bißchen darauf achten,

daß deine Kollegen, die besetzt werden, daß das adäquate Leute sind.‹ Es gab und gibt die Tendenz: Man hat einen Star, vielleicht noch einen zweiten, und der Rest ist Kleckerkram. Man kann so was aber nur optimal machen, indem man sich ausschließlich mit tollen Leuten umgibt. Dann kommt die Qualität raus.

Bei seinen Theater-Stücken war es ähnlich. Es gab da Besetzungen, da würde ich die Finger von lassen – zumal wenn ich so eine Potenz an erster Stelle habe. Er hatte da keine Komplexe. Er hätte sich gerne mit Leuten gepaart, die – auf anderen Gebieten – gleichrangig waren. Er hat es sehr genossen, mit großen Leuten zusammen zu spielen.« (Gero Erhardt)

Die meisten Theater-Kollegen Erhardts haben ihre Rolle als »bessere Stichwortgeber« akzeptiert. Sie wußten spätestens seit den Proben, wie der Hase laufen würde. Deshalb trifft man keinen Groll gegen Erhardt. Zwischen den Zeilen und zwischen den Sätzen glimmt jedoch nicht selten Trauer auf über eine erträumte Zukunft auf der Bühne, die im wirklichen Leben nicht eintrat. Man behilft sich dann mit pragmatischer Sichtweise, manchmal mit einem zynischen Scherz. That's eben Show-Busineß.

Senta Sommerfeld gibt zu bedenken:

»Ich bin manchmal ganz froh, daß ich nicht zur Prominenz gehöre. Sie müssen als Komiker immer ankommen bei den Leuten, in jeder Vorstellung. Wir können uns mal erlauben, etwas danebenzuspielen. Aber wenn Erhardt auftrat und es kam nicht sofort Applaus, dann wurde er schon nervös. Meistens kam Applaus. Damit war der Kontakt da, den er brauchte.«

Ein kleiner Hinweis, wie sehr Heinz Erhardt darauf angewiesen war, im Mittelpunkt zu stehen.

Großzügigkeit gegenüber den Kollegen und abgrundtiefe Angst vor dem Mißerfolg ließen sich nicht immer austarieren. Gero Erhardt:

»Ich habe oft versucht, ihn zu überreden, sein Kästchen zu verlassen. Ich habe gesagt: Spiel doch mal eine ganz unerwartete Rolle, spiel einen Mörder. Er hatte großes Interesse. Dann sagte meine Mutter: ›Nein, das paßt nicht.‹ Aber ich bin sicher, den hätte er grandios dargestellt. Das ist so ähnlich wie bei Peter Alexander, der ein leidenschaftlicher Rock-Sänger ist. Aber er darf

nicht. Einerseits der Wunsch, etwas anderes machen zu wollen; andererseits die Angst, man könnte ihm das übelnehmen. Meine Mutter hat da stark gelenkt. Und jedesmal, wenn er sich durchgesetzt hat, obwohl sie Zweifel besaß, ging es prompt schief.«

Gilda Erhardt achtete mit scharfen Augen darauf, daß das Markenzeichen »Heinz Erhardt« keine Irritation erfuhr. Edgar Maschmann erinnert sich:

»Ahrweiler inszenierte MIT BESTEN EMPFEHLUNGEN *so, daß wir anderen recht gleichwertig unsere Lacher hatten. Ich selbst hatte am Schluß eine Pointe und bei der Premiere einen riesigen Lacher. Den habe ich am nächsten Tag nicht mehr gehabt, da ging Erhardt gleich rein. Frau Erhardt war nach der Premiere empört gewesen: ›Ahrweiler hat ja vollkommen falsch inszeniert. Mein Mann ist derjenige, wegen dem das Publikum reinkommt. Er muß sich selbst spielen, muß seine Sachen bringen. Das muß ganz anders inszeniert werden.‹ Wir haben wieder Proben gehabt, und es wurde wieder auf die Person Erhardt abgestellt.«*

Am ersten Weihnachtstag 1963 hatte ORDNUNG MUSS SEIN Premiere, ein Lustspiel von Arnold & Bach. Premiere war diesmal am Berliner Volkstheater. Erhardt spielte – na was wohl? – einen Buchhalter, einen Oberbuchhalter sogar, Herrn Haselhuhn. Die Berliner Presse war selig:

»Ohne den rundlichen Mattscheiben- und Leinwand-Star Heinz Erhardt wäre dieser inzwischen zum Knochengerüst abgemagerte Oberbuchhalter Haselhuhn wohl kaum noch mit Fleisch zu versehen ... Das pausenlos vergnügte Parkett vergaß in seinen glücklichsten Augenblicken, daß es sich hier überhaupt um ein Theaterstück handelt. Solist Heinz Erhardt genügte vollauf, gleichgültig, was immer er auch trieb ... Bis in die letzte Sitzreihe fand man alles zum Fressen.«

»Sein Stil ist ein Trick. Er spielt, als ob er völlig improvisiere. In Wirklichkeit ist seine Komik bis in die letzte Nuance ausprobiert und festgelegt. Er hat einen reichen Fundus von Einfällen, mit denen er das Lachen im Parkett sicher abspult. Kein Witz wird lange vorbereitet, jeder kommt ganz aus der Situation. Zu den alten Kalauern fügt er eine Menge neuere aus dem heutigen Leben hinzu. Überall hat er Pointen gesammelt, und so kommt es, daß er kaum

einen Satz ausspricht, bei dem nicht Gelächter ausbricht. Dabei ist er durchaus dezent, nicht so hemmungslos und verfratzt wie Millowitsch. Er würde nicht wie dieser auf dem Tisch einen Kopfstand machen. Seine Komik purzelt sozusagen aus dem Ärmel. Zuletzt sitzt er am Klavier und singt ein Chanson mit gut pointierten Epigrammen.«

Die Pointen ließ Erhardt auch im richtigen Leben fliegen, denn als er von einem Hund gebissen wurde, gerann ihm der schmerzhafte Vorfall sofort zu einem Scherz:

»Falls ich jetzt Tollwut kriege, habe ich mir bereits eine Liste der Leute angelegt, die ich zuerst beißen werde.«

Blutig auch diese Episode: Bei einem Gastspiel in Hagen mußten die Schauspieler auf dem Weg zur Bühne den Kopf einziehen, um einem gefährlich niedrighängenden Eisenträger auszuweichen. Prompt rannte Erhardt im Eifer des Auf- und Abgehens gegen das Eisen und taumelte blutüberströmt auf die Bühne. Schreck im Publikum, Griff von Erhardt an den eigenen Kopf, Blick auf den Lebenssaft:

»Nanu, ist das hier ein Passionsspiel?«

Das Vermächtnis des Ölprinzen –
Auf den Spuren Karl Mays

Siebzehn Karl-May-Filme waren einer der letzten Versuche der maroden deutschen Film-Industrie, den Kollaps zu vermeiden, ohne über Qualität und neue Talente nachzudenken. Während die neuen Talente bereits fleißig an ersten Talentproben schrieben, drehten und schnitten, wurden die Western nach Abenteuerromanen Karl Mays Kassenfüller. DER ÖLPRINZ von 1965 (Regie: Harald Philipp) zeigte Stewart Granger und Pierre Brice als Old Surehand und Winnetou im Kampf gegen den miesen Ölprinzen, den Harald Leipnitz verkörperte. In früheren Karl-May-Filmen hatte es stets markante Nebenrollen für komische Schauspieler gegeben. Diesmal war es Heinz Erhardt, der einen Opern komponierenden Kantor Hampel hinlegte.

DER ÖLPRINZ, 1965

Die Kostümbildnerin Irms Pauli betreute das Ensemble des ÖLPRINZEN, Heinz Erhardt ist ihr besonders in Erinnerung geblieben, er war »der Pflegeleichte«:

»Es regnet, es regnet, es gießt! Eigentlich sollen die Wasseraufnahmen i m Fluß Cetina stattfinden, aber nun kommt die Nässe von oben und verhindert seit Tagen beinahe jegliche Aufnahme. Alles schimpft, flucht, friert – und das in Jugoslawien, wo im April schon Sommerwetter sein sollte! Nur einer sitzt jeden Morgen freundlich, geduldig, geschminkt im Wohnwagen am Motiv und harrt der Dinge, d.h. seiner Szene: Heinz Erhardt, der ›Pflegeleichte‹, wie ihn der Berliner Gardrobier bezeichnet. Er macht Späßchen, erzählt Witzchen, versucht jeden aufzuheitern, der mal kurz in den Wagen kommt, um sich aufzuwärmen oder zu trocknen. Sei es nun der Regisseur, ein Schauspielerkollege oder ein jugoslawischer Beleuchter. Dabei hat er schon selbst Schaden genommen bei den Indianern. Sein Daumen ist dick verbunden. Ein Pferd hat ihn gebissen, dem er Zucker geben wollte, aber auch diesen Undank nimmt er gelassen hin. Als alle aufmunternden Worte bei den Verbitterten nicht mehr helfen, sinnt er auf Neues. Fragt den Gardrobier: ›Helmut, was schlich denn da heute morgen um unseren Wohnwagen, eine Bäuerin?‹ Helmuts Antwort: ›Die Höhlenmutter, Herr Erhardt, sie wohnt drüben am Hang in dem Feldsteinhäuschen!‹. Sie tuscheln. Erhardt hängt seinen Capemantel um, setzt seinen schwarzen Schlapphut auf, den er als Lehrer Hampel im Film trägt, und ich stöhne: ›Herr Erhardt, die Sachen müssen doch für die Aufnahmen trokken sein.‹ Er entschwindet, beschwichtigend winkend, in die Nässe. Kommt zurück, pitschnaß, glücklich lächelnd mit einem großen Korb. Helmut holt gleich in der Kochnische zwei Pfannen hervor. Erhardt krempelt die Ärmel hoch. Ich ahne, was kommt, und binde ihm die Flügelschürze von Antje Weisgerber über die geblümte Samtweste, und dann geht das große Eierbraten los! Schade, daß niemand den deutsch-jugoslawischen Dialog mithören konnte, als er bei der ›Höhlenmutter‹ Eier und Speck erhandelte! Bald duftete es nahrhaft im Wohnwagen, und wenn nun ein Nasser, Frierender, Schimpfender in den Wagen kam, kriegte er zu den aufmunternden Späßchen vom Koch Heinz Erhardt ein Spiegelei mit Speck serviert, was so manchen das Ungemach vergessen ließ, bis endlich die Sonne kam.«

Kostümentwurf von Irms Pauli, 1965

Dramatische Filmszenen spielten auf dem reißenden Fluß Drina in Jugoslawien. Regisseur Philipp berichtete:

»Vor drei Jahren gab es noch zehn Drina-Flößer. Wir konnten nur noch fünf verpflichten. Die anderen sind mittlerweile ertrunken.«

Der letzte Satz des Wildwasser-Artikels im Programmheft lautete:

»Stewart Granger, Harald Leipnitz ... und Komiker Heinz Erhardt schätzen sich glücklich, daß sie bei den Wasseraufnahmen nicht eingeplant sind.«

Den engagierten Nichtschwimmer Erhardt ließ das nasse Element nicht los.

Für die Premiere des ÖLPRINZEN machte Erhardt wieder tüchtig Promotion.

»Während der Nachmittagsvorführung von DER ÖLPRINZ *erzählte Heinz Erhardt mir diese kleine Geschichte: ›Kam zurück von den Dreharbeiten zum* ÖLPRINZ, *da erhalte ich neues Angebot, der ›Schatz der Inkas‹ wird gedreht, diesmal in Peru. Nach langem Zögern lasse ich mich impfen, bin sechs Tage todkrank, endlich stehe ich wieder auf wackeligen Beinen. Da ruft die Filmfirma an und sagt, sie habe umdisponiert, man drehe den Film nicht in Peru, sondern in der Lüneburger Heide.«*

Zwar hieß der Film DAS VERMÄCHTNIS DES INKA, und es war auch nicht die Lüneburger Heide, sondern Bulgarien und Spanien, aber sonst stimmte alles. Die italienisch-spanisch-deutsche Coproduktion DAS VERMÄCHTNIS DES INKA (Regie: Georg Marischka) entstand ebenfalls 1965 nach dem gleichnamigen Roman von Karl May. Heinz Erhardt spielte den Universitäts-Professor Morgenstern und bildete mit Walter Giller und Chris Howland das komische Element des Abenteuerfilms.

Wie Heinz Erhardt den Film fand, darüber findet sich eine kurze Notiz im Tagebuch unter dem 29. Juli 1966:

»Heute, am Tage vor der Fußballweltmeisterschaft England-Deutschland, habe ich den Film gesehen. Große Sch ...«

Nun ja, etwas Ähnliches dürfte Fußball-Fan Erhardt auch nach dem Endspiel gesagt haben. England gewann 4 : 2.

»Striptease Susi«
oder: Der singende Schelm

Film, Fernsehen, Theater, Kabarett – Heinz Erhardts Talente waren vielfältig. Wir haben bis jetzt aber immer noch zwei verschwiegen. Beginnen werden wir mit der phonstärkeren Kunst: Heinz Erhardt hat seit Beginn der fünfziger Jahre immer wieder Schallplatten besungen, mit denen er bis in höchste Regionen der Hitparaden vordrang.

Der ONKEL OTTO WALZER und BOBBY SCHICK gaben 1952 und 1953 Ton und Richtung an: gereimter Nonsens mit einer Prise Rührseligkeit. 1953 spielte Erhardt mit den drei Peheiros und Orchester PAPPIS WIEGENLIED und MEIN MÄDCHEN ein, einen langsamen Foxtrott und einen normalschnellen Foxtrott. Beide Titel stammten von Erhardt, das war nicht die Regel.

1960 gab Erhardt eine Schallplatte mit vier Titeln heraus. Der Ausdruck Maxi-Single war dafür damals noch nicht erfunden. Die Nummern LUISENSTRASSE 13, BALDRIAN-FOX, FRÄULEIN MABEL und BOING – BOING – BOING diente Erhardt den Hörern mit folgender Gebrauchsanweisung an:

»Also: Jedes Ding hat zwei Seiten. Auch diese Platte. Ziehen Sie sie aus der Hülle und legen Sie sie unbedingt horizontal mit der einen oder meinetwegen auch anderen Seite so auf den Plattenteller, daß die verlängerte Achse desselben aus dem Loch derselben ragt. Und vergessen Sie nicht, die richtige Umdrehungszahl einzustellen. Nur wenn Sie es sehr eilig haben, nehmen Sie 78.«

Viele Filme mit Heinz Erhardt in den fünfziger und Anfang der sechziger Jahre enthielten Musiknummern, die meistens nicht von Erhardt stammten und die er in den Filmen auch nur recht selten sang. Er freute sich über den Hitparadenplatz 10 für ICH HAB ZUHAUS 'NE FRAU und schob Single um Single nach. Die SKATPOLKA und TANTE HEDWIG, die HÄMMERCHEN POLKA und STRIPTEASE SUSI. Und auch SEEMANN AHOI.

Heinz Erhardt
2 LPs
Was bin ich wieder
für ein Schelm
TELE
FUN
KEN

Schlager-Musiken wie Egal, wie es kommt erregten nie besonders viel Aufsehen, sie liefen am Rande mit.

Zu Beginn der sechziger Jahre verbreiterte sich Erhardts Schallplatten-Oeuvre. Zwar erschienen weiterhin Nummern wie Peppercorn und Fährt der alte Lord fort. Es erschien aber auch 1963 die LP Noch'n Gedicht und andere Ungereimtheiten, später die LPs Heinz Erhardt und Selten so gelacht. Zu Bestsellern wurden die Schallplatten jedoch erst, als der kranke Heinz Erhardt nach 1971 nicht mehr auftreten konnte. Die Doppel-LP Was bin ich wieder für ein Schelm von 1972 brachte Erhardt posthum 1984 seine erste goldene Schallplatte ein.

1969 hatten sich die Plattenbestellungen aus dem Ausland gehäuft. In den USA entdeckten deutsche Heimatvereine ihren Heinz Erhardt. Er selbst dazu:

»Das ist kein Wunder. Durch den weiten Umweg bin ich für die noch so neu, wie 1939 hier bei uns. Ich muß es zu meiner Schande gestehen: Ich lache über meine eigenen Schallplatten noch immer, nach 30 Jahren im Show-Geschäft.«

Wie ernst er dabei allerdings das Schlager-Geschäft nahm, zeigt ein Interview von 1970. Erhardts Antwort auf die Frage, ob er jetzt etwa auch Schlagersänger werden wollte:

»Aber ja, ich habe keine Stimme!«

Viermal Willi –

Die letzten Kinofilme 1968 bis 1971

Im Jahr 1968 begann der letzte Abschnitt von Heinz Erhardts Film-Karriere. Im Klima der Bundesrepublik hatte sich viel getan. Große Koalition, Studentenunruhen – eine Liberalisierung auf breiter Front, die ins Filmgeschäft Eingang fand in Form zahlreicher lüstern-biederer Sex-Filme. OTTO IST AUF FRAUEN SCHARF (Regie: Franz Antel) war so ein Produkt. Heinz Erhardt hatte einen kurzen Gastauftritt, in dem er als Professor Klemmke die damals schon nicht mehr taufrische Fernseh-Ratesendung WAS BIN ICH? parodierte.

Die Mini-Gastauftritte gingen 1969 weiter in CHARLEY'S ONKEL (Regie: Werner Jacobs). Heinz Erhardt spielte einen »Nervösen Herrn«, der seinem Sketch-Partner Willy Millowitsch unbedingt ein Spray namens »Sprüh-Teufelchen« andrehen will. Der Film selbst trieb ein frivol-verklemmtes Spiel mit dem Beruf des Callgirls.

WARUM HAB' ICH BLOSS 2 × JA GESAGT? von 1969 (Regie: Franz Antel) erlebte ein Titel-Fiasko. Die italienisch-deutsche Koproduktion lief später auch unter dem Titel DER LIEBESTOLLE SCHLAFWAGENSCHAFFNER und erhielt in der Video-Fassung ihren dritten Titel: DOPPELT VERHEIRATET HÄLT BESSER. Erhardt spielte Herrn Weichbrodt, dessen hauptsächliche Charaktereigenschaft Nervosität und Hektik sind.

»Im nebenstehenden Film hatte ich nur einen Drehtag mit einer allerdings ganz lustigen Szene. Obwohl ich in diesen 90 Minuten nur ca. 5 Minuten zu sehen bin, plakatiert man mich ganz groß. Ich finde das nicht richtig, und deshalb werde ich nur noch große bzw. Hauptrollen annehmen.«

Eine große Rolle hatte Erhardt 1969 in der Komödie KLEIN ERNA AUF DEM JUNGFERNSTIEG (Regie: Hans Heinrich). In der Video-Auswertung erhielt der Film den Titel EINE VERRÜCKTE FAMILIE. Erhardt spielte »Onkel Fritz«, der unter dem Regiment seiner Filmgattin Erna Sellmer litt. Als Göre Klein Erna war Gitta Zeidler zuständig für die Produktion von »Kindermund«-Weisheiten. Im Verlauf der Dreharbeiten vertraute Erhardt seinem Tagebuch an:

»An diesem Tag machte ich meine erste Alsterfahrt mit einem für den Film gecharterten Dampfer. Jetzt weiß ich erst – nach 21 Jahren – wie schön Hamburg ist. Die Kleine ist ein lieber Kerl und hat auch schauspielerisches Talent – bloß sprechen kann sie nicht . . . Na ja, der ganze Film ist Sch-weigen wir darüber!«

DIE HERREN MIT DER WEISSEN WESTE von 1969 inszenierte Altmeister Wolfgang Staudte mit Martin Held in der Hauptrolle des pensionierten Oberlandesgerichtsrats Zänker, der eine Gauner-Truppe aus älteren Damen und Herren befehligt, um mit ihrer Hilfe seinem langjährigen Intimfeind, dem Gangsterboß Dandy (Mario Adorf), das schmutzige Handwerk zu legen. Heinz Erhardt spielte den Ex-Studienrat Scheller, der eine süße Last durch den Film schleppt: einen Säugling. Er hat sich nämlich als Babysitter verdungen.

In den Jahren 1970 und 1971 arbeitete Heinz Erhardt an vier Werken mit, die als »Willi-Filme« bekannt geworden sind. Den Anfang machte WAS IST BLOSS MIT WILLI LOS? (Regie: Werner Jacobs). Die Komödie hatte den Untertitel GRÜSS SIE GOTT FRAU STIRNIMA und war für Erhardt praktisch ein Heimspiel. Denn der Titel-Willi war niemand anders als der Finanzbeamte Winzig, den Erhardt im Theater-Bestseller DAS HAT MAN NUN DAVON ein halbes Tausend Mal auf die Bühnenbretter gelegt hatte. Für den Film wurde das Personal der Mitwirkenden aufgestockt, damit Gelegenheit für zusätzliche Verwicklungen gegeben war.

Der Film kam in der Kritik schlecht weg.

Dennoch:

»Dem Publikum gefiel's. Es gab viele Lacher.«

An den Rand dieser Kritik schrieb Erhardt:

»Und das ist die Hauptsache.«

Zwei Wochen später notierte er:

»Mein Film hat keine sehr gute Presse, aber er läuft und das ist die Hauptsache . . . Übermorgen geht's nach Italien, um ein neues blödes Filmchen zu machen DIE FERIEN DES HERRN HIRSEKORN. *Dieser Herr bin ich. Mir geht es seit Tagen schlecht. Herz und Kreislauf. Kein Wunder, ich habe mich furchtbar über das Drehbuch aufgeregt. Nun habe ich es aber etwas bearbei-*

DAS KANN DOCH UNSEREN WILLI NICHT ERSCHÜTTERN, 1970

tet, und ich bin ruhiger. Mein armes Herzchen schlägt unregelmäßig, trotz Pillen.«

Der Hirsekorn-Film hieß im Kino DAS KANN DOCH UNSREN WILLI NICHT ERSCHÜTTERN (Regie: Rolf Olsen), war eine müde Parodie auf die Urlaubssitten von Bundesbürgern in Italien und erhielt schlechte Kritiken, die diesmal sogar Heinz Erhardt nicht ausnahmen.

»Willi alias Heinz Erhardt macht schon lange keine Witze mehr, sondern höchstens wütend, wenn er solche Klamotten mit Kalauern und schlechtem Klamauk ins Kino bringt.«

Erhardt war von dem Film anfangs angetan, er lobte die »sehr schönen« Dreharbeiten und:

»Ich erhielt einen Exklusiv-Vertrag für weitere zwei Willi-Filme, die 1971 gedreht werden sollen.«

Doch nachdem Erhardt den fertigen Film gesehen hatte, war's mit der guten Laune vorbei:

»Leider ist dieser Film ein großer Mist. Mit wieviel Liebe habe ich ihn gedreht und wieviel gute Pointen sind mir dabei eingefallen. Und wie begeistert war der Verleih bei der Abnahme. Und nun das. Kaum ein Wort zu verstehen. Dafür verpufft alles. Eine miserable Synchronisation. Wie kann man bloß so etwas auf die Leute loslassen?!? Hoffentlich verschwindet der Film bald aus den Kinos . . .!«

UNSER WILLI IST DER BESTE (Regie: Werner Jacobs) entstand 1971 und zeigte Erhardt erneut als Willi Winzig. Wie er hier als guter Mensch, aber schlechter Vertreter Küchengeräte an den Kunden zu bringen versuchte, war nach dem schlechten Kino-Vorgänger eine gewisse Erholung. Noch einmal funktionierte das Lästermaul Erhardt. Und in diesem Film war er auch singend zu hören.

WILLI WIRD DAS KIND SCHON SCHAUKELN (Regie: Werner Jacobs) entstand nach dem Volksstück DIE EINTAGSEHE von Seitz und Becker. Erhardt spielte den Fotografen Willi Kuckuck, der seiner Schwester Elvira drei Ehen vorschwindelt und gleichzeitig seinen geliebten Fußballverein 1. FC Jungborn vor dem Ruin retten will. Die Komödie wurde Ende 1971 gedreht. Auf der Stabliste stand auch Fußballstar Uwe Seeler.

»Ich mache nur mit, weil ich den Heinz so mag und weil der das runde Leder so liebt.«

Gero Erhardt berichtet:

»In seinem Arbeitszimmer hing eine Karte, die ihm Herberger mit den Unterschriften der Nationalspieler geschickt hatte. Darauf war er sehr stolz. Er hatte beim HSV seinen Ehrenplatz. Als er krank war, sprach ich mit dem HSV-Präsidium und versuchte, einen Platz für ihn mit Rollstuhl zu kriegen, wo ich mit dem Wagen vor der Haupttribüne vorfahren konnte. Das wäre gegangen, aber es kam leider nicht mehr dazu.«

Die Bundesliga war ihm fast so wichtig wie sein Tourneeplan. Wo immer er Theater spielte, hielt er Ausschau nach dem nächsten Stadion und hatte häufig eine Ehrenkarte im Gepäck. Eine Tagebucheintragung verrät, wie er eine Begegnung von Alemania Aachen und Bayern München erlebte:

»Von diesem Spiel machte ich im dritten TV-Programm des WDR eine kurze Reportage nach dem Treffen. Danach wurden Herr Müller von der Oldenburger Gastspieldirektion und ich mit Blaulicht von Aachen nach Köln gebracht, denn um 20 Uhr hatte ich Vorstellung.«

»Es ist sagenhaft« –
Fünf Bücher und ein Bestseller

Es begann poetisch:

»Er ist ein Homo sapiens, der sich von den Küssen der Musen ernährt, denen er dient auf seine Weise – ›Nicht irdisch ist des Toren Trank und Speise, er ist sich seiner Torheit halb bewußt‹ – also ein Dr. Faust der ›Leichten Muse‹, vor dessen vertrottelter Dämonie das empfindsame Gretchen mit dem Aufschrei in die Knie bricht: ›Hein, mi- mi- mir graut vor Dir!‹«

Derart hingerissen preist das Vorwort des Buchs TIERISCHES – SATIRISCHES im Jahre 1949 den Verfasser Heinz Erhardt. Im Morawe & Scheffel Verlag Hamburg erschienen auf 64 Seiten frühe Verse des »Mondschein-Wandlers unter den Humoristen«. Hier fand sich schon vieles, was Heinz Erhardt die folgenden Jahrzehnte begleiten sollte. DAS MÄRCHEN VOM MUSELMANN, die diversen Tiergedichte über Regenwurm, Schmetterling und DIE Q genauso wie erste Vierzeiler und überdurchschnittlich viele Reime über die Welt der Oper und des Gesangs.

»Seine Verse hätten auch Kindergedichte werden können, aber er zog es vor, ein Erwachsener mit kindlichem Gemüt zu sein.«

Das Büchlein fiel nicht weiter auf und ins Gewicht. Doch die Verse gerieten nicht in Vergessenheit, denn 1963 erschien im hannoverschen Fackelträger Verlag NOCH'N GEDICHT – UND ANDERE UNGEREIMTHEITEN MIT 40 NEUEN SEITEN. Man hatte die Rechte vom Limpert Verlag erworben, in dessen Sportbuchprogramm Erhardts Verse ein isoliertes Dasein führten. Heinz Erhardt brachte in dem Buch mit Zeichnungen von Dieter Harzig sämtliche bereits 1949 veröffentlichten Stücke unter und gruppierte darum herum neue Gedichte. Hier fanden sich auch einige kleine Prosastücke wie EINE REDE ÜBER DIE REDE und 2 INTERVIEWS FÜRS FERNSEHEN.

Nach dem gleichen Strickmuster erschienen drei weitere Bände. NOCH'N BUCH – SCHWÄNKE AUS HEITEREM HIMMEL (1964), in dem Erhardt zahlreiche Details über seine Kindheit einflocht; NOCH'N

Heinz Erhardt (1966), in dem Erhardt seine Werke in Themenkreise zusammenfaßte: »Tierisches«, »In vier Zeilen«, »Ganz was Dummes«, »Besinnliches«.

1968 erschien ... und viertens, in dessen Mittelpunkt die Geschichten um den Ritter Fips von Fipsenstein standen.

Peter Frankenfeld schrieb dem Fackelträger Verlag einen Lobesbrief:

Grad jetzt, da ich im Buche blätter,
denk ich ein bißchen neidisch eins.
Der kann das prima, Donnerwetter,
ich gratuliere, lieber Heinz!

Und auch der Fackelträger Verlag schrieb einen Brief, nämlich an Heinz Erhardt:

»Wenn alle Bücher so gut wie Ihre verlangt würden, wäre das Dasein eines Verlegers schon ein Vorgeschmack auf das Paradies.«

Dazu Erhardts Kommentar:

»Was sagt man dazu, daß ein Verleger die Verdienste seines Autors anerkennt?«

Im Jahre 1968 erlebte Erhardt zusätzlich zu seinen vielen Film- und Theater-Erstaufführungen eine weitere Premiere. Im Herbst trat er im Mainzer Gutenberg-Museum mit einer Lesung aus seinen Büchern auf.

»Vor dem Auftritt war ich sehr aufgeregt, und Zippchen mußte mich beruhigen. Kaum aber war ich draußen, ging alles so, als hätte ich so etwas schon tausendmal gemacht. Was alle, auch meine Oldenburger Gastspieldirektion, immer so verwundert, ist, daß sich unter meinem Publikum so viele Jugendliche befinden. Ich finde das herrlich, denn die Leute werden auch in Zukunft mein Publikum sein.«

Ein Jahr später finden wir in Erhardts Tagebuch:

»Am 17. Oktober feiert mein Fackelträger Verlag sein 20jähriges Jubiläum. Leider hatte man mich vergessen einzuladen, mich aber groß angekündigt. Nun herrschte in Hannover ungeheure Aufregung wegen meines Nicht-

Auf Lese-Reise

HEINZ ERHARDT

Tierisches - Satirisches

mit Zeichnungen von Gustav Tolle

Noch'n
Heinz
Erhardt
Heinz
Erhardt
Heinz

Kommens (ich hätte ja hinfahren können, aber ich war böse). Heute nun, am 15.10.69 schickte ich dem Jubilar ein Gedicht:

Zum 20jährigen Bestehen
bestanden mancherlei Bedenken:
Was würde wohl am Besten gehn,
was würde man am liebsten sehn,
was könnt' dem Jubilar ich schenken.
Nach langem Hin
und langem Her
da fiel mir ein:
's ist mein Verleger.
Nun fällt das Schenken gar nicht schwer:
Ich schenk dies Verslein und nicht mehr
dem 20jähr'gen Fackelträger.

Die Idee mit der Lesung aus dem eigenen literarischen Werk ließ Erhardt nicht mehr los. Im Sommer 1970 startete er den nächsten Solo-Auftritt, er trug den Titel KLASSISCH-ERSTKLASSISCHES.

»Heute ist Sonntag, der 5.7.70, und am kommenden Mittwoch geht es im ›Rendezvous‹ (der zweiten Bühne in der Kleinen Komödie Hamburg) los. Ich bin sehr gespannt, ist es doch mein erster großer Versuch, a l l e i n 90 Minuten, einen Abend zu bestreiten. Ahrweiler war von meinem Vorschlag, so etwas zu veranstalten, begeistert, wollte er doch sein Rendezvous bis Ende Juli schließen. Nun – ich bin gespannt. Scherzhaft nannte ich beim Presseempfang meinen Abend eine Spätlese, weil er erst nach 21 Uhr beginnt. Hoffentlich wird das Ganze nicht eine Zu-Spät-Lese.«

Das Ganze wurde ein großer Erfolg.

»Nun bin ich beruhigt, und ich habe mir fest vorgenommen: Ab 1972 mache ich nur noch Dichterlesungen und reise mit meinem Alterswerk von Stadt zu Stadt.«

Sein »Alterswerk« – so nannte Erhardt das kurz zuvor erschienene Sammelwerk mit dem Titel DAS GROSSE HEINZ-ERHARDT-BUCH, wieder im Fackelträger Verlag. Das Buch enthielt auf 328 Seiten die witzigsten, nachdenklichsten und blödesten Beiträge aus den vier zuvor erschienenen Bänden. Es verkaufte sich gut, nicht weniger – aber auch nicht mehr.

Es wurde Februar 1971, der Monat, in dem Heinz Erhardt seinen 62. Geburtstag feierte. Auf dem Fernsehprogramm stand WAS BIN ICH? das heitere Ratespiel mit Robert Lembke, bei dem die vier Ratefüchse zum Abschluß jeder Sendung mit verbundenen Augen einen prominenten Gast erraten müssen. Robert Lembke erinnert sich:

»In den 32 Jahren, die mein WAS BIN ICH *im Programm ist, hat man so seine Erfahrungen mit Ehrengästen gemacht.*

Da sie aus ganz unterschiedlichen Bereichen kommen, sind sie nicht miteinander zu vergleichen. Eine Erfahrung allerdings haben meine Kollegen und ich gemacht: Wer angibt, hat es nötig.

Als Heinz Erhardt zu mir in die Sendung kam, ging es ihm nicht besonders gut. Um so bemerkenswerter war seine Professionalität, sein Verständnis für Probleme, die eine improvisierte, nicht probbare Produktion mit sich bringt und sein ›Spaß an der Freud‹.

Wir haben ihn alle sehr bewundert und einfach gern gehabt. Und vor seinem echten Witz und seinem Verständnis für die spröde deutsche Sprache ziehe ich ganz tief meinen Hut.«

Die WAS BIN ICH-Sendung vom Februar 1971 enthielt eine Premiere. Zum zweiten Mal nach der Knef und ihrem »geschenkten Gaul« machte ein Buchautor unverhüllt für sein neuestes Werk Werbung. Wenn man erlebt hat, wie Heinz Erhardt DAS GROSSE HEINZ-ERHARDT-BUCH in die Kamera hielt, wird man nicht mehr von Schleichwerbung sprechen. Da schlich nichts mehr, das war mit offenen Karten gespielt. Und damit ging es los. Unter dem 12. März 1971 notierte Erhardt in sein Tagebuch:

»Soeben ruft der Fackelträger-Verlag an. ›Es ist sagenhaft. Über 20000 Bestellungen auf DAS GROSSE HEINZ-ERHARDT-BUCH *liegen vor. In Basel ist Ihr Buch auf der Bestseller-Liste an fünfter Stelle, ab heute wird Ihr Buch wieder ausgeliefert. Es ist sagenhaft.‹ Dieses ›Es ist sagenhaft‹ sagte der Herr vom Verlag mindestens fünfmal. Ja wirklich, es ist sagenhaft. Es ist sagenhaft, es ist sagenhaft, es ist sagenhaft, es ist sagenhaft.*

N.B. Außerdem erzählte er, daß er seit dem 24.02. täglich bis 19 oder 20 Uhr im Verlag hätte sitzen müssen, um den schriftlichen und telefonischen Bestellungen Herr zu werden (Es lebe Robert Lembke und sein WAS BIN ICH?).«

Nach Heinz Erhardts Auftritt in der Fernsehsendung entwickelte sich sein Buch innerhalb weniger Wochen zu einem Bestseller. Im Herbst waren 200000 Exemplare verkauft. Heinz Erhardt tingelte durch Buchhandlungen und Kaufhäuser und hielt Signierstunden ab.

»Wenn jemand ein Gedicht in mein Buch hineingeschrieben haben will, so schreibe ich jetzt immer das, was mir am 02.06.71 in Berlin einfiel:

Ich würde gern noch ein Gedicht
hier vorn ins Büchlein schreiben.
Doch weil es mir an Zeit gebricht,
auch küßt mich meine Muse nicht,
drum lasse ich es bleiben . . .«

Im Oktober 1971 lud der Fackelträger Verlag nach Hannover ein und überraschte Heinz Erhardt mit dem GRÖSSTEN HEINZ-ERHARDT-BUCH der Welt. Es handelte sich dabei um ein optisch vergrößertes Exemplar mit einem Gewicht von 4,3 Kilogramm in einer Auflage von 10 Exemplaren. Ein zweites Exemplar wurde zugunsten der Aktion Sorgenkind verlost.

»Verlagsdirektor Dr. Peter Krohn verglich in seiner Ansprache Heinz Erhardt mit zwei anderen erfolgreichen Fackelträger-Autoren: Eugen Roth und Erich Kästner . . . Frage an Dr. Krohn: ›Warum verlegen Sie Heinz Erhardt?‹ – ›Weil in unserer Zeit zu wenig gelacht wird!‹«

Bis 1987 brachte es »DAS GROSSE HEINZ-ERHARDT-BUCH auf 2,5 Millionen verkaufte Exemplare, Buchgemeinschafts- und Taschenbuch-Ausgaben inklusive. Die Verse von Heinz Erhardt wurden zu Best- und zu Longsellern.

1976 warf der ehemalige Erhardt-Manager Klemmer DAS NEUESTE VON HEINZ ERHARDT auf den Markt. Es handelte sich dabei um eine Zusammenstellung von Erhardt-Versen, ergänzt um beispielsweise

Das große
Heinz
Erhardt
Buch

den Einakter Der vertauschte Mantel. Für Schallplatten und Bücher Erhardts gilt die Einschätzung der Plattenfirma Teldec:

»Der Trend ist krisenfest.«

Erhardts Verse entstanden in seinem Haus in Hamburg und auf den Reisen. Gero Erhardt erinnert sich:

»Beim Arbeiten ist er ein Einzelkämpfer gewesen. Mehr als ein Gedicht ist auf dem Klo entstanden. Er ist viel spazierengegangen und wenn es nur im Garten war. Oder durchs Wäldchen. Da kriegte er seine Einfälle. Oder eben auf dem Klo. Er kam an den Kaffeetisch zurück und trägt plötzlich ein Gedicht vor. Anhand unserer Reaktion entschied es sich dann, ob ja oder nein. Wir hatten eine gewaltige Macht. Wir haben nie lange über ein Produkt diskutiert, dafür waren wir ja teilweise auch noch gar nicht alt genug. Aber die spontane Reaktion, die war für meinen Vater sehr wichtig. Das hat er als Urteil akzeptiert.«

Geros ältere Schwester Grit erinnert sich:

»Er hat ständig an seinen Stücken gefeilt und geändert. Wir haben uns damals nicht darüber unterhalten, warum er das tut, ob er nun nach Perfektion gestrebt hat. Alles, was er gemacht hat, war selbstverständlich. Da wurde nicht groß drüber geredet. Wenn er etwas Neues geschrieben hatte, hat er das vorgelesen. Am Gesicht meiner Mutter hat er sofort erkannt, ob das gut ist oder noch nicht so gut. Meine Mutter war sehr kritisch. Meine Mutter war die erste Person, die seine neuen Sachen zu sehen kriegte. Als wir älter waren, hat er uns auch dazugezogen. Wir durften dann auch mal eine Meinung sagen. Aber wir brauchten eigentlich gar nichts zu sagen. Er hat es an unserer Miene erkannt. Wir fühlten uns sehr geschmeichelt, wenn er uns was vorlas. Er machte das auch nicht mit gönnerhafter Miene.

Er kam nur selten dazu, zu Hause zu arbeiten. Das meiste entstand unterwegs. Meine Eltern sind stundenlang mit dem Auto gefahren. Im Auto haben sie wenig miteinander gesprochen, weil mein Vater ja unentwegt nachgedacht hat.

Dann ist er auf einen Parkplatz gefahren und hat schnell was aufgeschrieben. Und dann sind sie weitergefahren.

Mein Vater kriegte es auch fertig, mitten in einer Unterhaltung aufzustehen, ist an den Schreibtisch gegangen, hat was aufgeschrieben und setzte sich

Der Star

... und seine erste Kritikerin

wieder zu uns hin. Manchmal war er regelrecht weggetreten, weil ihm irgendeine Idee durch den Kopf ging.

Er konnte selbst keine Stücke schreiben. Darunter hat er gelitten. Ich weiß nicht, ob er es probiert hat. Er konnte wunderbar Rollen für sich umschreiben. Es ist ihm sehr viel angeboten worden. Es kommen heute noch Tantiemen für Stücke, die er bearbeitet hat und die nach wie vor gespielt werden. In den Büchern sind Sachen drin, die hat er als blutjunger Mensch geschrieben. Er hat ja als Kind schon Gedichte geschrieben. DAS BLÜMCHEN, *da war er 13.«*

Zu den Autoren, die Heinz Erhardt schätzte, gehörten Ringelnatz, Morgenstern und:

»Ich habe gerade wieder Kästner gelesen, den ich mag, aber er sieht mir die Dinge zu pessimistisch. Ich will Heiterkeit, bin versöhnlich, will, daß die Menschen zufrieden sind. Curt Goetz verehre ich sehr. Er ist Deutschlands größter Komödiendichter, er hat die leichte, beschwingte Heiterkeit.«

In der Freizeit überlegte Erhardt nicht lange, in welches Regal er greifen sollte. Grit erinnert sich:

»Er hat Krimis verschlungen. Krimis, Krimis, Krimis. Er hat alle Wallace gelesen, er hat alle Conan Doyles gelesen. – Sehr viel russische Literatur. Er hat sehr viele Biografien gelesen, mit dem Schwerpunkt auf Komponisten.«

Und Gero weiß noch:

»Wenn wir mit ihm mal im Kino waren, waren es immer Krimis.«

Über seinen unverhofften Erfolg als Autor freute sich Erhardt sehr.

»Es machte ihn stolz, daß er auf den Bestseller-Listen Lilli Palmer überholte. Er hat die verschiedenen Bestseller-Listen akribisch verfolgt. Und er sagte: ›Jetzt muß doch bald mal jeder Haushalt ein Buch von mir haben.‹«

Das hat er nun davon –
Die letzten Theater-Tourneen

»Jedes Jahr spiele ich einmal Theater. Das ist doch das Schönste.«

Nach einer längeren Denkpause ging Heinz Erhardt ab 1969 in die vollen. Zu seinem 60. Geburtstag am 20. Februar 1969 spendierte er sich eine Neuauflage des fünfziger Jahre-Erfolgsstücks CLEOPATRA DIE ZWEITE.

»Also, der 20. Februar 69 war ein toller Tag. Es fing um 5 Uhr 50 an. Der Saarländische Rundfunk gratulierte. Um 7 Uhr 10 der Hessische, um 7 Uhr 15 RIAS Berlin und um 7 Uhr 30 der SFB. Dann folgten der WDR und Radio Stuttgart. Immer mußte ich erzählen, wie ich mich als 60er fühle. Und das so früh am Morgen und dann live über die Sender. Um 11 Uhr, nachdem ständig Telegramme, Blumen und Anrufe kamen, begann der Empfang in der Kleinen Komödie. Mein Gott, wer da alles kam. Trotz grauenhaften Wetters. Ein Schneetreiben, daß man sein eigenes Gesicht nicht sehen konnte. Um 16 Uhr waren alle fort, und nun wurde TV gemacht. Für die ARD und fürs ZDF. Und abends dann Vorstellung CLEOPATRA 2. *Das Stück dauerte eine halbe Stunde länger, weil das Publikum so tobte. Und nun habe ich es mit dem Kreislauf. Kein Wunder.«*

Heinz Erhardt erhielt einen Sackvoll Glückwünsche, darunter Telegramme von ersten Adressen:

»Zur Vollendung Ihres 6. Lebensjahrzehnts übermittle ich Ihnen persönlich wie auch im Namen des ZDF die herzlichsten Glückwünsche. Mögen Sie noch recht lange mit so viel Erfolg wie bisher tätig sein. Ihr Karl Holzamer, Intendant des ZDF.«

Und auch Bruno Heck, Generalsekretär der CDU, strapazierte die Parteikasse für ein Glückwunsch-Telegramm:

». . . mit Ihren Versen haben Sie am nachhaltigsten gewirkt. Sie sind damit geradezu eine deutsche Institution geworden, mit nicht gerade staatstragendem Humor, aber mit einem Witz, der das Herz verwirrt und den Verstand reinigt. Ich muß Ihnen gestehen, daß ich selbst zu denen gehöre, die immer

Artaxias, König der Schamarier

wieder Ihre Verse zitieren, auch wenn der Spott gelegentlich auf unsere Kosten geht.«

Diese Einschätzung des konservativen Politikers überrascht, denn Heinz Erhardts Werk ist frei von politischen Inhalten, frei auch von politischen Sottisen. Im Gegenteil: Erhardt wehrte sich vehement dagegen, in die Nähe von »Politik« zu geraten.

»Kameraden, die Presse kommt. Laßt von jetzt an jede politische Bemerkung.«

Diese Aufforderung an die Kollegen im Rahmen einer Tournee war ja nur vordergründig scherzhaft.

Auszug aus einem Interview von 1971:

»Sie haben in vielen Rollen den gutbürgerlichen, kleinbürgerlichen oder auch spießbürgerlichen Deutschen verkörpert. Was verstehen Sie selbst unter dem Begriff bürgerlich?«

Erhardt: *»Sie müssen mich nicht solche Sachen fragen. Ich möchte mich nicht festlegen. Ich persönlich bin sehr, sehr glücklich, ob ich nun bürgerlich bin oder nicht.«*

Und 1969 antwortete Erhardt auf die Frage:

»Was halten Sie von politischen Witzen?«

»Die finde ich irgendwie billig. Wenn ich Kiesinger sage, lachen die Leute doch schon.«

»Haben Sie sich schon einmal den Mund verbrannt?«

»Nein, da bin ich sehr vorsichtig.«

Diese Zurückhaltung trieb Erhardt bis zur perfekten Mimikri. Im Rückblick schlagen ihn gute Freunde sowohl dem sozialdemokratischen als auch dem konservativen Lager zu.

»Erhardt wäre nie auf den Gedanken gekommen, sich in irgendeiner Weise aktiv politisch zu äußern oder einzusetzen. Die Politik war für ihn eine andere Welt«, so Albert Lichtenfeld.

Und Gero Erhardt sagt:

»Er war ein relativ unpolitischer Mensch. Er war sehr interessiert, las beispielsweise viele Zeitungen. Aber er hat sich nicht engagiert, obwohl man versucht hat, ihn parteipolitisch einzuspannen. Man wußte ja, daß er eher zur CDU als zur SPD hin tendierte. Engagiert hat er sich bei Diskussionen nur

im ganz privaten Kreis. Sofern der Kreis etwas größer wurde, schwieg er. Erst recht dann, wenn Leute dabei waren, die er nicht einordnen konnte.«

Das Publikum in Hamburg juxte sich im Frühjahr 1969 über das musikalische Lustspiel CLEOPATRA DIE ZWEITE. Und ARTAXIAS, KÖNIG DER SCHAMARIER kämpfte mit den Tücken der Begeisterung.

»›Prima, Heinz. Fein, Junge. Mensch, bring doch noch'n Witz.‹ So schallt es Jux-Star Heinz Erhardt entgegen, als er in der Hamburger Kleinen Komödie seine Paraderolle als König Artaxias spielte. Die Zwischenrufe kamen von einem leicht angeheiterten Zuschauer in der ersten Reihe. Auch bei den Liedern des Lustspiels trällerte der junge Mann unverdrossen mit. Heinz Erhardt versuchte den Lustspiel-Fan zu bremsen: ›Ich bin hier der König und bitte mir Ruhe aus.‹ Aber auch diese Worte blieben ohne Wirkung, da platzte dem Bühnenkönig der Kragen, er forderte den seltsamen Witzbold auf: ›Wenn Sie was zu sagen haben, kommen Sie doch auf die Bühne.‹ Der junge Mann stand auf, der Komiker setzte ihm seinen altägyptischen Kopfschmuck auf. ›Vielleicht fällt es Ihnen dann leichter.‹«

Aus dem Terminbuch eines Vielbeschäftigten:

»10.05.1969 Es ist 7.30 Uhr, und ich habe soeben mein Isoptin eingenommen, ohne das ich nicht mehr leben kann. Und heute geht's los: Um 21 Uhr 57 geht unser Zug mit Auto nach Chiasso. Von dort fahren dann Zipp und ich mit dem Wagen nach Genua, besteigen die ›Europa‹ und stechen ins Mittelmeer, bis ins Schwarze.«

(Reporterfrage: »Haben Sie Angst, daß Ihr Schiff untergehen könnte?« – »Iwo, aber der Kapitän könnte ja farbenblind sein und mich ins Rote Meer fahren.«)

»Am 27. um 10 Uhr morgens landen wir wieder und sausen dann per Auto nach München. Dort spiele ich am 30. und 31. den Weichbrodt in dem Kino-Film DER SCHLAFWAGENSCHAFFNER. *Die Rolle ist großartig, und ich hoffe nur, daß ich gesundheitlich fit bin. Es ist nicht schön, wenn es im Herzen sticht und wenn der Rücken schmerzt.«*

»Am Donnerstag fliege ich nach Klagenfurt, um dort die Funksendung PROMINENTE SPIELEN IHRE LIEBLINGSMELODIEN *zu machen. Am Montag*

bin ich wieder zurück, am Mittwoch fahre ich mit dem Helvetia-Expreß nach Baden-Baden und von dort nach Brühl, um das beste Badedas-Gedicht auszusuchen und zu prämieren. Am 27. bin ich wieder zu Hause, und am 1.7. beginnen in der Kleinen Komödie die Proben zu DAS HAT MAN NUN DAVON. *Gott sei Dank, endlich wieder Theater.«*

Im Juli 1969 hatte DAS HAT MAN NUN DAVON in der Kleinen Komödie in Hamburg Premiere.

»Heute ist Montag, der 4. August, und immer noch herrscht eine mörderische Hitze. Nun schon über 30 Grad. Trotzdem ist das Theater immer voll. Die Vorstellung ist aber auch wirklich prächtig. Am 6.8. ist Schluß. Am 7.8. fliege ich nach Berlin, um 7 Uhr 55 und komme um 16 Uhr 50 zurück. Dort ›singe‹ ich fürs ZDF, ›Luisenstr. 13‹. Und am 8.8. beginnt die große Tournee – Beginn in Wilhelmshaven. Zwischendurch müssen wir immer wieder nach Kassel, weil Zip ihre Sauerstoffeinspritzungen haben muß fürs rechte Bein. Hoffentlich kriegt sie mein Freund Dr. Möller bald ganz gesund . . .!«

Die Tournee sahnte im Norden und Westen der Republik in bewährter Manier ab.

»Das ganze Stück steht mit diesem einen Star und würde fallen ohne ihn . . . Heinz Erhardt läßt jeden Einwand vergessen, wird persönlich zum Vorwand, unter dem die Nordprogramme Theatergastspiele Oldenburg diese Komödie als ›abendfüllenden Knüller‹ anbieten konnten.«

Dann zog die Truppe weiter Richtung Süden. Erhardt verfolgte mit Argusaugen die von ihm selbst als »nicht so ganz gute Presse« bezeichnete Aufnahme des Stücks.

»Der Rest um Erhardt fällt tief ab bis unter die Grenze des Erträglichen und liefert allenfalls Stichworte. Auf der Bühne wachsen ein Wald von Witzen und ein Gebüsch von Klamotten. Nur Erhardt fasziniert, wie er gütig alles auf sich vereinigt und mit Pointen-Sicherheit strahlende Gags am Fließband produziert.«

In München nutzte die Tochter des großen Komikers Karl Valentin die Gelegenheit, Heinz Erhardt zur Enthüllung einer Gedenktafel für ihren Vater nach Planegg einzuladen:

»Aus einem Artikel habe ich entnommen, daß Sie mit meinem Vater ›in Kontakt standen‹. Mit Ihrer Schulter und seiner rechten Hand. Zu Papas pro-

phetischer Äußerung ›aus Ihnen würde noch was‹ kann ich nur sagen, wie recht Papa hatte! Auch meine Familie und ich zählen zu Ihren großen Verehrern. Ihr Humor ist so dezent, so jenseits von allem Klamauk und deshalb so herzerfrischend.«

Erhardt war bei der Enthüllung der Gedenktafel anwesend.

Im Dezember 1969 kam die Tournee nach Berlin.

»Es war wirklich sensationell bis auf die schwere Grippe, die wir alle uns da holten. Trotzdem wurde weitergespielt. An den letzten Tagen wurden die Eintrittskarten schwarz mit 100 DM gehandelt.«

Als es Erhardt im Verlauf der Tournee nicht besonders gutging, vertraute er seinem Tagebuch an:

»Nun spiele ich wieder m i t Dodo. Es geht doch besser so. Man steht dann über den Dingen und der Rolle.«

Dodo war Erhardts Koseform für einen doppelten Doornkaat. Er liebte dieses Getränk – und er sprach ihm regelmäßig zu. In einer Zeitungsumfrage »Scharfe Sachen für die Stars« ging es 1969 um die Frage:

»Was sie trinken, wenn sie alleine sind – Heinz Erhardt hält nichts vom Mixen. Er kippt den Klaren pur.«

Ein Mitspieler erinnert sich:

»Erhardt war auf der Bühne nie betrunken, obwohl er stets eine kleine Flasche Doornkaat dabei hatte. Oft plazierte er sie auch auf der Bühne. Zur 500. Vorstellung von ›Das hat man nun davon‹ hatte sich Manager Klemmer als großartige Gratulations-Leistung 500 Doornkaat-Fläschchen ausgedacht. Die wurden in einem Korb mit dem Schild ›500‹ auf die Bühne gestellt. Diese 500 Fläschchen hat er alle für sich eingeheimst, er hat keinem auch nur eine Flasche abgegeben.

Im Rahmen der Tournee kamen wir auch nach Norden, da sitzt die Firma Doornkaat. Die lud uns zu einer Besichtigung ein, mit Mittagessen. Nach der Besichtigung wollten wir zurück ins Hotel. Wir hatten uns praktisch schon verabschiedet, da drehte sich Frau Erhardt noch einmal um und sagte: ›Na, und?‹ im Sinne von: Kriegen wir nichts mehr? Herr Doornkaat kapierte sofort und schenkte jedem von uns eine Flasche.«

Gilda Erhardt wußte über die Dodo-Leidenschaft ihres Gatten Bescheid. Zweifellos war dies ein Grund dafür, daß sie mit Erhardt reiste. Erhardt hatte die offizielle Erlaubnis von seiner Frau, auch während der Vorstellung einen Schluck zu nehmen. Er hatte nicht ihre Genehmigung, zwischen der Garderobe und der Bühne Geheimlager einzurichten, in denen kleine eisgekühlte Doornkaat-Flaschen darauf warteten, im Vorbeigehen geleert zu werden. Ob der Alkohol wirklich nur Stimulanz vor der Vorstellung war oder lebenslange Gefährdung wegen der tiefsitzenden Angst vor dem Ende des Erfolges (»Wenn ein Lacher ausblieb, geriet er in Panik«)?

Der Besuch der Vorstellungen war hervorragend. Also hatte er doch allen Grund, zufrieden zu sein. Oder? Albert Lichtenfeld mit einer Episode aus dem empfindlichen Innenleben des Künstlers:

»Eines Tages sah Erhardt in der ersten Reihe drei freie Stühle. Er war fassungslos, schrie Manager Klemmer an: ›Warum sind da drei Stühle frei?‹ Darauf Klemmer: ›Ich kann ja nicht hinfahren und die Leute herzerren. Es kann ja was passiert sein. Die Stühle sind jedenfalls verkauft.‹ Erhardt beruhigte sich. Da war gleich wieder die Ur-Angst des prominenten Künstlers hochgekommen, den die Furcht packt, er könnte nicht mehr ziehen. Mit drei Stühlen fängt es an.

Erhardt hatte sicher unterschwellig die Angst, daß der Erfolg eines Tages vorbei sein könnte. Wir haben uns manchmal darüber unterhalten, daß es mal weniger werden könnte.«

Diese Urangst schien im März 1970 für Erhardt in Düsseldorf plötzlich Gestalt zu bekommen. Während des sechswöchigen Gastspiels von DAS HAT MAN NUN DAVON machte das Theater, in dem sie spielten, pleite. Albert Lichtenfeld dazu:

»Die Pleite wirkte sich für uns in keiner Weise aus. Wir hatten keinen Pfennig Verlust dadurch. Aber Erhardt war tagelang von großer Angst erfüllt. ›Ausgerechnet ich muß in einem Theater spielen, das pleite macht. Es gibt so viele Theater in Düsseldorf, und mich erwischt es.‹«

Diesen Vorfall verzieh er der Stadt Düsseldorf nicht.

»Düsseldorf ist die Stadt der Eleganz, aber auch der Arroganz und bis auf ganz wenige Ausnahmen: Das Essen ist miserabel.«

Am Ende des Gastspiels notierte er:

»Gott sei Dank, es geht dem Ende zu. Sechs Wochen Düsseldorf waren zuviel. Denn die vom Niederrhein sind sture Dösköppe und in den Geschäften unfreundlich, überhaupt uncharmant.«

In seinem Tagebuch wimmelt es von Spitzen gegen Düsseldorf:

»Nest voller Snobs. In den Geschäften und Lokalen sind alle pampig und unfreundlich. Kein Wunder, daß Robert Schumann damals in den Rhein sprang und anschließend verrückt wurde.«

Weiterer Grund des Grolls: Zu Beginn des Gastspiels hatte Erhardt in der Düsseldorfer Tagespresse eine negative Rezension bekommen. Doch im weiteren Verlauf der Tournee stieg die Stimmung wieder an. Und obwohl sich Erhardt mit Rheuma im rechten Fuß herumplagte und in München zwei Wochen behandelt werden mußte, riß er mit seiner Spielfreude das Ensemble immer wieder mit, auch und gerade in kleinen Städten:

»Für Heinz Erhardt war mit dem letzten Wort seiner Rolle das Spiel noch nicht aus. Den Beifallssturm, der über ihn hereinbrach, nahm er auch nicht als selbstverständlich hin. Er kletterte über die Brüstung der Vorbühne und schüttelte seinem Uelzener Publikum die Hände und applaudierte ihm laut lachend. Dann setzte er sich auf den Bühnenrand und hielt eine ernsthaft-witzige Ansprache zum Lobe des herrlichen Theaters an der Ilmenau.«

Im November 1970 fand in Frankfurt ein seltenes Theater-Jubiläum statt:

»Zum 500. Male spielt Heinz Erhardt, populärer Komiker in deutschen Landen, das Lustspiel DAS HAT MAN NUN DAVON. *Die Jubiläumsvorstellung fand im Frankfurter Schauspiel statt.«*

Neun Vorstellungen später war Schluß. Erhardt zog Bilanz:

»Von den 509 Vorstellungen waren 90 % ausverkauft, 9 % gut besucht, nur 1 % war schlecht. Und am schlechtesten war ausgerechnet unsere letzte in Coesfeld. Auch die anderen vier schlechten Vorstellungen waren im ›Münsterland‹. Also dahin gehen wir nicht mehr!«

Naheliegende Frage der Presse:

»Jetzt haben Sie sich wirklich einen Urlaub verdient, was machen Sie nach der Gastspielreise?«

»Urlaub nicht, den mache ich immer im Sommer. Dann befinde ich mich

auf Bäder-Tournee, also auch Urlaub mit Arbeit. Zur Zeit laufen schon die Proben für ein neues Tournee-Stück mit dem Titel MIT BESTEN EMPFEHLUNGEN. *Das wird so ähnlich wie unser jüngstes Erfolgsstück. Zu Weihnachten soll Premiere in Hamburg sein.«*

Zwischendurch fuhr Erhardt im Land herum und trommelte für sein Buch. Wenn er Zeitungs-Redaktionen besuchte, fand er das am folgenden Tag an prominenter Stelle im Blatt herausgestellt.

Die Bild-Zeitung bekam ins Gästebuch:

In diesem Buch von Leder
schrieb sich schon ein ein jeder.
Nur einer fehlte hier bisher.
Nun steht er drin – ich fehl nicht mehr!

Zwischendurch fand Erhardt auch Zeit, sich über seine Kinder zu ärgern.

»Bei Verena spielt man stunden- und nächtelang die schreckliche Beatmusik! Und mein Sohn Gero sieht nun wie ein Apostel aus. Schade um den hübschen Jungen! Egal, meine Eltern fanden ja auch nicht alles gut, was ich tat.«

Ja, ja, die Beatmusik.

»Es vergeht kaum ein Tag, an dem ich nicht von jungen Menschen gefragt werde, wie mir der Beat gefalle. Und jedesmal antworte ich ›Er gefällt mir gut, zumindest versuche ich mich hineinzuhören‹. Und dann erzähle ich, daß, als ich 20 Jahre alt war und meinem Vater begeistert die damaligen Hits vorspielte, er sagte ›Junge, wie kann dir diese Musik gefallen? Die ist doch entsetzlich‹. Und damit es mir nicht so geht wie meinem seligen Papa, behaupte ich eben, Beat gefällt mir (trotzdem, unter uns gesagt, finde ich diese Art Musik ›gräßlich‹, aber nicht weitersagen).«

Schauspieler Reiner Brönneke erinnert sich:

»Wir haben auf unserer Tournee viel miteinander diskutiert. Er sagte mir die Dinge, die ihm an mir nicht gefielen. Und ich warf ihm seine Konservativität vor, daß er zum Beispiel jungen Menschen mit langen Haaren gegenüber intolerant war. Immer hatte er was zu meckern. Ich griff ihn an: ›Und du mit deinem ewigen schwarzen Bratenrock, in dem du rumläufst. Und die Angst

vor deiner Popularität, vor den Leuten, die dich mögen und die dir dann zu sehr auf den Pelz rücken.‹

Eines Morgens saß ich danach im Hotel am Frühstückstisch. Heinz kam mit seiner Frau herunter und scharwenzelte so komisch um mich herum.

›Heinz, was ist denn?‹

›Ich habe eine Lederjacke an.‹

Und tatsächlich: die erste Lederjacke seines Lebens. Natürlich eine ganz gerade geschnittene brave, braune Jacke mit Strickbündchen oben zum Schonen. Aber er hatte eine Lederjacke an.

›Na, bin ich konservativ oder nicht?‹«

Eine Zeitschrift hatte 1966 telefonisch angefragt, was er denn zum Fernsehen anziehe. Antwort:

»Wenn ich zu Hause zuschaue, bin ich immer ganz salopp, da ich in meinem Beruf besonders korrekt gekleidet sein muß. Obwohl ich auch zu Hause kein Krawattenmuffel bin. Also: Hausjoppe, Hausschuhe, manchmal bin ich auch nicht rasiert.«

Aber er ließ auch wissen:

»Aus dem Alter, in dem man auch zu Hause albern ist, bin ich langsam heraus.«

Sohn Gero erinnert sich an einige typische Gewohnheiten:

»Er war Frühaufsteher, und er hatte eine Macke, aber die hat mittlerweile die ganze Familie: Pünktlichkeit, Punkt 12 gab's Mittagessen. Wir kriegten als Kinder Kräche, wenn wir zu spät kamen. 10 nach 12 war bereits alles wieder abgeräumt. Man bekam das Schnellessen mit: immer gut, aber schnell. Wir haben es nicht als Hetzerei empfunden, weil wir's ja nicht anders kannten. Bei Einladungen waren meine Eltern überpünktlich. Sie gingen regelmäßig draußen 10 Minuten auf und ab, bevor sie klingelten, weil sie zu früh da waren.

Kursbücher waren eine große Leidenschaft von ihm. Das Kursbuch war für ihn wie ein Krimi. Er sagte uns: ›Wenn ihr verreisen müßt, kein Reisebüro! Mich anrufen, ich suche die Verbindungen raus.‹ Das Kursbuch war für ihn ein großes Vergnügen. Auch wenn er mit der Bahn fuhr, war er eine Stunde vorher da und setzte sich mit meiner Mutter ins Bahnhofsrestaurant. Wenn eine lange Autoreise bevorstand, kalkulierte er sicherheitshalber zwei Stunden

Beim Gesangsstudium!

mehr ein und fuhr entsprechend früher los, damit man nachmittags rechtzeitig da war, weil er sich sehr lange auf seine Auftritte vorbereitete. Er mußte da sein, mußte sich den Saal angucken.«

Am ersten Weihnachtsfeiertag 1970 hatte das Lustspiel MIT BESTEN EMPFEHLUNGEN an der Kleinen Komödie in Hamburg Premiere. Auch dieses Stück spielte Heinz Erhardt nun bereits zum zweiten Mal.

»Wieder ein riesiger Erfolg – obgleich ich nicht so ganz zufrieden bin. Es sind zu wenig ›Erhardtigmen‹ drin. Das merkt das Publikum und lacht nicht so viel wie sonst. Vielleicht bin ich auch ein wenig müde geworden . . .«

Unterbrochen wurde die Erfolgs-Routine durch einen Streit im Theater-Ensemble.

»Schade. Bis jetzt ging alles ohne Kabale ab, und ich war stolz darauf, ein solches Ensemble zu haben. Aber, und das soll mir eine Warnung sein, man darf nicht zu freundlich zu den ›Kollegen‹ sein, sonst bilden sie sich Gott weiß was ein und werden kiebig. Also, kurzhalten.«

Markige Worte, die der harmonie-süchtige Erhardt da seinem Tagebuch anvertraute. Wenige Tage später auch schon der Erleichterungsseufzer:

»Nun ist Gottlob alles wieder in Ordnung. Die Männer sind auf dem Mond und unsere Weiber wieder auf der Erde. In der Theater-Garderobe herrscht wieder Friede und Einigkeit.«

Zum Geburtstag im Februar 1971 begab sich Theater-Leiter Peter Ahrweiler unter die Reimer:

Lieber Heinz Erhardt,
wenn ins Theater Leute drängen
sich hinter Spiegelwänden zwängen
und wochenlang auf Eintrittskarten
wie auf ein Wirtschaftswunder warten.
Dann sucht nicht lange nach dem Namen
›Heinz Erhardt‹ spielt und alle kamen.
Ich wünsche uns zum vollen Glücke
noch 50 solche guten Stücke.
Du bist als Mensch (und nicht nur an der Kasse)

für mich die Spitze (ohne Spitze – große Klasse).
Peter Ahrweiler und Familie

Auch diese von großer Sympathie getragenen Zeilen vermochten einen Streit im März dann nicht zu verhindern. Erhardt in seinem Tagebuch:

»Ahrweiler ist immer noch ›sprachlos‹, das heißt, er spricht nicht mit mir, weil er beleidigt ist. Ich hatte ihm am 13. des Monats die Behauptung an den Kopf geworfen, er habe kein Theater, sondern ein Tanzlokal. Und gegen diesen Vorwurf ist er allergisch. Na, mir ist das egal, denn nicht ich brauche ihn, sondern er mich.«

Eintragung am nächsten Tag:

»Nun spricht er wieder.«

Im April kam Post aus Wien. Herta Schubert, die Witwe des Autors von MIT BESTEN EMPFEHLUNGEN, schrieb an Erhardt:

»Ich weiß, wie sehr Sie durch Ihre großartige Leistung dazu beitragen, dieses Stück zum Erfolg zu bringen. Wie glücklich wäre mein Mann gewesen, wenn er das hätte erleben können. Aber natürlich machen Sie auch mir eine sehr große Freude damit, zumal ein so hervorragender Schauspieler wie Sie mithilft, die Arbeit meines Mannes lebendig zu erhalten und einem Publikum nahezubringen.«

Die erste Vorstellungs-Serie des Erfolgsstücks dauerte bis zum 1. Mai 1971. Im Sommer unternahm Heinz Erhardt eine dreiwöchige Lese-Tournee und servierte den Zuhörern KLASSISCH-ERSTKLASSISCHES. Im Sommer ereignete sich ein Stück Real-Satire in Gestalt eines Briefes aus Hannover. Absender: das Niedersächsische Kultusministerium. Aktenzeichen 107-997/71

Betr.: Vergnügungssteuer, Tournee Heinz Erhardt
Bezug: Antrag vom 29.03.1971

»Im Einvernehmen mit den niedersächsischen Ministern des Innern und der Finanzen wird gemäß § 3 Abs. 1 Nr. 5 des Vergnügungssteuergesetzes in der Fassung vom 13.09.1961 nds. GVBI S. 297 – und vom 14.12.1969

nds. GVBI. S. 246 – der Vortragsabend von Heinz Erhardt mit eigenen Werken am 11. Juli 1971 in Bad Zwischenahn als kulturell besonders wertvoll insbesondere als in hohem Maße volksbildend anerkannt.«

Dann kam noch einmal Berlin. Vom 5. August bis 12. September 1971 Gastspiel von MIT BESTEN EMPFEHLUNGEN. Albert Lichtenfeld berichtet beeindruckt:

»Die Leute standen Schlange. Das hatte ich alter Theatermann nach dem Krieg nie mehr erlebt. Bei Gründgens in Berlin vor dem Krieg, da habe ich Menschenschlangen vor der Kasse gesehen. Da standen sie nachts Schlange, damit sie Karten für den ›Hamlet‹ am nächsten Tag kriegten. Aber bei uns wollten sie Karten für drei, vier Tage im voraus haben.«

Ein Besucher des Stücks war Friedrich Luft, Berlins großer Theaterkritiker, dessen Eindruck in seiner »Stimme der Kritik« im RIAS am 8. August über den Sender ging:

»Eine Premiere im Hebbeltheater am letzten Donnerstag. Nun war das auch keine richtige Premiere. Es war ein Gastspiel. Heinz Erhardt ist wieder einmal auf Tour und berührt bei dieser Klamotten- und Komikerreise auch Berlin. Er hat das Stück, wenn man überhaupt von einem solchen reden will, schon in Hamburg und anderwärts bis in die Puppen gespielt. Man geht auch hier vor Anker und macht sich die Popularität dieser fröhlichen Knallschote zunutze. Bitte, liebe Hörer, hören Sie nichts Herablassendes oder gar Verächtliches aus meinen Worten. Denken Sie nicht, wir wollten uns, sozusagen, törichterweise dadurch erhöhen und unsere Intelligenz (oder was wir dafür halten) herausstreichen, indem wir uns über eine Begabung und Theatererscheinung wie den emsigen Heinz Erhardt von vornherein überheblich mokierten. Der Mann ist komisch …

Was man, während man doch mit einigem Wohlgefallen, dem blühenden Quatsch und gezielten Unfug von Heinz Erhardt folgte, – was man dabei immer dachte, war: daß man vielleicht für ihn doch einmal ein richtiges Stück schreiben sollte. Und mit ›richtiges‹ meine ich ein solches, wie man es mit ›Liliom‹ und mit dem ›Schwejk‹ für Max Pallenberg tat. Beide, Pallenberg und Erhardt, kriegen ihre komische Kurve über die Sprache. Wobei zugegeben, der kleine Unterschied enorm ist. Aber das Prinzip ist ähnlich. Pallenberg nahm Worte in den Mund, biß auf ihnen herum und entließ sie mit einer ganz anderen Bedeutung, als er sie verschluckt hatte. Die Sätze, die er sprach, endeten an ganz anderen Zielen.

Komik ist zu mehr als zur Hälfte die Technik der Überraschung, der Verdutzung. Der Zuhörer ist auf ein Ziel, ist auf eine Schlußfolgerung gefaßt. Der komisch Sprechende aber schlägt unverhofft die Kurven und landet ganz woanders, als zu erwarten stand. Komik ist die Kunst der Düpierung. Die be-

treibt – und ich betone streng dabei den Unterschied zu Pallenberg – im Prinzip betreibt die Heinz Erhardt auch.

Er hat eine Art der Verquatschtheit, die jedesmal streng vom Thema ab und in die Irre führt. Er knautscht an Worten und Begriffen herum. Er läßt, aus Jux und Drall, die Sprache altdeutsch, geschraubt und schriftdeutsch werden. Er läßt die Rede plötzlich und auf dumme Weise vorsätzlich auf Stelzen gehen. Wenn ein Mann mit einem solchen Butterblumengesicht –, wenn ein Mann mit einem solchen sanften Mondkeks so spricht, so ist das überraschend. Und weil es albern überraschen will und überrascht, ist das komisch, wird es albern. Und Albernheit, gut verkauft, kitzelt. Man lacht.

Liebe Hörer, warum halte ich mich heute an diesem Mann und Erlebnis so fest? Weil ich, wie ich im Hebbeltheater am letzten Donnerstag merkte, weil ich (und vor allem) weil das liebe kommune Publikum nach solcher vis comica, nach dem Clownersatz, nach dem funktionierenden Jux- und Spaßmacher auf der Bühne lechzt. Soll er machen, was er will: wenn wir nur unter den Stühlen liegen. Soll er ruhig mit unserem sonstigen Niveau und Bildungsstand Schindluder treiben, wenn wir nur brüllen. Soll er nur unser besseres theatralisches Gewissen gleich mit beiden Füßen treten: wenn er es fertigbringt, daß wir einmal alle sogenannte ›Relevanz‹, allen Anspruch, alle Hochgestochenheit vergessen und auch nicht mehr die letzte Erinnerung an ein Theater als moralische Anstalt behalten, sondern uns von den Dollbregen dort oben, von einer wirklich komisch ausgestatteten Figur zum Ausschütten vor Lachen bringen lassen . . .

Man müßte immer wieder verlautbaren, wie gut Lachen tut. Und man müßte bei unseren Bühnen (und eigentlich bei allen) die Forderung nach Lachanlässen strikte stellen . . .

Wie sind wir auf all das gekommen? Von fern sind wir darauf gekommen, als wir anfingen, von Heinz Erhardt sprachen und seinem Gastspiel im Hebbeltheater mit einem Stück, von dem man nicht reden sollte, weil es gar keins ist. Trotzdem hat es einen Titel: ›Mit besten Empfehlungen‹ heißt es. Es ist sogar irgendwann mal von einem Hans Schubert geschrieben worden. Erhardt ist über den Anlaß hingegangen. Er spielt das Stück, wenn man's wirklich so nennen will, spielt darin einen kleinen Angestellten, der durch eine – nun ja, schon geradezu fahrlässige und dramaturgisch eigentlich unerlaubte Manipu-

lation zum Direktor wird, aufsteigt in die oberen Stockwerke der Macht, mitmischt, reüssiert, bis der Irrtum seiner Laufbahn ruchbar wird, er zurückversetzt wird in den Souterrain und in die Buchhaltung, bis er dann – wieder durch eine dramaturgische Gewalttätigkeit in den Himmel des Erfolges, des persönlichen Wohlstands und Ansehens hoch katapultiert wird. Der Spielanlaß ist Kabbes und eigentlich, wenn Sie so wollen, beschämend. Was Erhardt umsteht, bis vielleicht auf Reiner Brönnecke, wäre eigentlich mehr zum Weg- als zum Hinsehen. Prächtige Dekorationen finden Sie auch nicht. Ansehnliches eben, sonst nichts. Aber ich fand doch, daß Erhardt partiell wirklich überzeugend komisch im Alleingang sein kann. Er ist ganz ungefährlich. Er droht nie. Er wird in seinem Spiel nie ungefällig. Aber er ist auf eine gewisse und eben komische Weise souverän. Er traut sich, vor Publikum albern zu sein. Er tritt für den Quatsch, den er spielt (oder vorgibt zu spielen) auf quatschende Weise ehrlich ein ... Manchmal geht's daneben und wird es dumm. Aber daß es ein paar Mal wirklich recht albern gerät, so daß man freundlich angekichert wird, daß man – füglich von weitem und nicht mit voller Kraft – aber doch hin und wieder die fröhliche Lust an der aber auch ganz anspruchslosen Albernheit erfährt, das ließ mich heute einmal Grundsätzliches sprechen über die Lust und die Notwendigkeit und die, dem Theater sei auch das geklagt, die rare seelische Hygiene des allzu raren Lachens und Röhrens vor der Bühne. Gott schenke es uns oft.«

Noch in Berlin schmiedeten Erhardt, sein Manager Klemmer und Albert Lichtenfeld neue Pläne. Das nächste Stück sollte DER VIZEKÖNIG werden, Lichtenfeld sollte das Lustspiel inszenieren. Aber vorher bestellte Heinz Erhardt sein Haus.

Horst Klemmer schrieb einen Brief:

»Sehr geehrte Damen und Herren, aufgrund unserer langjährigen, äußerst erfolgreichen Zusammenarbeit auf dem Schauspielsektor hat Herr Heinz Erhardt mich gebeten, ab 1. September 1971 seine Exklusiv-Vertretung zu übernehmen. Wegen der ständig zunehmenden Engagements bei Film, Funk, Fernsehen und Schallplatte sowie der umfangreichen Arbeiten als Autor möchte sich Herr Erhardt in Zukunft nur noch auf seine künstlerische Arbeit konzentrieren. Ich habe mit Freude diese Aufgabe übernommen und bitte Sie, sich bei jeglichen Anfragen an mich zu wenden. Ich werde Sie prompt und zuverlässig

bedienen und freue mich schon jetzt auf eine weitere angenehme Zusammenarbeit. Mit freundlichen Grüßen«

Erhardt bemerkte zu dieser Umverteilung in der Gesamt-Verantwortlichkeit des »Unternehmens Heinz Erhardt«:

»Ich bin sehr froh darüber. Denn ein Dritter kann viel bessere Gagen herausholen und besser verhandeln als der Künstler selbst.«

Das darf nach zwei Jahrzehnten von Erhardt erfolgreich geführter Verhandlungen zumindest bezweifelt werden. Einen Hinweis geben wohl eher die Sätze, mit denen Erhardt den 18. und letzten Band seiner Tagebücher begann:

»Ich habe so eine Ahnung, daß dies mein letztes Album wird. Nun, ich habe genug gearbeitet und gelebt. Es war alles in allem ein schönes Leben. Weniger vielleicht für Zippchen und die Kinder, denn ein guter Mann und Vater war ich nie. Um so dankbarer bin ich meiner Familie, daß sie mich meine Schwächen nicht allzu sehr merken ließ. 07.01.71 (ein schönes Datum)«

Im Herbst 1971 ging Mit besten Empfehlungen auf Tournee durch die Bundesrepublik. Die Kritiken sind auswechselbar, sie könnten statt von 1971 auch von 1961 oder 1955 stammen.

»Mit verknautschtem Charme streift dieser Hausfreund der deutschen Sprache durch Büroklatsch und Intrigen, turnt mit dem fröhlichen Grinsen eines Seehundes in allerlei Situationskomik herum. Läßt wie ein Mann in der Badewanne seine Wortschiffchen schwimmen. Man lacht, lacht und lacht. Bei ihm wird Kalau zu einer Großstadt mit lukrativen Wirtschaftsbeziehungen zum Humor. Im Grunde ist Heinz Erhardt ein genialer Psycho-Therapeut, der uns Komplex-behaftete Zeitgenossen und unsere neurotische Misere durch Lachtränen erlöst.«

Im Herbst 1971 endete Mit besten Empfehlungen. Heinz Erhardt gönnte sich keine Ruhe. Er nahm Fernsehtermine wahr, selbstverständlich gab es eine mittel- und langfristige Planung. Ein neuer Film sollte abgedreht werden, Arbeitstitel »Bitte recht freundlich«; Anfang 1972 Dreharbeiten für die neue Fernseh-Reihe »Komiker im Kreuzverhör«. Die Presse feute sich:

»Bis Mai 1973 ist er bereits voll ausgebucht. Bis Mai 1973 also wird uns das Lachen nicht vergehen.«

Aus dem Alltag eines Prominenten:

»Welchen Kurswert ein Autogramm des Vielbeschäftigten zur Zeit hat, konnte er kürzlich feststellen. Ein Strafmandat über 10 DM, ausgestellt von Dortmunder Ordnungshütern, wurde ihm regelrecht abgekauft. Für eine Erhardt-Unterschrift bot sich der junge Beamte spontan an, die Sache zu erledigen.«

Okt. 1971	SPIELORT	THEATER	Beginn	HOTEL	ADRESSE	TELEFON	Okt. 1971
Fr 1.	Cuxhaven	Stadttheater	20.15	H. E. Donners Hotel 2 D, 2 E Atlantik	219 C., Am Seedeich 2 219 C., Bahnhofstr. 26	0 47 21/3 50 18 0 47 21/3 50 50	1.
Sa 2.	Siegen	Siegerlandhalle	20.00	H. E. Keller Ens: Bürger	591 Kreuztal 59 Sg., M'bornerstr. 132-134	0 27 32/40 05 02 71/6 25 51	2.
So 3.	Iserlohn	Parktheater	20.00	Lex	58 Hagen, Am Stadttheater	0 23 71/2 87 51	3.
Mo 4.	Neuss	Stadthalle	20.00	H. E. Breidenb. Hof 2 D, 2 E Jan v. Werth NsT, 3 E Hamtor	4 D'df., H.-Heine-Allee 36 4046 Büttgen 404 Neuß, Hamtorwall 17	02 11/86 01 0 21 01/2 20 03 0 21 21/1 42 70	4.
Di 5.	Remscheid	Stadttheater	20.00	Haus Leyer	563 Remsch., Am Hauptbh.	0 21 23/4 80 27	5.
Mi 6.	Dortmund	Universum	20.00	H. E. Röm. Kaiser	46 Dortmund, Olpestr. 2	02 31/52 83 31	6.
Do 7.	Dortmund	Universum	20.00	Ens: Westfalenhalle	46 Dortm., Rh'landd. 200	02 31/12 50 63	7.
Fr 8.	Bad Sachsa	Kurtheater	19.30	Lindenhof	3423 B. S., Hindenburgstr. 4	0 55 23/21 88	8.
Sa 9.	Rotenburg/Hann.	Aula d. Ratsgymn.	20.00	Bahnhofshotel	213 Rotenburg/Wümme	0 42 61/5 79	9.
So 10.	Hankensbüttel	Deutsches Haus	20.00	H. E. Hannover	31 Celle, Wittinger Str. 56	0 51 41/2 58 70	10.
Mo 11.	Oldenburg/Soloabd.	Ziegelhof	20.00	H. E. Heide	29 Oldenburg, Melkbrink 49	04 41/6 10 14	11.
Di 12.	Hannover	Theater am Aegi	20.00	H. E. Thüringer Hof	3 Hannover, Osterstraße 37	05 11/2 73 81	12.
Mi 13.	Delmenhorst	Kleines Haus	20.00	wie 12. 10.			13.
Do 14.	Hannover	Theater am Aegi	20.00	wie 12. 10.			14.
Fr 15.	Papenburg	Aula d. Gymnas.	20.00	Heide	29 Oldenburg, Melkbrink 49	04 41/6 10 14	15.
Sa 16.	Brackwede	Aula der Realsch.	20.00	Vier Taxbäume	4812 Brackw., Hauptstr. 65	05 21/4 14 95	16.
So 17.	Hamm	Kurtheater	20.00	Parkhotel Feldhaus	47 Hamm, Ostenallee 87	0 23 81/2 61 41	17.
Mo 18.	Marburg	Stadthalle	20.00	Ortenberg	355 Marb., G.-Voigt-Str. 21	0 64 21/6 10 49	18.
Di 19.	Koblenz	Stadthalle	20.00	H. E. Kleiner Riesen Ens: Höhmann	54 K., Rheinanlagen 18 54 K., Bahnhofspl. 5	02 61/3 20 77 02 61/3 50 11	19.
Mi 20.	Worms	Spiel- u. Festhaus	20.00	Dom-Hotel	652 Worms, Am Obermarkt	0 62 41/53 10	20.
Do 21.	Frankfurt	Bürgerhaus N-W Stadt	20.00	H. E. Frankf. Hof	6 Frankfurt, Kaiserplatz	06 11/2 02 51	21.
Fr 22.	Frankfurt	Bürgerhaus N-W Stadt	20.00	Ens: Hübler	6 Fr.-Süd 70, Gr. Ritterg. 91	06 11/68 86 51	22.
Sa 23.	Frankfurt	Bürgerhaus N-W Stadt	20.00	wie 21./22. 10.			23.
So 24.	Frankfurt	Bürgerhaus N-W Stadt	20.00	wie 21./22. 10.			24.
Mo 25.	Oberhöchstadt	Bürgerhaus	20.00	wie 21./22. 10.			25.
Di 26.	Butzbach	Bürgerhaus	20.00	wie 21./22. 10.			26.
Mi 27.	Langen	Turnhalle	20.00	wie 21./22. 10.			27.
Do 28.	Euskirchen	Stadttheater	20.00	Regent	535 Euskirchen, Kirchwall 18	0 22 51/44 66	28.
Fr 29.	Oberbruch	Festhalle	20.00	H. E. Quellenhof	51 B. Aachen, Monh.'allee 52	02 41/3 72 51	29.
Sa 30.	Weisweiler	Festhalle	20.00	Ens: Hindenburg	51 Aachen, Jülicher Str. 141	02 41/3 49 49	30.

Ergänzungen und Änderungen vorbehalten — Hotel-Absagen oder Änderungen werden vom nordsüd-theater nicht durchgeführt

Stationen einer Theatertournee

Das Arbeitstier

»Das Wichtigste im Dasein« –
Die Jahre nach dem Schlaganfall 1971 bis 1979

»Könnten Sie sich ein Leben ohne die tägliche Arbeit vorstellen?«

»Überhaupt nicht. Ich bin ein richtiges Arbeitstier. Meine Frau hat's zwar früher nicht glauben wollen, aber Arbeit ist für mich die reinste Erholung.«

»Brauchen Sie keine Urlaubspausen?«

»Ich habe einmal mit meiner Frau eine Seereise gemacht. Während der Zeit habe ich ein Buch geschrieben.«

Ilse Werner, seit 1946 mit der Familie bekannt und befreundet, erlebte die Wochen im Herbst 1971 mit:

»Unsere tiefe, private Freundschaft kam mit unserer Nachbarschaft im Jahre 1970. Unsere Häuser in Hamburg-Wellingsbüttel lagen nahe beieinander, und ich war oft bei den Erhardts zu Gast.

Dann kam das Schicksalsjahr 1971.

Ich arbeitete in Berlin, war im ›Seehof‹ am Lietzensee abgestiegen und erfuhr, daß die Erhardts zu Filmaufnahmen ebenfalls in der Stadt waren. Sie wohnten wie immer im Appartmenthaus an der Heerstaße.

Ich rief an, wir verabredeten uns, und ich fuhr hin.

Typisch Heinz: Während Gilda und ich im Pool des Hotels erfrischende Runden schwammen, saß Heinz in voller Bekleidung mit seiner Zeitung am Beckenrand und war zu keinem Bad zu bewegen.

Zum Abendessen saßen wir bei mir im ›Seehof‹, es wurde wie immer ein heiterer, vergnügter Abend, und wir verabredeten uns schon wieder für zu Hause, wenige Tage darauf.

Es sollte das letzte Mal gewesen sein, daß ich seine ganze Heiterkeit und seinen unvergleichlichen Wortwitz so unbeschwert erlebte.

›Wenn wir zu Hause sind, melden wir uns gegenseitig‹, so gingen wir völlig ungetrübt auseinander.

Wieder in Hamburg, wurde ich gleich in der ersten Nacht durch ein Martinshorn aus dem Schlaf gerissen. Bei uns in Wellingsbüttel eine Seltenheit, so daß es immer einen Schrecken hinterläßt.

Am nächsten Morgen rief Gigi an, die älteste Tochter der Erhardts, und ich erfuhr, daß die Ambulanz unseren Heinz mit einem Schlaganfall ins Krankenhaus gebracht hatte.«

Zeitungs-Schlagzeile:

»Heinz Erhardt gelähmt – seit dem Wochenende kämpfen die Ärzte des Hamburger Krankenhauses Barmbek um sein Leben!«

Am frühen Samstagmorgen hatte Gilda Erhardt den Hausarzt angerufen. Unter Sauerstoffbeatmung wurde Heinz Erhardt ins Krankenhaus gebracht. Im Laufe des Tages besserte sich sein Zustand leicht.

Am Sonntag dann ein dramatischer Rückschlag, die Ärzte vermuten einen zweiten Schlaganfall. Für 48 Stunden blieb sein Überleben ungewiß.

Gero Erhardt sieht das Schicksal seines Vaters rückblickend als Folge manischer Überarbeitung:

»Er hat Kranksein nie zugelassen. Er stand noch mit 40 Grad Fieber auf der Bühne. Zu Hause kamen dann die Zusammenbrüche, weil er seine Krankheiten nie auskuriert hatte. Er hat bis zuletzt wie ein Stier gearbeitet.«

Auch für Grit Berthold kam der Schlaganfall nicht aus heiterem Himmel:

»Ich kenne meinen Vater nicht anders als arbeitend. Er ist nie zum Arzt gegangen. Er hat Raubbau mit seinen Kräften getrieben. Er muß permanent zu hohen Blutdruck gehabt haben, aber er hat sich nie darum gekümmert, und sein Beruf hat den Blutdruck noch mehr hochgeputscht.«

Aus dem Tagebuch

02.03.1969

»Ich fühle mich sehr schlecht, unregelmäßiger Puls, Atemnot und zu hoher Blutdruck (210). Zur Vorstellung kann ich mich nur durch ein paar Doornkaats fithalten.«

18.03.1969

»Mein Kreislauf ist sehr labil, mal könnte ich Bäume ausreißen, mal möchte ich sterben. Meine Mutter starb am Herzen, mein Vater an der Leber. Was kann mir also viel passieren ... Beide waren über 60, als sie ...

sollte ich doch noch vier Jahre zu leben haben? Es sollte mich wundern.«

26.12.1969

»Das Leben ist eigentlich nur eine kurze Unterbrechung des Totseins.«

07.01.1971

»Ich habe so eine Ahnung, daß dies mein letztes Album wird.«

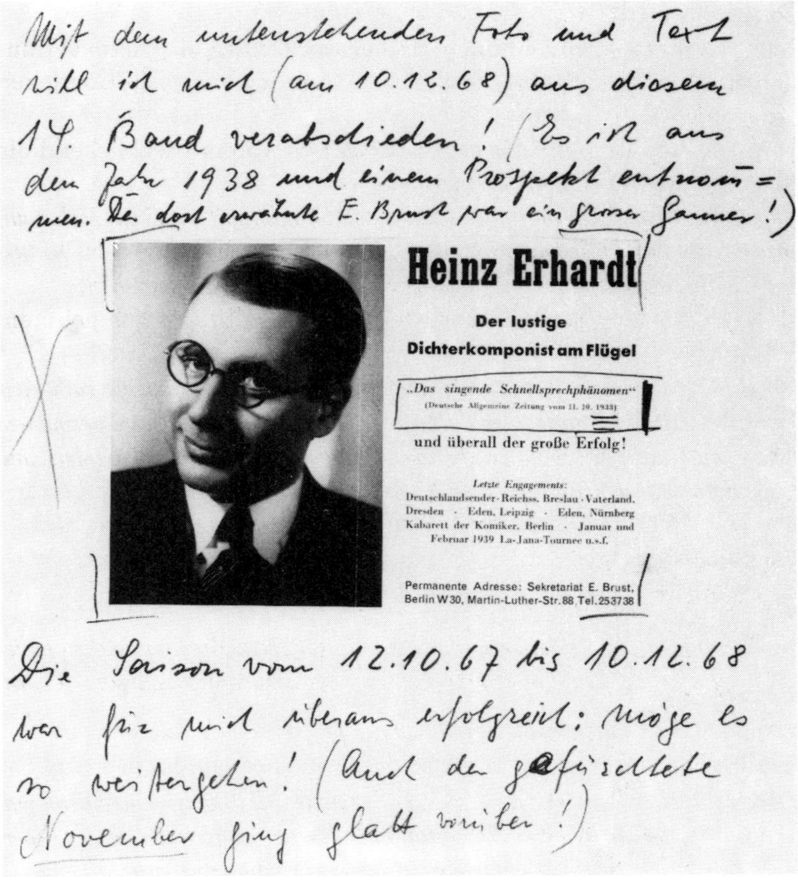

Mit dem untenstehenden Foto und Text will ich mich (am 10.12.68) aus diesem 14. Band verabschieden! (Es ist aus dem Jahr 1938 und einem Prospekt entnommen. Der dort erwähnte E. Brust war ein grosser Gauner!)

Heinz Erhardt

Der lustige Dichterkomponist am Flügel

„Das singende Schnellsprechphänomen"
(Deutsche Allgemeine Zeitung vom 11. 10. 1933)

und überall der große Erfolg!

Letzte Engagements:
Deutschlandsender · Reichss. Breslau · Vaterland, Dresden · Eden, Leipzig · Eden, Nürnberg Kabarett der Komiker, Berlin · Januar und Februar 1939 La-Jana-Tournee u.s.f.

Permanente Adresse: Sekretariat E. Brust, Berlin W 30, Martin-Luther-Str. 88, Tel. 253738

Die Saison vom 12.10.67 bis 10.12.68 war für mich überaus erfolgreich: möge es so weitergehen! (Auch der gefürchtete November ging glatt vorüber!)

Eine Vorahnung stand am Anfang, am Ende dieses Jahres mußte *»Deutschlands größter Komiker«* die pausenlose Arbeit nach fast 40 Berufsjahren bitter bezahlen.

»Die Blutung im Gehirn hatte die rechte Körperhälfte gelähmt und das Wortfindungszentrum gestört«, so die Bild-Zeitung. *»Grausame Realität: Heinz Erhardt konnte jedes Wort verstehen, alles begreifen. Aber der Dichter, der so perfekte Reime schrieb, konnte nicht mehr antworten!«*

Interesse und Anteilnahme der Öffentlichkeit an Erhardts Schicksal waren unerhört groß. Die Boulevardpresse sorgte für ständigen Nachschub an Informationen – und Geschmacklosigkeiten. Grit Berthold erinnert sich:

»Im Verlauf der Krankheit haben sich furchtbare Sachen abgespielt. Als mein Vater im Barmbeker Krankenhaus lag, gab es dort eine Oberschwester, die sehr aufgepaßt hat, wer zu ihm wollte. Sie rief meine Mutter an: ›Heute früh erwarten wir die Fensterputzer. Können Sie nicht kommen und sich zu Ihrem Mann setzen? Es kann sein, daß jemand von der Bild-Zeitung darunter ist.‹

Später kam plötzlich ein Pater. Den hat die Oberschwester nicht hineingelassen. Er sah etwas ulkig aus. Grund: Der Mann hatte unter seiner Verkleidung diverse Kameras versteckt. Wenn die Schwester nicht gewesen wäre, hätten sie dieses Häufchen Unglück im Bett von vorn und hinten abfotografiert.«

Der Schlaganfall hatte Heinz Erhardt mitten in der Arbeit getroffen. Die Dreharbeiten zu WILLI WIRD DAS KIND SCHON SCHAUKELN waren zwar abgeschlossen, doch mußten noch einige Passagen nachsynchronisiert werden. Dazu brauchte man Erhardts Stimme. Gero Erhardt erinnert sich:

»Da stellte man fest, daß dieser Mann nicht zu ersetzen ist. Man hat sich mit technischen Tricks beholfen, und so wirkte es dann auch. Ihm hat das sehr weh getan. Das spürte man, obwohl er sich ja verbal nicht äußern konnte.«

Albert Lichtenfeld, der Erhardts nächstes Theaterstück inszenieren sollte, erinnert sich:

»Meine erste Reaktion auf den Schlaganfall war – warten wir ab! Ich hatte bei anderen Menschen erlebt, daß sie sich nach einem Schlaganfall relativ

schnell wieder erholt haben. Ich kannte glückliche Fälle, wo die Betroffenen nach drei Monaten schon wieder arbeiten konnten.

Ich besuchte Erhardt im Krankenhaus. Er war noch nicht ansprechbar. Ich spürte, auch aus dem Verhalten der Ärzte heraus: Das ist ernst, sehr ernst. Niemand machte einem Hoffnung, niemand sagte etwas Positives. Deshalb konnten wir selbstverständlich auch nicht mit dem neuen Stück disponieren.«

Acht Wochen blieb Heinz Erhardt im Krankenhaus, dann kam er nach Hause.

Ilse Werner war, um den Freund besorgt, immer in der Nähe:

»Als er wieder zu Hause war, habe ich ihn oft, wo's ging täglich, besucht und wenn es nur für ein paar Minuten war. Dann habe ich ihm immer den neuesten Klatsch mitgebracht, immer einen Witz. Einmal auch ein Szenenfoto, das mich in Schwesterntracht zeigt, aufgenommen bei einer Produktion für die Fernsehlotterie. Ich schrieb darauf: ›Stehe jederzeit zur Verfügung, wenn du eine Schwester brauchst.‹ Gilda ließ das Foto rahmen und in seinem Zimmer aufhängen, damit er's vom Bett aus sehen konnte.

Er konnte nicht sprechen. Wir erfanden zusammen eine Art Zeichensprache, die ihm einfache Antworten mit Ja oder Nein ermöglichte. Verstehen konnte er ja alles. Und an seinen Augen konnten wir sehen, daß er uns verstand.

Seinen ersten Besuch außer Haus machte er zusammen mit Gigi bei mir in Alsterdorf zum Kaffee. Ein Reporter war dabei, denn die ganze Öffentlichkeit nahm unglaublichen Anteil an seiner erhofften Genesung.«

08.01.1972	*»Heinz Erhardt kann schon sechs Worte sprechen!«*
07.02.1972	*»Heinz Erhardt durfte jetzt wieder nach Hause!«*
13.03.1972	*»Heinz Erhardt. Ich will nicht mehr!«*
12.04.1972	*»Heinz Erhardt: Er verlor 40 Pfund – und gewann wieder Hoffnung!«*
04.05.1972	*»Heinz Erhardt kann schon mehr als 20 Wörter sprechen!«*
25.05.1972	*»Jedes neue Wort ist eine Freude!«*
12.09.1972	*»Heinz Erhardt: Ich kann wieder Arme und Beine bewegen!«*
18.11.1972	*»Heinz Erhardt geht ab und zu schon ohne Stock!«*
20.11.1972	*»Heinz Erhardt erlitt schweren Rückfall!«*

23.11.1972 *»Heinz Erhardt geht es besser!«*
18.01.1973 *»Heinz Erhardt kann wieder gehen!«*

Die Presse blieb jedem seiner Schritte auf der Spur. *»Wir stehen vor einem Wunder!«* – hieß es im Sommer 1972. Man meldete, Heinz Erhardt sei schmal geworden, er habe 52 Pfund abgenommen – aber:

»Das Wichtigste: Die Lähmung der rechten Körperhälfte ist überwunden. Nun müssen nur noch die Muskeln gestärkt werden. Heinz Erhardt hat in aller Vorsicht bereits die ersten Schritte gewagt. Die erstaunliche Genesung, an die selbst die Ärzte nicht geglaubt hatten, muß Heinz Erhardt wohl vor allem seiner Frau danken.

Er weigerte sich zu essen, er wollte keine Gymnastik machen. ›Früher habe ich mit ihm um jedes Pfund gekämpft‹, erinnert sich Frau Erhardt. ›Jetzt kann ich ihm wieder alle seine Lieblingsspeisen zubereiten, von Piroggen bis ‚Komm morgen wieder', eine besondere Art Pfannkuchen. Er ißt mit großem Appetit.‹ Zehn Pfund, sagen die Ärzte, muß er noch zunehmen. Noch ist er an den Rollstuhl gefesselt. Noch kann er nicht schreiben, noch kann er kaum sprechen . . .«

Ein quicker Illustriertenreporter wollte schon mit ihm geredet haben:

»Herr Erhardt, werden Sie wieder auftreten?«

Antwort:

»Aber natürlich!«

Tatsächlich war an Auftritte überhaupt nicht zu denken.

»Es ist ein Wunder, daß er lebt«, so Gilda Erhardt. *»Das muß reichen.«*

Heinz Erhardt litt: Er war zu völliger Passivität verdammt, und er hatte seine Sprache verloren. Der Mann mit dem unnachahmlichen Wortwitz hatte sein Gedächtnis behalten, den Reichtum seiner komischen Assoziationen. Formulieren und ausdrücken konnte er praktisch nichts mehr.

»Diese Stummheit bei einem Mann, der durch seine Sprache berühmt geworden war«, so die Presse, *»dessen übersprudelnder Wortwitz entzückte, ist für jeden, der diesen Sprachkünstler bewunderte, so unfaßbar, wie seine jetzigen hartnäckigen Bemühungen, wieder sprechen zu lernen.«*

Grit Berthold erinnert sich:

»Mein Vater war sehr belesen, und er hatte ein ungeheures Gedächtnis. Sie konnten ihm nach Jahren noch Fragen stellen – er stand auf, holte das Buch aus dem Regal und schlug die Stelle auf. Dieses Gedächtnis hatte er auch, als er krank war. Darunter hat er furchtbar gelitten.

Aber selbst, als er nicht sprechen konnte und sich auch nicht durch Aufschreiben mitteilen konnte, selbst da ist er sanft geblieben. Er hat nie etwas genommen und vor Wut und Verzweiflung durch die Gegend geworfen, um sich abzureagieren. Wenn er so deprimiert war, habe ich manchmal gesagt: ›Papi, nimm ein Buch und schmeiß es gegen die Wand, mach irgendwas!‹ Aber er war der friedlichste Mensch, den Sie sich denken können.

Diese siebeneinhalb Jahre waren für ihn die Hölle.

Er war nicht bettlägerig, er konnte ein paar Schritte laufen, er konnte lesen und fernsehen – nicht lange, weil er schnell ermüdete. Ich bin viel mit ihm herumgefahren, weil wir versucht haben, ihm die Zeit zu vertreiben.

Aber sein Gedächtnis hatte er behalten, er wußte alles.

In der ersten Zeit konnten wir seine Mimik und Gestik noch nicht so gut verstehen. Es gab manchmal Situationen, die habe ich hinterher als grauenvoll empfunden. Wenn ich drüben bei meinen Eltern war und ich mich mit meiner Mutter unterhalten habe, haben wir versucht, ihn so gut wie möglich mit einzubeziehen. Dennoch konnte es eben passieren, daß wir miteinander sprachen und Papi nicht beachteten. Da habe ich gedacht: ›Oh, hallo, jetzt müssen wir aber aufpassen.‹ Das ist eine ganz große Gefahr, daß man einen Menschen auf das Abstellgleis schiebt.

Wir unterhielten uns, es gab irgendeinen sachlichen Fehler darin, und er wollte uns verbessern. Wir verstanden ihn nicht! Es war so schwer, sich zu verständigen. Und wir waren alle verzweifelt.

Oder eine andere Szene. Meine Mutter rief an und bat mich, rüberzukommen. ›Papi will irgendwas. Ich kriege es nicht raus. Kannst du nicht kommen?‹ Mein Vater stand im Wohnzimmer, zeigte in sein Zimmer. Ich ging mit ihm in sein Zimmer, aber er war nicht zufrieden. Erst langsam merkte ich: Er hatte einfach Durst! Er wollte in die andere Richtung zeigen, in die Küche. Aber es war im Gehirn verkehrt geschaltet. – Seitdem stand immer Wasser für ihn bereit, an seinem Platz.

Wir waren damals alle davon überzeugt, daß mein Vater wieder gesund werden wird. Nicht, daß er wieder auftreten könnte. Das mußte er ja nicht – aber daß er wenigstens einigermaßen wieder leben kann, daß er wenigstens ein paar Worte reden kann. Wir haben auch fest damit gerechnet, daß er wieder schreiben kann. Er hat auch geübt bis zum Gehtnichtmehr. Es ist ihm nicht schwergefallen, mit links zu schreiben. Er war eigentlich mehr Linkshänder als Rechtshänder. Er hat Vorlagen abgeschrieben. Aber von sich aus etwas zu formulieren, das schaffte er nicht.

Manchmal verfiel er in Depressionen. Ein Arzt sagte meiner Mutter: ›Sie können ihn nur dann aus der Depression erlösen, wenn Sie ihn furchtbar anschreien. Sie müssen ihn anbrüllen, wie man ein Kind anbrüllt.‹

Meine Mutter hat mit der Faust auf den Tisch gehauen – und das hat tatsächlich geholfen. Es hat ihr zwar das Herz zerrissen, aber es hat ihm geholfen. Er wußte auch ganz genau, worum es ging. – Später kam es bei ihm zu einem erneuten Anfall von Depression. Da bat mich meine Mutter: ›Ich habe nicht mehr die Kraft. Schrei du ihn an.‹ Ich konnte es nicht. Es war mein Vater. Er war für mich eine Respektsperson, ich konnte ihn nicht anschreien.«

Freunde und Kollegen kamen regelmäßig zu Erhardts, um die Isolation ein wenig zu lindern.

Zu den Gästen gehörten Fritz Hellmann und seine Frau, Elfriede Heydorn-Hellmann. Fritz Hellmann erinnert sich:

»Oft waren wir in diesen schweren Jahren zu Gast in Hamburg-Wellingsbüttel und tauschten Erinnerungen aus. Obwohl dies fast nur noch auf ein mehr oder weniger heftiges ›Gestikulieren‹ seinerseits beschränkt war, verstanden wir uns trotzdem sehr gut. Bei einem der letzten Besuche hat Frau Erhardt mit einer Polaroidkamera ein Erinnerungsfoto geschossen. Es war nur ein kleiner Schnappschuß – so ganz nebenbei. Doch ich trage dieses Bild seitdem ständig bei mir.

Es zeigt den von der Krankheit gezeichneten Heinz Erhardt in leicht nach vorn gebeugter Haltung, auf einen Stock gestützt. Links und rechts von ihm – eingehakt – meine Frau und ich. Und wir drei lachen gemeinsam so unbeschwert, so fröhlich in die Kamera hinein, als hätte sich seit unserem gemeinsamen Bühnenauftritt überhaupt nichts verändert.

Und vielleicht stimmt das ja auch! Damals ebenso wie heute!

Mit Peter Frankenfeld und Lonny Kellner

Ein Bild, das man im Herzen trägt, bleibt ewig unverändert. So wie die Erinnerungen an einen großen Kollegen und – an einen liebenswerten Menschen.«

Auch Georg Thomalla kam nach Wellingsbüttel zu den Erhardts, wenn er in Hamburg zu tun hatte:

»Ich habe ihn dann besucht, er war freundlich, lachte viel. Unterhalten konnten wir uns nicht. Aber man merkte ja, was er sagen wollte. Ich habe das Gefühl gehabt: Das wird wieder. Bis zum letzten Moment habe ich das Gefühl gehabt.«

Bei Thomallas Besuch war die Presse dabei – *»Wiedersehen mit Rührung!«* – Wider besseres Wissen wurde behauptet:

»Er bewegt sich ohne Schwierigkeiten in seinem Haus. Seine Stimme hat den vertrauten Klang. Heinz Erhardt geht es wieder besser!«

Georg Thomalla hatte aufmunternde Worte dagelassen:

»Du mußt nur fest dran glauben, Heinz, dann stehst du eines Tages auf und rufst: ›Gilda, jetzt gehen wir spazieren!‹ Und das eine sage ich dir: Das erste Stück nach deiner Genesung spielen wir zusammen.«

Nicht nur die Familie, auch viele Freunde und Kollegen hatten sich im stillen mit dem Gedanken vertraut gemacht, Heinz Erhardt nie wieder auf der Bühne zu sehen. Und doch, auf ihre Art ließen sie ihn immer wieder präsent sein, so wie Rolf Stiefel es tat, der Conférencier und Erhardt-Parodist:

»Es ist mir nicht möglich, mit Worten auszudrücken, was ich empfand, als ich von diesem furchtbaren Schicksalsschlag erfuhr. Daß gerade er nicht mehr sprechen konnte. Daß das Leben mit diesem Mann, der so vielen Menschen Freude bereitet hatte, so grausam sein konnte. Es war unfaßbar!

In Hamburg rief ich seine Frau Gilda an und wollte ihn besuchen. Sie gab mir den Rat, es nicht zu tun, so gerne sie mich auch sehen möchte. Sie sagte, wenn ich ihn in diesem jammervollen Zustand erlebte, könnte ich ihn nie mehr parodieren. Ganz bestimmt hatte sie recht.

Wenige Monate nach diesem Telefonat trat ich in einer NDR-Live-Sendung im Hamburger Congreß Centrum auf und brachte auch meine Erhardt-Parodie. Zuvor sagte ich zum Publikum, daß wir unserem Heinz Erhardt einen Gruß durch den Äther schicken wollten – einen solch donnernden Applaus habe ich in 40 Berufsjahren nicht gehört.

Zufällig erfuhr ich dann von Ilse Werner, die jahrelang Nachbarin von Erhardts in Hamburg war (Heinz nannte sie immer Oberschwester Ilse, nicht ahnend, daß er einmal so krank sein würde), daß er diese Live-Sendung gehört hatte. Und wie er bei dieser Ovation des Publikums zu Tränen gerührt gewesen sei.«

Auch Ilse Werner erinnert sich, wie schwer es fallen mußte, die Hoffnung auf zukünftige gemeinsame Auftritte aufzugeben:

»Wenn wir ohne ihn auf der Bühne standen und der Rundfunk dabei war, dann haben wir ihn stets über den Äther gegrüßt und immer noch auf das baldige Wiedersehen gehofft.«

Die siebziger Jahre gingen zwischen Hoffen und Bangen.

Zu den zahlreichen Besuchen der Freunde und Kollegen kam eine Flut von Briefen und Kartengrüßen, Verehrerpost von überallher,

Mit Ilse Werner

Mit Georg Thomalla

aus allen Altersgruppen. Über die Jahre sollten es 15000 Zuschriften werden.

Die Autogrammwünsche häuften sich. Vorläufig war jedoch nicht daran zu denken, daß Heinz Erhardt in gewohnter Weise würde schreiben können. Seine Frau ließ die Autogrammjäger durch die Presse wissen, daß er seine Karten immer eigenhändig unterschrieben hatte. Auch jetzt wollte er sich trotz seiner Krankheit auf keinen Fall mit einem Autogramm-Stempel zufriedengeben.

Grit Berthold erinnert sich:

»Die Teilnahme von wildfremden Leuten war überwältigend. Jedes Schreiben war so lieb, ich weiß nicht, wie ich's anders ausdrücken kann – die Leute fanden einen so herzlichen Ton. Das war rührend und hilfreich, tröstend. Aber diese Mengen an Post waren für uns überhaupt nicht zu bewältigen. Nun brauchte man sie auch nicht unbedingt zu beantworten, denn die Zeitungen informierten ja wirklich ausreichend über die Krankheit und ihren Verlauf – wenngleich vieles nicht stimmte oder sehr übertrieben war.«

Der 65. Geburtstag wurde im Februar 1974 mit Rücksicht auf Erhardts Gesundheit im engsten Familienkreis gefeiert. Die Presse hatte ihn aber keineswegs vergessen. In der breiten Öffentlichkeit wünschte man sich,

»Heinz Erhardt möge seinem Publikum noch'n Gedicht und noch'n Buch schenken können«.

Eine treue Anhängerschaft vermißte ihn im Fernsehen wie auf der Bühne und behalf sich mit »Konserven«, mit seinen Büchern und Schallplatten. Die Auflagen stiegen sprunghaft an. Wo in der Bundesrepublik gelacht wurde, war Heinz Erhardt immer noch ein »Centrum Humoris«. Es gab keinen Ersatz für ihn. Doch die Fortschritte seiner Genesung waren gering und mühsam erkämpft.

Albert Lichtenfeld erinnert sich:

»Einmal hat er mich draußen erwartet, ist vor der Tür auf- und abgelaufen, um mir zu zeigen, daß er laufen kann. Am Anfang konnte er ja nicht gehen, konnte sich höchstens etwas am Stock vorwärts bewegen. Und genau an dem Tag kam ich zu spät. Ich dachte, daß eine Verspätung von 10 Minuten nicht weiter schlimm sei. Aber da mußte der arme Heinz draußen 20 Minuten auf-

und ablaufen. Er strahlte übers ganze Gesicht, daß er mir das vorführen konnte.

Ich war häufiger bei Erhardts: zu ihrem Geburtstag, zu seinem Geburtstag sowieso. Zwischendurch rief ich an, fragte: ›Kann ich kommen?‹

Frau Erhardt: ›Ja, ja, kommen Sie sofort, gerne.‹

Meistens war sie am Apparat. Einmal auch er. Er versuchte, etwas herauszukriegen, aber in solchen Momenten kam meist nichts.

Wenn wir zusammensaßen, locker, vergnügt, dann kam von ihm manchmal ein Satz. Aber immer nur sehr wenige Sätze.

Nachträglich denke ich manchmal: Wenn er weniger ungeduldig gewesen wäre, vielleicht wäre seine Genesung erfolgreicher verlaufen. Frau Erhardt setzte ja Himmel und Hölle in Bewegung, sie tat alles für ihn. Ein Heilpraktiker wurde eingeschaltet, es wurde nichts unterlassen. Auch ein Logopäde kam ins Haus. Erhardt traf sich zwei-, dreimal mit den Leuten. Dann wurde er unwirsch, weil es ihm vielleicht nicht schnell genug vorwärtsging. Vielleicht schämte er sich auch.«

Im Februar 1979 wurde Heinz Erhardt 70.

Zu Hause in Wellingsbüttel erschienen mehr als 50 Gratulanten, Glückwunschtelegramme, Kartengrüße und Briefe kamen von überall. Aus Bonn grüßte Egon Bahr:

»Eine Prise Erhardt täte uns Politikern gut.«

Im Fernsehen lief am Geburtstagsabend Erhardts Theater-Erfolg DAS HAT MAN NUN DAVON, am nächsten Abend die ZEHNPFENNIG OPER.

Gero Erhardt und sein Schwager Jürgen Haacker hatten Erhardts groteskes Musik-Theater von 1948 neu bearbeitet. Heinz Erhardt selbst hatte schon Jahre vorher von einer Fernsehbearbeitung geträumt –

»Text von mir, Musik von mir, geschrieben mit der größten Bayreuthwilligkeit wie Richard Wagner«.

Die alte Hörfunk-Version wurde durch eine Rahmenhandlung ausgebaut und fernsehgerecht aufgefrischt. Hier hatte auch Heinz Erhardt nach sieben Jahren einen letzten Fernsehauftritt als Dichter-Komponist:

»Ein sonnendurchfluteter herbstlicher Wald. Heinz Erhardt sitzt auf einer Parkbank ... mit Schlapphut ... und lauscht den Stimmen des Waldes. Jeden Einfall, der ihm kommt, schreibt er sofort auf Papierblätter, die er dann einfach fallen läßt.« (Drehbuchauszug)

Aus dem Herbstwald der Ouvertüre geraten die genialischen Skizzen des Musen-Mannes an ein Theater. Wo das Ganze gleich in Szene gesetzt wird, begleitet vom Streit der »Macher«: Wie wird's publikumswirksam?

In der Fernsehfassung sangen Erica Schramm und Rudolf Schock die tragenden Partien. Ilse Werner spielte eine Souffleuse, Hans Joachim Kulenkampff den Theaterchef. Heidi Kabel und Helga Feddersen mimten Garderobieren, und auch Freddy Quinn war mit von der Partie. Etliche klangvolle Namen versammelten sich in der Rahmenhandlung: Conny Froboess, Gert Fröbe, Walter Giller, Inge Meysel, Lilo Pulver, Heinz Rühmann, Georg Thomalla. Ein großes Aufgebot zu Ehren des Dichter-Komponisten.

Erhardts ZEHNPFENNIG OPER, eine absurde Dreieckstragödie Anno 1548, spielt auf einer munteren Ritterburg: Hausherr Kunibert zieht nach kräftigem Saufgelage – *»mit dem Verzehr von Alkohol beschäftigt«* – aus, um *»die Karawane des Spediteurs Meier«* zu überfallen. Unterdessen gewinnt Ritter Geierblick, Gast im Hause, das Herz der Clothilde, Kuniberts Weib. Der erwischt die beiden Untreuen bei der Heimkehr in flagranti. Es kommt zum Duell, und am Ende sind alle Hauptfiguren tot.

GEIERBLICK: Weh mir, ich fühle mich getroffen,
der Bube traf mich, ich gesteh es offen.
Ich werd' mich jetzt verfärben
und sterben – bye-bye!
MANNEN: Nun liegt er da der Gute
und schwimmt in seinem Blute
uh, ah, uh, in seinem Blute ...

In der Pause hilft ein scharfsinniger Kritiker dem Fernsehpublikum mit dämlich hintergründigen Erläuterungen, dem Unsinn auf die Schliche zu kommen:

»Wir machen ja ernste Dinge nicht dadurch fröhlich, indem wir sie ernsthaft behandeln ...«

Die Filmaufnahmen mit dem Jubilar selbst erforderten Geduld und Sorgfalt. Einstellung für Einstellung erarbeitete Gero Erhardt mit dem Vater in einem Wald im Alstertal. Einen Nachmittag lang war Heinz Erhardt auch wieder im Studio, in den Fernsehateliers in Wandsbek. Eine Programmzeitschrift veranstaltete ein Ratespiel. Gewinn: Einhundert Heinz-Erhardt-Platten mit der Aufzeichnung der Oper von 1948.

Das Opern-Projekt war nicht unumstritten. Ein alter Freund fand scharfe Worte:

»Sie haben ein furchtbares Spiel mit ihm getrieben. Er saß da wie ein armer Teufel. Man glaubte, man könnte ihn wieder bekannt machen, damit seine Bücher verkauft werden. Man hatte ihm einen Künstlerhut mit breiter Krempe aufgesetzt. Aber seine Augen sagten: Was macht ihr hier mit mir?«

Wo der alte Sprachwitz des Dichter-Komponisten gebraucht wurde, mußte die Fernsehfassung auf die Aufzeichnung von 1948 zurückgreifen:

»Darauf errötet die Clothilde, ganz besonders im Gesicht, denn sie hat ein Fable oder Faible (irgendso ein Fremdwort) für den Ritter Geierblick!«

Gero Erhardt hatte sich für die Oper entschieden, um die Vielseitigkeit seines Vaters auch einmal im Musikalischen zu zeigen. Rückblickend sieht er die Schwächen der Collage:

»Man hat uns verübelt, daß wir Heinz Erhardt nicht live zeigen konnten. Am 20. Februar lief das erfolgreiche DAS HAT MAN NUN DAVON. *Die Oper wurde einen Tag später ausgestrahlt. Die Kontraste waren zu groß: erst der Riesenerfolg in seiner Paraderolle als Willi Winzig, mit dem gesunden Erhardt, am nächsten Tag der reduzierte Heinz Erhardt in der Oper.«*

An seinem 70. Geburtstag wurde dem *»großen Humoristen, der sein Publikum nicht nur erheiterte, sondern auch nachdenklich stimmte«*, das Bundesverdienstkreuz verliehen.

Die feierliche Übergabe sollte im Hamburger Hotel »Atlantic« stattfinden, doch Gilda Erhardt mußte um einen bescheidenen Festakt zu Hause in Wellingsbüttel bitten. Erhardts Gesundheitszustand hatte sich verschlechtert. Schon die Geburtstagsfeier selbst war für den Jubilar anstrengend geworden.

Albert Lichtenfeld erinnert sich:

»Am 70. Geburtstag saß ich mit Harald Juhnke und Erhardt zusammen in seinem Haus. Wir saßen fast stumm da. Erhardt guckte uns immer wieder an. In seinem Blick lag schon etwas von Trauer. Das war vorher, wenn ich ihn besucht hatte, nie gewesen.«

In der Nacht zum 5. Juni 1979 starb Heinz Erhardt.

»Die hohen Temperaturen, die so vielen Menschen in unserem Lande die Pfingstferien verschönt hatten, machten dem kranken Heinz Erhardt schwer zu schaffen«, schrieb die Presse.

Sein Sohn Gero: *›Meinem Vater ging es in den vergangenen Wochen noch relativ gut, doch am Freitag vor Pfingsten verschlechterte sich sein Zustand. Montag besuchte ihn der Arzt und sagte uns, daß wir mit dem Ableben meines Vaters rechnen müßten. Er meinte, das Herz sei zu schwach und Vater würde wohl einschlafen, ohne zu leiden.«*

Er hatte die Nacht in seinem Bett im Arbeitszimmer verbracht. Am frühen Morgen kam Gilda Erhardt, um nach ihm zu sehen. Er war gestorben nach einem siebenjährigen Kampf gegen die hoffnungslosen Prognosen seiner Ärzte.

»Erlöst«, so ein Nachruf, *»von einem Leben, das er noch mit übermenschlicher Energie geführt hatte.«*

Zur Trauerfeier in Hamburg-Ohlsdorf kamen noch einmal alle zusammen, die ihn geliebt, verehrt, bewundert hatten, seine alten Freunde, Verwandte und einfache Leute, die Heinz Erhardt zur letzten Ruhe geleiten wollten.

Er selbst hatte die Zeilen gedichtet, die nach dem Abschied überall in der Presse zu finden waren:

Du warst ein Musiker und Dichter
ein Maler und Kaninchenzüchter
doch trotzdem war's dir nicht gegeben
den eignen Tod zu überleben.

»Vor dem Tod habe ich keine Angst«, hat Heinz Erhardt einmal gesagt. *»Denn alle, die gestorben sind, lassen nicht wieder davon ab.«*

»Echt schriller Typ« – *Heinz Erhardt unter uns*

»Es gibt berühmte Künstler und es gibt solche, die populär sind. Wer berühmt ist, steht unnahbar auf einem Sockel. Wer wirklich populär ist, rührt die Herzen der Menschen. Heinz Erhardt war populär. Er ist es geblieben wie kaum ein zweiter.« (Ilse Werner)

Humor ist Mentalitätssache. Wer »trotzdem« lacht, hat ihn einfach. Komik braucht mehr. Ohne Talent und professionelles Können degenerieren satirische und groteske Versuche zu Tortenwerfen, zum Dummenfang, zur peinlichen Zote, sie erreichen dann etwa das Niveau von Karnevalssendungen im Fernsehen. Ohne künstlerische Persönlichkeit wird Komik albern und platt. Professionelle Komik braucht komische Typen. Ende der fünfziger Jahre erkannte ein Feuilletonist in Heinz Erhardt eine solch einmalige Type:

»In Deutschland hat die Groteske immer ein Schattendasein führen müssen. Jetzt hat es Heinz Erhardt unternommen, einen ganz neuen Typ der Grotesk-Komik zu entwickeln. Dabei geht er andere Wege als die großen Grotesk-Komiker, die wir kannten. Sie alle unterschieden sich vom Habitus her schon deutlich von ihrer bürgerlichen Umwelt, sie waren die Außenseiter. Heinz Erhardt ist das Gegenteil. Er legt Wert darauf, daß er ein Gesicht in der Menge bleibt, ein Bürger und nichts weiter, aber einer, dem das Leben die absonderlichsten Fallen stellt.«

Wenn Erhardt agierte, juxte eine komische Type als schlichter, wenn auch körperlich voluminöser »Durchschnitts-Bürger«, jedermanns netter Nachbar.

»Erhardt legt gottlob keinen Wert darauf, bedeutend zu wirken«, erkannte ein Kritiker 1958. *»Gemütlich, verträglich und den Berufs-Schalk nur mit Schmunzelgrübchen und den hellen Augen verratend. Damit wären wir schon beim Wesen der Erhardtschen Komik, denn darin besteht ja gerade ein Reiz, daß er so herrlich normal wirkt und lauter Abnormes von sich gibt. Erhardt besitzt das besondere Empfinden für die Elixiere des höheren Blödsinns. Mit seinem ausgeklügelten System eines gleichgültigen Phlegmas verheddert er*

sich ständig im Dickicht der Begriffe. Er schüttelt die Begriffssphären munter durcheinander, und das ergibt dann ein Denk-Kauderwelsch, das eben deshalb so ergötzlich ist, weil es in unserer rational geordneten Zeit schon eine Seltenheit ist, alles so wundervoll durcheinanderzubringen.«

Du irrst, wenn du sagst, es sei leicht,
was Leichtes hinzuschreiben,
was lustig aber nicht zu seicht
die Sorgen hilft vertreiben.
Leicht ist, ich bitt dich zu verzeihn,
das sogenannte Ernste.
Das braucht nicht angeborn zu sein,
das kannste bald, das lernste!

»Wenn jemand etwas ausgesprochen Albernes sagt, dann ist das albern oder noch schlimmer. Wenn Heinz Erhardt albert, dann ist es ein Vergnügen. Gekonnter Nonsens bedarf des Esprit. Und der sprüht bei Heinz Erhardt sogar noch aus den Knopflöchern. Auch die sorgfältig einstudierten Gags wirken noch wie Eingebungen des Augenblicks.«

Seine schlichte Menschlichkeit – *»alles, was er gibt, kommt aus einem erwärmenden, humanen Bereich«* – legte ihm ein sicheres Fundament für seine treffsicheren Pointen. »Worin liegt das Geheimnis seiner Wirkung?« Der Versuch einer Antwort:

»Eigentlich da, wo Immanuel Kant das Urprinzip alles Komischen sah: in der Umwandlung einer gespannten Erwartung in Nichts. Erhardt ist aber auch ein mimischer Schauspieler. Mit der treuherzigen Tapsigkeit eines Bären, mit der Grazie des Elefanten, der sich für einen Schmetterling hält, latscht er durchs Gelände, strafft sich zum Wüterich empor und läßt die Arme schlaff herabbaumeln.«

Millionen Anhänger liebten Erhardt, die »höheren Sphären« des Kunst- und Kritikerlebens hielten naserümpfend Abstand.

»Die Herren Kritiker mögen im allgemeinen Spaßvögel nicht, die auch von den sogenannten kleinen Leuten verstanden werden. Für sie ist Heinz Erhardt ein Kalauer-Fabrikant, ein Mätzchen-Macher, ein Provinz-Komiker ... Zig-

tausend Exemplare des Großen Heinz-Erhardt-Buches beweisen den Humor sehr vieler Menschen nach jenem Spaß, den die ›besseren Autoren‹ offenbar nicht zu liefern vermögen.«

Heinz Erhardts Bücher liefen und laufen in Rekordauflagen.

Seine Schallplatten liefen und laufen in sechsstelligen Verkaufsbereichen. Und dann die Filme.

Anfang der achtziger Jahre mauserten sich Erhardt-Filme zu Schlagern – im Fernsehen und in den Kinos.

»Das Jahr 1984 ist geprägt von Heinz-Erhardt-Filmen!«

Resümee des ZDF zur Tatsache, daß unter den 12 Filmen mit den höchsten Einschaltziffern sieben Erhardt-Filme waren: auf den Plätzen eins bis vier, sechs, neun und zehn. Zwischen 16 und 20,7 Millionen Menschen sahen zu. Schon 1969, als Erhardt seinen 60. Geburtstag feierte, hatten seine Filme im ZDF Zuschauerrekorde erreicht.

»Jede Abendvorstellung ist ausverkauft, der Film wird um eine Woche verlängert«

mit diesen Worten meldeten die Betreiber von Programmkinos ab 1983 freudestrahlend die Erfolge von sechs Heinz-Erhardt-Filmen. Plötzlich und unerwartet wurden DREI MANN IN EINEM BOOT und DER LETZTE FUSSGÄNGER mit dem Prädikat »Kult-Film« ausgezeichnet – junge Bundesbürger stürmten vor die Leinwände und machten sich zwei vergnügte Stunden.

»Heinz Erhardt schien weitestgehend dem Vergessen anheim zu fallen, bis sich vor etwa einem Jahr die junge Cineasten-Generation wieder an diese ›Art lächerliche Vaterfigur‹ (Michael Weinert vom Berliner Klick-Kino) erinnerte und ihn fast über Nacht zum humoristischen Idol in bundesdeutschen Programmkinos erhob.«

So wunderte sich das Fachblatt »tip« über die Jubelarien.

Teils liebevoll *»der große Dicke mit der schnellen Zunge«* – teils zynisch – *»das Doppelkinn des Wirtschaftswunders«* – wurde die Wiederentdekkung Erhardts als Kinostar gefeiert. Von den Programmkinos griff der Boom auf die Kinoketten über.

»In Berlin laufen seine Filme im zweiten Jahr, auch in Essen, München und

Hamburg sind sie derzeit nicht aus dem Kinoprogramm wegzudenken. Ganz ohne Werbeaufwand hat sich ein jeder Analyse spottender Kultfilm-Held etabliert: Heinz Erhardt.«

Der Dicke kommt

Heinz Erhardt erobert die Programmkinos

Nach der Überraschung kam das Stirnrunzeln.

»Während sich Teile der deutschen Filmschaffenden sorgenvolle Gedanken über den Fortbestand inländischer Filmkultur machen, wird anderen Ortes der deutsche Trivialfilm gefeiert. Die Auferstehung einer Sparte, die nichts zu sagen hat, nichts sagen will; künstlerisches Mittelmaß, für den Export kaum geeignet. Man muß es so deutlich sagen; die Armutszeugnisse von einst scheinen zu Wegweisern für die Zukunft zu werden.«

Kritische Geister griffen einen Gedanken auf, der nahelag:

»Die Erhardt-Renaissance scheint wie geschaffen für die derzeitige un-politische Landschaft in diesem unserem Lande, das von Konrad Adenauers Enkeln regiert wird.«

Schließlich wurde zur gleichen Zeit die sogenannte Wende über die politische Bühne gebracht. »Geistig-moralische Erneuerung« wurde propagiert, konservative Traditionen wurden neu belebt. Selbst Fachleute schrieben mehr über den Zeitgeist als über die Filme:

»Unkritisch und bereitwillig taumelt man in die glorifizierten 50er Jahre. Sie bieten scheinbar all das, was in den 80er Jahren Mangelware geworden ist: überschaubare Verhältnisse, eine gradlinige Politik, keine Umweltprobleme, eine saubere Familie – kurz, das kleine Glück, aus bescheidenem Wohlstand und bürgerlicher Ruhe.«

Nicht alle Massenmedien nahmen die Nostalgie so gefaßt hin. Ein Monatsblatt wählte gar den geschmacklosen Vergleich mit den Wirtschaftswunder-Politikern Erhard, Seebohm und Oberländer:

»Alles quadratische Biergesichter und auslaufende Fettberge, von der ersten Freßwelle die Speckschwarte unterm Gürtel geschwollen.«

Nach einer kurzen Zeit der Verblüffung schossen sich die Kritiker ein:

»Daß Heinz Erhardt mit seinen zukunftslosen Film-Geschichtchen bei der No future-Generation ankommt, ist die Wende seines Werkes – ein Witz der Weltgeschichte. Das Prinzip heißt nicht Hoffnung, sondern Humor.«

Und dann klangen vertraute Töne an:

»Sein Witz erkämpft sich gegen jedes noch so banale Drehbuch den Sieg, denn er stellt in der gegenwärtig streckenweise kargen Kinolandschaft eine Besonderheit dar: Er ist nicht nur lächerlich, sondern auch komisch.«

Exakt so hatten die Kritiker seit den vierziger Jahren über Erhardt geurteilt. Von *»Rigas bestem Humoristen«* zum *»Bundeshumorminister«* – auch eine deutsche Karriere.

»Mit Heinz Erhardt konnte man sich schön identifizieren«, schrieb Armgard Seegers. *»Der Dicke mit zu schütterem Haar, der nichts Lächerliches dabei findet, sich der Strandschönheit als attraktiver Partner anzudienen, der*

kleine Steuerbeamte, der gegen die Bürokratie aufbegehrt und dabei siegt, dazu eine anständige Portion Frauenfeindlichkeit . . . das alles spielte Heinz Erhardt in der Traumrolle von Otto Normalverbraucher.«

Heinz Erhardt muß etwas an sich haben, das dichter am Leben dran ist als die Abenteuer und Kapriolen einer Filmfigur. Gunnar Möller sieht es so:

»Erhardts Komik ist der Versuch, sich korrekt zu verhalten, nicht anzuekken. Dabei verstrickt er sich immer mehr, und damit geht die Komik los – auch für die anderen, die sich mit ihm identifizieren. Wenn man über ihn gelacht hat, hat man auch über sich selber gelacht. Es war nie eine Schadenfreude dabei.

Erhardt wollte immer alles brav und richtig machen. Dadurch geriet er in die Zwickmühle des Worte-Verwechselns, des sich Korrigierens, des Zurücknehmens. Dadurch entsteht Komik. Wenn er vor Publikum etwas sagt und sich dabei verspricht; oder wenn ihm ein Wortspiel entschlüpft. Er hat es ja nie gebracht, es ist ihm so passiert. So war er auch im Leben: zurückhaltend, bloß nicht anecken. Aber dieser Vorsatz, bloß nichts falsch zu machen – schon passierte was.«

Heinz Erhardt sagte einmal über seinen Erfolg:

»Ich kann es selbst kaum fassen – mit meinem Durchschnittsgesicht.«

Aber das ist sie doch, die Erklärung für den Erfolg. Ein Mensch, der auch und gerade physiognomisch wie der statistisch ermittelte Mustermensch der Durchschnittlichkeit und Bürgerlichkeit daherkam – und mit der Welt und ihren Tücken über Kreuz geriet.

Genauso wie die Kritiker in den fünfziger und sechziger Jahren teilweise nachdenkenswerte, teilweise aber auch nur elitär-dusselige Einordnungsversuche der Erhardtschen Komik versuchten – genauso checkten bundesdeutsche Kritiker der Anfangsachtziger jeden, der sich über Erhardt scheckig lachte, mit einem Gesinnungs-TÜV durch, ob dieses Lachen eventuell aus den falschen Gründen geschehe.

Einige versuchten redlicher, Erhardt auf die Spur zu kommen.

»Ältere Erhardt-Fans haben ihn als einen moderaten, leisen Ironimus in Erinnerung. Er war der Humor-Poet für die gemütliche Rubrik ›Heiteres und

»Ich kann meinen Erfolg selbst kaum fassen – mit meinem Durchschnittsgesicht« (Heinz Erhardt)

Besinnliches‹, der freundliche Pykniker, der Lust und Schmerz in erbauliche Verse faßte. Er war auch der virtuose Wortspieler, der listig die Sprache auf den Kopf stellte und Unfug aus dem Ärmel schüttelte – Kalauer vor allem, gereimten Nonsens.« (Spiegel)

»Er war stets der dicke, tollpatschige, unbeholfene, aber sympathische Spießer, dessen kleine Anarchie niemandem weh tat.« (Hannoversche Allgemeine)

»Er wirkt auf die heutige Generation wie E.T. auf Sechs- bis Zwölfjährige wirken muß: ein freundlich-verbiesterter Kleinbürger von einem anderen Stern. Heinz Erhardt könnte einem Comicstrip der fünfziger Jahre entsprungen sein, der zwischen Nierentischen und Schlafsofa liebenswürdige Zertrümmerungsspiele beginnt.« (Hamburger Abendblatt)

»Die traurige Figur, die Erhardt immer mit der Hilflosigkeit und dem naiven Augenaufschlag von Mamis Liebling abgab, war der Clown, der dem pp. Publikum noch mal alles das sagen konnte, was es ohnehin schon wußte.« (Playboy)

»Die Filme glänzten erst durch seine Mitwirkung. Die Drehbücher . . . waren zumeist unendlich seicht und konnten auch durch phantasielose Regieleistungen nicht aufgewertet werden. Daß sie dennoch sehenswert sind, liegt allein am störrischen Witz ihres Protagonisten, der als linkischer Hofnarr, augenzwinkernd und mit gemütlichem Pathos in der Stimme, seine Probleme meistert und dabei so manchen Sinn als Unsinn entlarvt.« (Hannoversche Allgemeine)

»Geduckter Kleinbürger, verschroben und voll aggressiven Spotts. Ein leicht hysterischer Einschlag hält sich mit einem Hang zur Sentimentalität die Waage. Erhardt kolportiert sich als Typ selber, ohne dabei im entferntesten an Konventionen zu rühren: Der Dumme ist er.« (Deutsches Allgemeines Sonntagsblatt)

Die Wiederentdeckung von Heinz Erhardt in sechs Kinofilmen, die vor fünf Jahren erneut in die Kinos kamen, ging parallel mit der Wiederentdeckung der fünfziger Jahre in unserer öffentlichen Diskussion. Manchmal war es mehr Verklärung als ernsthafte Auseinandersetzung mit einer Zeit, die den jungen Staat und die jungen Menschen geprägt hat – unheilvoll oft. Die Fünfziger-Jahre-Mentali-

Nr. 4 April 83 6. Jahrgang
Guckloch
Das Stadtmagazin für's Ruhrgebiet
John Cale
„Ich will Abenteuer"
Udo Lindenberg
Zur Lage der Nation
. . . und noch'n Star
Heinz Erhardt

tät wucherte weit hinein in die sechziger und endete erst, als der Reformdruck die brüchige Fassade wegsprengte.

Nostalgie in Deutschland: keine Verarbeitung der NS-Vergangenheit schaffen und dann noch die vergleichsweise idyllischen, weil »nur« normal verlogenen fünfziger Jahre umkränzen – Heinz Erhardt werden wir damit nicht gerecht, denn er war nicht der Pausenclown der Aufbaujahre.

»Heinz Erhardt auf allen Schienen – eine gute Chance nachzuholen, was viele versäumten: den Mann mit der Hornbrille nicht mehr zu reduzieren auf die Rolle des Blödelpioniers. Er war ein Clown, wie Shakespeare ihn gemeint haben könnte – ein Philosoph, der Wahrheiten sagt, mit gebleckten Zähnen, den Schalk im Auge.«

Wie viele ehemalige Erhardt-Kollegen sieht Camilla Spira, die Film-Mutter in VATER, MUTTER UND 9 KINDER (1958), die Erhardt-Renaissance in erster Linie als Folge fehlender Nachwuchs- oder Ersatztalente:

»Ich glaube nicht, daß die Jugend heute in die Heinz-Erhardt-Filme geht, um etwas über die 50er Jahre zu erfahren. Es liegt nur an seiner Person. An seiner Natürlichkeit, an seiner lebensbejahenden Art. Ein Mensch, der immer strahlt. Wenn er eins auf den Hut gekriegt hat, war er traurig wie jeder andere auch. Aber er hat sich immer wieder hochgerappelt. Das ist ein Mensch, den es heute im Film gar nicht mehr gibt. Ein Mensch, der so ist wie du und ich. Das ist es, was die jungen Leute beeindruckt.«

Es bleibt nicht aus, daß versucht wird, Heinz Erhardt zu kopieren. Gero Erhardt hat Erfahrungen gemacht mit gutgemeinten Annäherungsversuchen an die Masche seines Vaters:

»Heinz Erhardt gilt als der Übervater der Humoristen heute. Die heute groß sind, die haben alle mit Erhardt-Geschichten angefangen und sich dann verselbständigt. Sie benutzen die sichere Form der Erhardtschen Werke, um einzusteigen. Er ist das Transportmittel. Sie spüren aber auch, daß sie auf Dauer mit seinen Sachen nicht landen können. Der Grund: Sie versuchen es für sich mundgerecht zu machen, und damit ist der Witz weg.

Ich erhalte häufig Anfragen: Haben wir das Recht, ein Gedicht zu vertonen? Wenn dann die Zwänge zuschlagen, daß ein Refrain gemacht werden muß oder geringfügige Veränderungen, dann ist es kein Erhardt mehr. Alle erliegen dem Zwang, der Komik immer noch eins draufsetzen zu müssen. Daran scheitern sie. Die Komik hängt auf Gedeih und Verderb an der Person Heinz Erhardt.«

Die große Kunst der guten alten Kleinkunst, der schwererarbeiteten Unterhaltung, hat in Heinz Erhardt ein bleibendes Vorbild in Sachen Humor. Das Unterhaltungsgeschäft ist heute fast ausschließlich Fernseh-Unterhaltung – hier fehlen maßstabsetzende Vorbilder eklatant.

Georg Thomalla zeigt das am Beispiel der ALLES ODER NICHTS-Sendung von 1984 zum Thema »Heinz Erhardt«:

»Ich bin nicht besonders glücklich mit dem Verlauf der Sendung. Das war zu wenig, daß Walter Gross und ich auftreten und über Heinz Erhardt sprechen. In so einer Sendung muß man mehr vom Werk und vom wirklichen Erhardt erfahren. Das muß auch lockerer sein, auf der Basis von Professionalität. Willy Schaeffers hat immer gesagt: ›Meine Damen und Herren, was Sie hier sehen, ist alles improvisiert – nachdem wir es 14 Tage probiert haben.‹«

Ganz anders mußte diese Heinz Erhardt-Sendung von 1984 von denen erlebt werden, die nicht aus dem Profi-Lager, sondern aus der Mitte des Millionenpublikums kamen, als Fans, als langjährige, treue Heinz-Erhardt-Verehrer: die zwei Kandidaten. Einer der beiden schien stellvertretend gekommen zu sein für die Generation der »Wirtschaftswunderbabies«, die »ihren« Heinz Erhardt soeben neu entdeckt hatte: Michael Dose, Jahrgang 1958, Industriekaufmann aus München. Er erinnert sich an seine persönliche »Erhardt-Karriere«:

»Wie schon Heinz Erhardt immer zu sagen pflegte, möchte auch ich mit dem Anfang beginnen. Ich war im zarten Alter zwischen sechs und sieben Jahren. Damals durfte ich zwar abends nie länger als bis 20 Uhr aufbleiben, aber meine Eltern müssen es wohl einmal verpaßt haben, mich zur rechten Zeit ins Bett zu verfrachten. Ich kann mich allerdings nicht mehr an die damalige Sendung erinnern, aber an den ›dicken Mann mit Brille‹ und den unnachahmlichen Grimassen. Wenn ich auch noch nicht verstand, was dieser Mann zum besten gab, so konnte ich doch herzhaft über diese Figur lachen.

In den folgenden Jahren ist mir Heinz Erhardt immer wieder in den verschiedensten Showsendungen im Fernsehen begegnet. Daß er auch im Rundfunk zu hören war, fiel mir erst auf, als ich mein erstes Tonbandgerät geschenkt bekam und gezielt Radiosendungen aufnahm. Ich kann mich noch gut erinnern, wie ich allwöchentlich die Programmzeitschrift nach Kabarett- und Komiksendungen durchsuchte. Mit 15 Jahren begann ich schön langsam, mir seine mittlerweile veröffentlichten Schallplatten anzuschaffen. Stolz war ich auf das Große Heinz-Erhardt-Buch, ein Geburtstagsgeschenk meiner Eltern.

Nach und nach lernte ich seine Gedichte auswendig und gab sie bei familiären Anlässen zum besten. Da kamen besonders seine Vierzeiler an, sie waren vor allem am schnellsten auswendig zu lernen. Da ich mich selbst zu Feiern wie Geburtstagen und Hochzeiten schon des öfteren mit Gedichten, Kurzgeschichten und Familienchroniken versucht habe, war mir Heinz Erhardt immer noch eine große Hilfe.

Im März 1984 las ich einen Aufruf in der Tagespresse: ›Zum Thema Heinz Erhardt werden noch Kandidaten für die Sendung ALLES ODER NICHTS *gesucht.‹ Natürlich schrieb ich noch am gleichen Tag eine Bewerbung an den Bayerischen Rundfunk. Es kam ein Antwortschreiben mit der Einladung zu einem unverbindlichen telefonischen Vortest.*

Hier wurden mir dann 15 Fragen quer durch das Leben von Heinz Erhardt gestellt, die ich alle beantworten konnte. Trotzdem war die Überraschung groß, als ich zu einem mündlichen Kandidatentest in München eingeladen wurde. Jetzt wollte man mehr über seine Werke, speziell seine Filme und Gedichte wissen. Da konnte ich auf alle Fragen die richtige Antwort geben.

Als man mich Anfang Juni an meinem Arbeitsplatz anrief und mir mitteilte, daß ich als Kandidat zum Thema Heinz Erhardt zur Sendung in Hamburg am 14. August eingeladen bin, ging die innere Aufregung richtig los. Was bis jetzt mehr ein persönlicher Test für mich gewesen war, wurde plötzlich öffentlicher Ernst. Fernsehzeitungen veröffentlichten mein Bild, und in meinem Betrieb, ja sogar auf der Straße wurde ich immer wieder angesprochen. Da verstand ich Heinz Erhardt sehr gut, der ja auch vor seinen großen Auftritten immer einen doppelten Doornkaat zu sich nahm. Schließlich war die Livesendung in Hamburg, und trotz meines großen Lampenfiebers ist es im nachhinein ein Riesen-Erlebnis für mich gewesen.«

Der 26jährige Dose hatte einen schweren Stand gegen seinen Mitstreiter Arved Weiss, Jahrgang 1930, Landwirt aus dem Vorharz. Der war schon 12 Jahre lang eingefleischter Heinz-Erhardt-Fan gewesen, als der andere gerade das Licht der Welt erblickte.

»1946 habe ich Heinz Erhardt zum ersten Mal im Radio gehört. Da war ich 16 Jahre alt. Ich war gleich begeistert. Es war sozusagen Liebe auf den ersten Blick. Nein, Liebe auf das erste Wort, denn ich habe ihn ja nur gehört.

Was mich gleich an ihm fasziniert hat, war seine Art, mit Worten und Sätzen zu jonglieren und dabei so wahnsinnig komisch zu sein. Und dann seine Gedichte! Noch'n Gedicht. Sobald ich Gelegenheit hatte, legte ich mir ein Buch von ihm zu. ›Tierisches – Satirisches‹, das war 1952. Einige Gedichte habe ich gleich auswendig gelernt und trug sie auch schon mal im Familien- und Bekanntenkreis vor.

Heinz Erhardt ist ja in Riga geboren. Und ich bin in Reval (heute Tallinn) geboren. Also war Heinz Erhardt auch ein Baltendeutscher. Das hat mich damals ungeheuer stolz gemacht.

Einmal habe ich ihn auf der Bühne erlebt, leider nur dies eine Mal. Das war in Braunschweig. Ein unvergeßliches Erlebnis! Er kam auf die Bühne, sah ins Publikum, dann scheinbar verlegen in sein Manuskript und sagte: ›Ja.‹ Alles schrie vor Lachen. Das war seine Stärke. Ohne viele Worte, nur durch Körperhaltung und Mimik sein Publikum zum Lachen zu bringen. Ich weiß nur, daß ich nach der Veranstaltung vor Lachen Bauchschmerzen hatte.

Als seine Filme herauskamen, bemühte ich mich natürlich, so viele wie möglich von ihm zu sehen. Das war aber leider sehr schwierig, weil ich fast immer auf dem Lande wohnte und der Weg zum Kino oft sehr beschwerlich war. Einige Filme habe ich aber natürlich gesehen. Sehr viele haben mich enttäuscht. Fernseh-Aufzeichnungen von Theaterstücken vor Publikum – da war er aber Spitze!

Er brauchte das Publikum. Vor Publikum ging er ganz aus sich heraus, da war er unübertrefflich.

Gedichte von Heinz Erhardt habe ich auch öffentlich vorgetragen, bei Bunten Abenden, die wir manchmal veranstalteten. Aber ich habe mich immer bemüht, die Gedichte auf meine Art vorzutragen, um nicht in den Verdacht zu geraten, ich wollte ihn nachmachen.

Als Max Schautzer im März 1984 Kandidaten für seine Sendung Alles oder Nichts *suchte – Thema: Heinz Erhardt – habe ich mich gleich gemeldet. Aber ich fürchtete, nicht dran zu kommen, weil sich bestimmt sehr viele melden würden.*

Als ich dann alle Tests bestanden hatte und es feststand, daß ich in der Sendung bin, war ich der glücklichste Mensch auf der Welt.

Bis dahin hatte ich mich für Heinz Erhardt nur interessiert, jetzt aber fing ich an, Heinz Erhardt zu büffeln! Ich klapperte eine Menge Videotheken ab und besorgte mir so viele Filme wie möglich. Ich schrieb an die ›Hannoversche Allgemeine‹ und bat sie, mir Material über Erhardt zu schicken. Das Echo war überwältigend. Ein großer Packen Zeitungsausschnitte trudelte bei mir ein. Auch der Springer-Verlag schickte mir auf meine Bitte Veröffentlichungen über Heinz Erhardt. Es war toll, wie hilfsbereit alle waren.

Jede freie Minute nutzte ich aus, um mich auf den großen Tag, den Sendetermin, vorzubereiten. Jetzt merkte ich erst so richtig, welch vielseitiger Mensch Erhardt gewesen ist. Und ich wußte plötzlich, woher er die Kraft genommen hatte, um dauernd voll da zu sein. Diese Kraft bezog er aus der Liebe seiner Frau zu ihm und der Liebe, die er seiner Frau entgegenbrachte und durch die starke Bindung zu seiner ganzen Familie. An irgendeiner Stelle sagt er einmal: ›Ohne meine Frau und ohne meine Familie wäre ich ein Nichts.‹

Der große Tag rückte näher. Am 14. August 1984 war es dann soweit. Zwei Stunden vor der Sendung lernte ich Frau Erhardt und ihre Töchter kennen. Sohn Gero konnte nicht kommen, weil er in Spanien filmte. Aber der Sohn von Gero Erhardt, Mark, vertrat seinen Vater an diesem Tage. Er war ganz besonders reizend und hat die ganze Zeit versucht, mich abzulenken. Natürlich nicht nur mich, sondern auch meinen Mitspieler Michael Dose.

Auch Frau Erhardt und ihre Töchter drückten uns die Daumen. Georg Thomalla, Walter Gross, Undine von Medvey und Elke Aberle, die auch in der Sendung waren, erzählten bei diesem Zusammensein vor der Sendung Erlebnisse, die sie mit Heinz Erhardt hatten. Man merkte an der Art, wie sie über ihn sprachen, wie beliebt er auch im Kollegenkreis gewesen ist.

Nach der Sendung, die ja so glücklich für mich gelaufen war, schwebte ich in höheren Sphären! Heinz Erhardt hat mir Glück gebracht.«

Max Schautzer übergibt Gilda Erhardt während der Sendung
ALLES ODER NICHTS eine Goldene Schallplatte
mit Heinz-Erhardt-Gedichten.

Die Erhardt-Experten Dose und Weiss geben in ihrem Bekanntenkreis bei Festlichkeiten gerne Proben von der Kunst ihres Idols zum besten. Warum? Landwirt Weiss:

»Weil ich der Meinung bin, man kann gar nicht genug über und von Heinz Erhardt bringen, damit all denen, die ihn nicht gekannt haben, Erhardt nähergebracht wird.«

Danach war und ist allenthalben Bedarf. Es gibt hierzulande kaum ein Publikum, das nicht dankbar für Erhardtsche Pointen wäre.

Hinter die Kulissen seiner einzigartigen One-Man-Show wurde selten geblickt. Die Presse stöberte mal per Home-Story oberflächlich im Haus in Wellingsbüttel herum.

»Doch kennt man ihn wirklich?« fragte die »Welt« in einem Nachruf auf den »Großmeister des Lachens«. *»War er nur der Spaßmacher vom Dienst im Film, auf der Bühne, im Kabarett und beim Tingeln? Gewiß, seine Verse brauchen als Echo das Lachen. Seine seltsam spröde, stets von einem hintergründigen Kichern umlagerte Stimme, seine linkischen Bewegungen und seine so typisch Erhardtsche Mimik, alles waren Charakteristika und Hilfsmittel, mit denen sich Heinz Erhardt seinem Publikum zu nähern und es zum Lachen zu bringen vermochte. Doch zu vermitteln war da fraglos mehr als nur Klamauk und Tageswitz. Zu vermitteln galt es da die Stimme eines ernsthaften Künstlers, der als Poet ebenso etwas zu sagen hatte wie als Schauspieler und vor allem als Mensch, der andere zum lachen brachte – selbst wenn ihm gar nicht nach Lachen der Sinn stand.«*

Erhardt selbst hatte die »Schwerstarbeit« des Humoristen 1959 kommentiert:

»Von rechts wegen hätte man mir längst schon eine Schwerstarbeiter-Zulage bewilligen müssen. Es ist nämlich verdammt anstrengend, tagtäglich hunderte und manchmal tausende von Menschen auf den Arm zu nehmen.«

Dem eigenen Tagebuch stellte er die Gretchenfrage:

»Was ist Humor?«

Antwort: *»Selbst wenn einer hundert Witze hintereinander erzählen kann, so fällt er noch lange nicht unter die Humoristen, sondern höchstens auf die Nerven.«*

Er mußte es wissen. Heinz Erhardt war ein lausiger Witzeerzähler.

Er konnte sie sich nicht merken, und deshalb verzichtete er darauf, seine Umwelt damit zu traktieren. Grit Berthold:

»Mein Vater war sehr menschenscheu, er zog sich zurück. Zwar war er kontaktfreudig, doch eine gewisse Distanz blieb spürbar. Wenn er zu Hause in Hamburg war, hat er sich im Haus verkrochen. Er war kein geselliger Mensch, der große Gesellschaften liebte. Ich führe das auch darauf zurück, daß er eben so sehr populär war, daß ihn jeder erkannte. Auch deshalb hat er sich wohl abgekapselt, als Abwehr, um sich nicht völlig in der Öffentlichkeit zu verlieren.«

Doch Familie und Freunde erlebten Erhardt als *»Philosophen der Freundlichkeit«*. Rolf Stiefel erinnert sich:

»Komiker haben den Ruf, im Privatleben nicht gerade humorvoll zu sein. Einige habe ich als regelrechte Ekel kennengelernt. Da war Heinz Erhardt eine wohltuende Ausnahme. Er war privat genau wie auf der Bühne – immer ein Schelm. Dabei war die Grundlage seines Wesens eine solide Bürgerlichkeit. So kleidete er sich betont einfach und dezent und sagte es auch: ›Der Anzug ist von einem holländischen Maß-Schneider, van der Stange.‹«

Peter Ahrweiler, Theaterleiter d e r Heinz Erhardt-Bühnen, bestätigt dieses Bild:

»Er war nie schamlos, er hat sich nie in dem Sinne produziert. Er blieb immer dahinter jemand, den man respektierte. Weil man fühlte: Hier sind die Grenzen, hier möchte er, der Mensch Erhardt, ernst genommen werden.«

»Es ist merkwürdig«, erinnert sich Chris Howland, *»Heinz ist ein umwerfender Komiker, und es gab unzählige komische Begebenheiten, aber mir fällt keine ein. Zum Komiker Heinz Erhardt fällt mir nur Ernsthaftes ein. Er ist ein ernsthafter Freund und ein ernsthafter Künstler.«*

An beide, den Künstler Erhardt und den Menschen Erhardt, denkt auch Trude Herr, wenn sie sagt:

»Meine Beziehung zu Heinz Erhardt war eine Mischung aus hohem Respekt und Freundschaft. Und, wenn Sie so wollen – Liebe.«

Und Albert Lichtenfeld, Erhardts langjähriger Wegbegleiter, resümiert:

»Für mich persönlich waren die Jahre mit Erhardt eine der menschlich reifsten Zeiten, die ich erlebt habe.«

Ganz anders, ganz naiv sehen junge Leute »ihren« Heinz Erhardt, wie Trude Herr es erlebt hat:

»Ich hatte mal Besuch von einer Gruppe junger Leute. Eines Abends riecht das bei mir in der Wohnung auf einmal so komisch. Da rauchten die Hasch und guckten sich dazu einen Erhardt-Film an. Die lachten sich halbtot dabei, und einer sagte zu mir: ›Das mußt du unbedingt mal machen: Hasch mit Heinz Erhardt, das ist absolute Spitze.‹ Die haben vor Begeisterung die Beine in die Luft geworfen.«

Daß Erhardt eine Kunst erfand, die erst viel später »blödeln« genannt wurde – kein Zweifel. Daß er Menschen bis zu einem Stadium des Lachens zu treiben vermochte, das man nur noch ›Schreien‹ nennen kann – wer wüßte es nicht? Doch warum fällt das Ergebnis so dürftig aus, wenn ein anderer Heinz Erhardts Verse, Erhardts Rollen zu sprechen auf sich nimmt?

Peter Ahrweiler, der Erhardt über viele Jahre in kämpferischer Freundschaft verbunden war, weiß warum:

»Meine Erklärung des Menschen Heinz Erhardt ist ganz einfach. Ich bin in den vierzig Jahren meiner Hamburger Bühnentätigkeit vielen Schauspielern begegnet. Bei Heinz Erhardt habe ich eine Einmaligkeit festgestellt. Dieser Schauspieler beherrschte nicht nur die Sprache, sondern sein Körper bildete eine absolute Einmaligkeit mit der Sprache. Seitdem ist für mich ein Schauspieler ein Instrument geworden, das ich gelernt habe zu beobachten: Bilden Wort und Körper wirklich eine Harmonie? Das habe ich gelernt aus dem und von dem Schauspieler Erhardt, der kein Schauspieler, sondern für mich immer ein Literat war. Ich habe gelernt, daß er von einer guten Fee die Gabe erhalten hatte, daß sein Wort in absoluter Harmonie mit seinem Körper stand. Das mochte manchmal etwas linkisch aussehen – wenn er auf die Bühne kam, war man schon versucht zu lachen. Aber er konnte dieses Lachen durch irgendeine skurrile Haltung, durch irgend etwas in Mitleid verwandeln – und es blieb dann für mich die Vollkommenheit, die ich nie wieder bei einem Protagonisten erlebt habe, daß hier der Körper genauso viel aussagte wie das gesprochene Wort. Wahrscheinlich ist es darauf zurückzuführen, daß bei Ehrhardt das Wort kein nachgeplappertes, von einem anderen erfundenes Wort war, sondern daß es aus der Konfektion in absolute geistige Maßschneiderei gegangen

war, daß er es zumeist selbst erfunden und wenn nicht erfunden, dann für sich so umgestaltet hatte, daß es den Menschen Erhardt zeigte.«

Heinz Erhardt war kein Aufklärer, kein Mahner.

»Vielleicht wäre es zuviel verlangt«, meinte ein Kenner schon 1958, *»wenn nach einer Gemütskur à la Erhardt beim Blick in den politischen Teil der Morgenzeitung unser Gewissen Alarm schlagen und der Groschen fallen sollte. Wir hatten und haben unsere Morgenstern, Ringelnatz, Tucholsky, Kästner, Kommödchen, Finck und wie sie alle heißen. Und wir sind trotzdem nicht klüger geworden.«*

Heinz Erhardt war vor allem ein Meister des Humors. Darin ist er lebendig.

»Mit einer hingeworfenen Bemerkung konnte er einer ernsthaften Diskussion humorvoll die Spitze nehmen. Seine Ironie platzte nicht durch die Eingangstür in das Haus der menschlichen Schwächen. Seine satirische Waffe war mehr das Florett, nicht der Säbel. Er war ein Schelm, ein Eulenspiegel. Nach einem genußvollen Schluß sagte er: ›Ach Kinder, was sind wir doch für tolle Blitzbuben‹, es ist eine schöne Daseinsberechtigung, die Menschen zum Lachen zu verführen!«

So erlebte der Kabarettist Achim Strietzel ihn in *»lustiger Kollegenrunde«*. Strietzels Erinnerung hält einen Satz wach wie ein unvergeßliches Motto der Erhardtschen Künste: *»Ein Tag, an dem man nicht gelacht hat, den hat man nicht gelebt!«*

Wenige Wochen, bevor der Schlaganfall den »Philosophen der Freundlichkeit« traf, hatte ein Großmeister der Kulturkritik hierzulande, Friedrich Luft, seine »Stimme der Kritik« im Berliner RIAS ihm, dem »Naturkomiker«, gewidmet. Im nachhinein wurde es ein Nachruf, eine Würdigung für Heinz Erhardts Lebenswerk.

»Der Mann hat einen Finger am Gelächterauslöser, so daß er das volle Haus immer wieder zum gnadenlosen Lachen zwingt. Das ist schon viel. Es gibt ja zu Wenige heutzutage, die dergleichen können. Den Schauspieler oder Clownematz, den reinen Plaisir- oder Gelächterverbreiter, den Mann, der rauskommt, ins Publikum blickt, eine Sottise anbietet und macht und damit gleich auch die Kulissen zum Wackeln bringt – und ein Mann, dem es dann im weiteren Verlauf eines Abends immer wieder gelingt, die Leute so zu kit-

zeln und komisch zu berieseln und an der Kandarre zu halten, daß sie über den Juckreiz, der von der Ansicht dieser Knalltüte ausgeht, ganz vergessen, wie schwach, wie dämlich eigentlich, wie wenig fein oder hochgestochen die Methoden und Dönekens sind, mit denen er uns zum Lachen zwang . . .

Sagen wollte ich, daß man mir solche Männer immer nur geben soll, die das können, die die schöne kichernde Betäubung ausstrahlen, die das Juckpulver in ein Parkett streuen können, die uns, ohne daß wir gleich den Verlust der Ernsthaftigkeit doch heimlich beklagen müßten, die uns einfach komisch und handwerklich richtig narkotisieren, daß wir, sie ansehend oder ihnen zuhörend, ganz vergessen, ob sie Fug oder Unfug, ob sie Sinn oder Unsinn, ob sie einigermaßen Verträgliches oder schon den reinen Quatsch zu Markte tragen und anbieten, Hauptsache: Die Leute lachen – und lachen nicht unter allzu merkbaren Verlusten an Intelligenz und Vernunft . . .

Er nimmt sich selber keinen Augenblick ernst. Er scheint immer zu sagen: Seht mal, jetzt schlage ich aber mal ordentlich aus! Jetzt gehe ich wieder aufs Glatteis der reinen Unvernunft, jetzt lasse ich aber etwas ganz unverfroren Blödsinniges fahren. Und er tut's . . . Da mußte man merken, wie die Leute ringsum (und man selber nicht zum wenigsten), wie wir alle offenbar ausgetrocknet sind nach dem unverblümten Clown und Naturkomiker . . . Man müßte immer wieder verlautbaren, wie gut Lachen tut.«

HEINZ ERHARDT IM FILM, AUF VIDEO ERHÄLTLICH

Titel	Jahr	Länge		Verleiher
WITWER MIT FÜNF TÖCHTERN	1957	91 Min	s/w	(IHV 2024)
VATER, MUTTER UND NEUN KINDER	1958	91 Min	s/w	(IHV 2025)
NATÜRLICH DIE AUTOFAHRER	1959	81 Min	s/w	(IHV 2026)
DRILLINGE AN BORD	1959	81 Min	s/w	(IHV 2028)
DER LETZTE FUSSGÄNGER	1960	84 Min	F	(Taurus000315)
MEIN MANN, DAS WIRTSCHAFTSWUNDER	1960	90 Min	s/w	(IHV 2027)
AXEL MUNTHE, DER ARZT VON ST. MICHELE	1962	120 Min	F	(Polyb.91107)
OHNE KRIMI GEHT DIE MIMI NIE INS BETT	1962	76 Min	F	(UFA 5067)
DIE GROSSE KÜR	1964	90 Min	F	(M. HUNTER 158)
DER ÖLPRINZ	1965	86 Min	F	(VideoBox 395)
OTTO IST AUF FRAUEN SCHARF	1968	91 Min	F	(UFA 3187)
CHARLEYS ONKEL	1969	83 Min	F	(ITT/UMP 5063)
DER LIEBESTOLLE SCHLAFWAGENSCHAFFNER/ DOPPELT VERHEIRATET HÄLT BESSER	1969	83 Min	F	(UFA 3324)
KLEIN ERNA AUF DEM JUNGFERNSTIEG/ EINE VERRÜCKTE FAMILIE	1969	90 Min	F	(GHV 51501010)
DIE HERREN MIT DER WEISSEN WESTE	1969	90 Min	F	(Taurus000281)

DAS KANN DOCH UNSEREN WILLI NICHT ERSCHÜTTERN	1970	85 Min	F	(UFA 3003)
UNSER WILLI IST DER BESTE	1971	82 Min	F	(Taurus000342)

Weitere filmografische Hinweise in dem Taschenbuch: »Heinz Erhardt und seine Filme«, Heyne Filmbibliothek

Heinz Erhardt zum Lesen

.... noch'n Gedicht und andere Ungereimten
© Fackelträger-Verlag, Hannover 1963

.... noch'n Buch. Schwänke aus heiterem Himmel
© Fackelträger-Verlag, Hannover 1964

.... noch'n Heinz Erhardt mit 111 Einfällen
© Fackelträger-Verlag, Hannover 1966

.... und viertens. Ritter Fips und andere Gesänge von ganz verschiedener Länge
© Fackelträger-Verlag, Hannover 1968

Das große Heinz-Erhardt-Buch
© Fackelträger-Verlag, Hannover 1970
(auch als Goldmann-Taschenbuch Nr. 6678)

Satierliches. Mit Zeichnungen von Tetsche
© Fackelträger-Verlag, Hannover 1980
(auch als Goldmann-Taschenbuch Nr. 6879)

Fotonachweis

Fackelträger-Verlag/Archiv Erhardt (Fotos: Ingmar Feilbach):

S. 13, 25, 31, 32, 43, 49, 51, 53, 55, 56, 57, 58, 59, 63, 65, 75, 76, 85, 87, 89, 93, 95, 101, 103, 105, 110, 112, 114, 118, 121, 124, 127, 129, 131, 133, 134, 138, 141, 145, 147, 149, 152, 153, 159, 166, 169, 171, 173, 175, 179, 183, 187, 188, 191, 193, 195, 208, 210, 216, 217, 221, 229, 233, 235, 238, 245, 257, 260, 269, 272, 277, 281, 303

Fackelträger-Verlag:

S. 8, 14, 17, 19, 23, 35, 41, 46, 71, 135, 136, 137, 178, 207, 249, 250, 251, 255, 278, 296

Bildarchiv Foto Marburg im Kunstgeschichtlichen Institut der Philipps Universität Marburg:

S. 29

NDR Hamburg:

S. 83

Peter Michaelis/Deutsche Filmhansa

S. 155

Sammlung Menningen:

S. 161, 243

Verlag Klemmer + Müller:

S. 287, 289, 291

Peter Bischoff:

S. 199

Guckloch:

S. 300, 305

Telefunken:

S. 239

Friedhelm von Estorff/
Joachim Thoms

S. 311

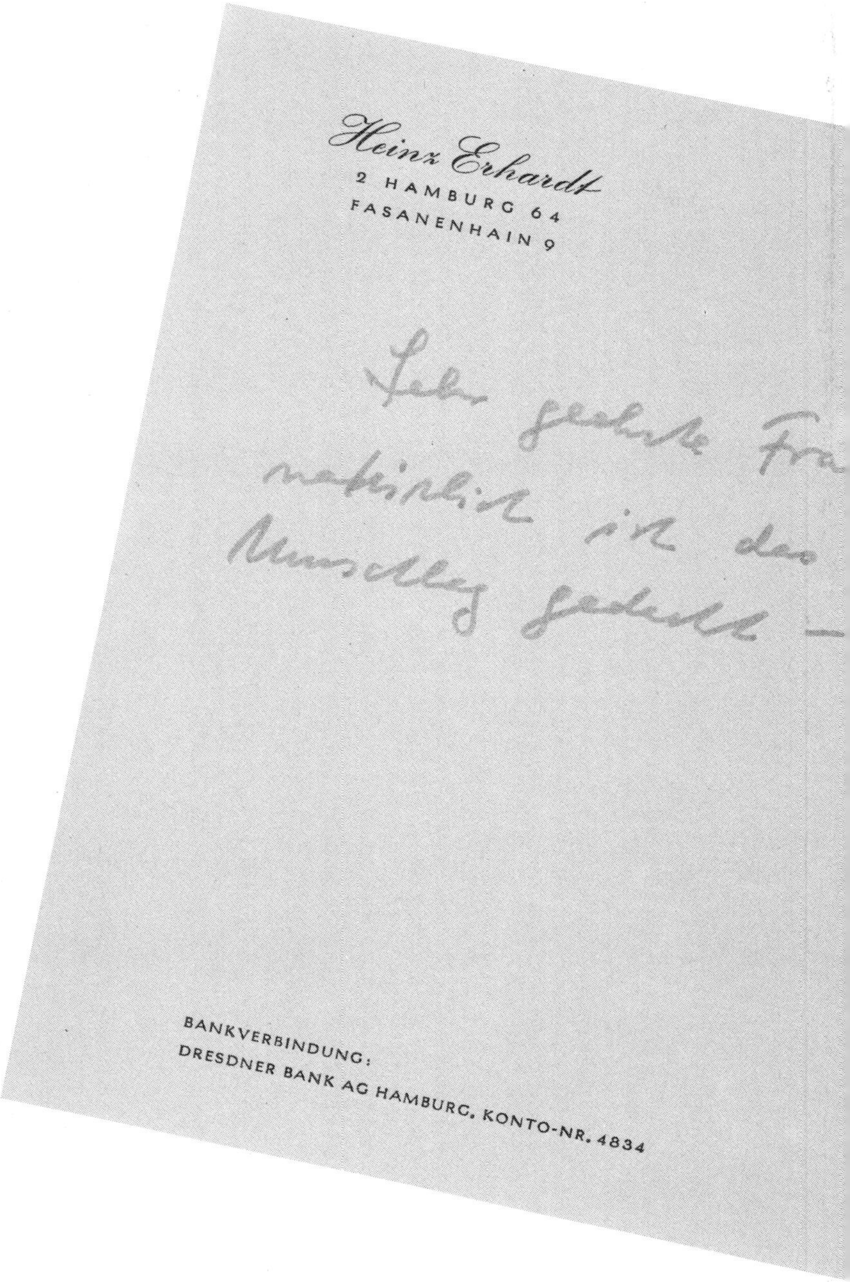

Heinz Erhardt
2 HAMBURG 64
FASANENHAIN 9

Sehr geehrte Fra
natürlich ist der
Umschlag gedacht –

BANKVERBINDUNG:
DRESDNER BANK AG HAMBURG, KONTO-NR. 4834